U0330065

πολιτικά

　　我(苏格拉底)跟得上你的道路吗？我说，你说的那门专业似乎指政治专业，而且还许诺把男子教成好的政治人？

　　就是就是，他（普罗塔戈拉）说，苏格拉底哟，这正是我的专职。

　　真漂亮，我说，你搞到的这门专业漂亮，要是你真的搞到了的话——我没法不说出自己的真实想法，尤其对你，——其实，我自己一直以为，普罗塔戈拉噢，这专业没办法教。可你现在却那样子说，我不知道该怎么看你的话。不过，为何我觉得这专业不可传授，没法由一个人递给另一个人，还是说清楚才好。

　　　　　　　　——柏拉图，《普罗塔戈拉》，139a2-319b3

子曰：
可与共学，未可与适道；
可与适道，未可与立；
可与立，未可与权。

——《论语·子罕》

πολιτικά

政治哲学文库

甘阳　刘小枫 | 主编

黄瑞成　著

盲目的洞见

——忒瑞西阿斯先知考

华东师范大学出版社

华东师范大学出版社六点分社　　策划

总　序

甘　阳　刘小枫

　　政治哲学在今天是颇为含混的概念,政治哲学作为一种学业在当代大学系科中的位置亦不无尴尬。例如,政治哲学应该属于哲学系还是政治系? 应当设在法学院还是文学院? 对此我们或许只能回答,政治哲学既不可能囿于一个学科,更难以简化为一个专业,因为就其本性而言,政治哲学是一种超学科的学问。

　　在 20 世纪的相当长时期,西方大学体制中的任何院系都没有政治哲学的位置,因为西方学界曾一度相信,所有问题都可以由各门实证科学或行为科学来解决,因此认为"政治哲学已经死了"。但自上世纪七八十年代以来,政治哲学却成了西方大学内的显学,不但哲学系、政治系、法学院,而且历史系、文学系等几乎无不辩论政治哲学问题,各种争相出场的政治哲学流派和学说亦无不具有跨院系、跨学科的活动特性。例如,"自由主义与社群主义之争"在哲学系、政治系和法学院同样激烈地展开,"共和主义政治哲学对自由主义政治哲学的挑战"则首先发端于历史系(共和主义史学),随后延伸至法学院、政治系和哲学系等。以复兴古典政治哲学为己任的施特劳斯政治哲学学派以政治系为大本营,同时向古典学系、哲学系、法学院和历史系等扩展。另一方面,后现代主义和后殖民主义把文学系几乎变成了政治理论系,专事在各种文本中分析种族、性别和族群等当代最敏感的政治问题,尤其福科和德里达等对"权力—知识"、"法律—暴力"以及"友爱政治"等问题的政治哲学追问,其影响遍及所有人文社会科学领域。最后,女性主义政治哲学如水银泻地,无处不在,论者要么批判西方所谓"个人"其实是"男性家主",要么强烈挑战政治哲学以"正义"为中心无异于男性中心主义,提出政治哲学应以"关爱"为中心,等等。

以上这一光怪陆离的景观实际表明,政治哲学具有不受现代学术分工桎梏的特性。这首先是因为,政治哲学的论题极为广泛,既涉及道德、法律、宗教、习俗以至社群、民族、国家及其经济分配方式,又涉及性别、友谊、婚姻、家庭、养育、教育以至文学艺术等表现方式,因此政治哲学几乎必然具有跨学科的特性。说到底,政治哲学是一个政治共同体之自我认识和自我反思的集中表达。此外,政治哲学的兴起一般都与政治共同体出现重大意见争论有关,这种争论往往涉及政治共同体的基本信念、基本价值、基本生活方式以及基本制度之根据,从而必然成为所有人文社会科学的共同关切。就当代西方政治哲学的再度兴起而言,其基本背景即是西方所谓的"60年代危机",亦即上世纪60年代由民权运动和反战运动引发的社会大变动而导致的西方文化危机。这种危机感促使所有人文社会学科不但反省当代西方社会的问题,而且逐渐走向重新认识和重新检讨西方17世纪以来所形成的基本现代观念,这就是通常所谓的"现代性问题"或"现代性危机"。不妨说,这种重新审视的基本走向,正应了政治哲人施特劳斯多年前的预言:

彻底质疑近三四百年来的西方思想学说是一切智慧追求的起点。

政治哲学的研究在中国虽然才刚刚起步,但我们以为,从一开始就应该明确:中国的政治哲学研究不是要亦步亦趋与当代西方学术"接轨",而是要自觉形成中国学术共同体的独立视野和批判意识。坊间已经翻译过来不少西方政治哲学教科书,虽然对教书匠和应试生不无裨益,但从我们的角度来看,其视野和论述往往过窄。这些教科书有些以点金术的手法,把西方从古到今的政治思想描绘成各种理想化概念的连续统,盲然不顾西方政治哲学中的"古今之争"这一基本问题,亦即无视西方"现代"政治哲学乃起源于对西方"古典"政治哲学的拒斥与否定这一重大转折;还有些教科书则仅仅铺陈晚近以来西方学院内的细琐争论,造成"最新的争论就是最前沿的问题"之假象,实际却恰恰缺乏历史视野,看不出当代的许多争论其实只不过是用新术语争论老问题而已。对中国学界而言,今日最重要的是,在全球化时代戒绝盲目跟风赶时髦,始终坚持自己的学术自主性。

要而言之,中国学人研究政治哲学的基本任务有二:一是批判地考察西方政治哲学的源流,二是深入疏理中国政治哲学的传统。有必要说明,本文库两位主编虽近年来都曾着重论述施特劳斯学派的政治哲学,但我们决无意主张对西方政治哲学的研究应该简单化为遵循施特劳斯派路向。无论对施特劳斯学派,还是对自由主义、社群主义、共和主义或后现代主义等,我们都主张从中国的视野出发深入分析和批判。同样,我们虽强调研究古典思想和古典传统的重要性,却从不主张简单地以古典拒斥现代。就当代西方政治哲学而言,我们以为更值得注意的或许是,各主要流派近年来实际都在以不同方式寻求现代思想与古典思想的调和或互补。

以自由主义学派而言,近年来明显从以往一切讨论立足于"权利"而日益转向突出强调"美德",其具体路向往往表现为寻求康德与亚里士多德的结合。共和主义学派则从早年强调古希腊到马基雅维里的政治传统逐渐转向强调罗马尤其是西塞罗对西方早期现代的影响,其目的实际是缓和古典共和主义与现代社会之张力。最后,施特劳斯学派虽然一向立足于柏拉图路向的古典政治哲学传统而深刻批判西方现代性,但这种批判并非简单地否定现代,而是力图以古典传统来矫正现代思想的偏颇和极端。当然,后现代主义和后殖民主义各派仍然对古典和现代都持激进的否定性批判态势。但我们要强调,当代西方政治哲学的各种流派无不从西方国家自身的问题出发,因而必然具有"狭隘地方主义"(provincialism)的特点,中国学人当然不应该成为任何一派的盲从信徒,而应以中国学术共同体为依托,树立对西方古典、现代、后现代的总体性批判视野。

中国政治哲学的开展,毫无疑问将有赖于深入地重新研究中国的古典文明传统,尤其是儒家这一中国的古典政治哲学传统。历代儒家先贤对理想治道和王道政治的不懈追求,对暴君和专制的强烈批判以及儒家高度强调礼制、仪式、程序和规范的古典法制精神,都有待今人从现代的角度深入探讨、疏理和发展。近百年来粗暴地全盘否定中国古典文明的风气,尤其那种极其轻佻地以封建主义和专制主义标签一笔抹煞中国古典政治传统的习气,实乃现代人的无知狂妄病,必须彻底扭转。另一方面,我们也并不同意晚近出现的矫枉过正,即以过分理想化的方式来看待儒家,似乎儒家或中国古典传统不但与现代世界没有矛盾,还包含了解决一切现代问题的答案,甚至以儒家传统来否定"五四"以来的中国现代传统。深入研究儒家和中国古典文明不应采取理想化的方式,而是要采取问题化的方式,重要的是展开儒家和中国古典传统内部的问题、矛盾、张力和冲突;同时,儒家和中国古典传统在面对现代社会和外部世界时所面临的困难,并不需要回避、掩盖或否认,倒恰恰需要充分展开和分析。中国政治哲学的开展,固然将以儒家为主的中国古典文明为源头,但同时必以日益复杂的中国现代社会发展为动力。政治哲学的研究既要求不断返回问题源头,不断重读古代经典,不断重新展开几百年甚至上千年以前的古老争论,又要求所有对古典思想的开展,以现代的问题意识为归依。古老的文明中国如今已是一个高度复杂的现代国家,处于前所未有的全球化格局之中,我们对中国古典文明的重新认识和重新开展,必须从现代中国和当代世界的复杂性出发才有生命力。

政治哲学的研究在我国尚处于起步阶段,无论是批判考察西方政治哲学的源流,还是深入疏理中国政治哲学传统,都有待学界同仁共同努力,逐渐积累研究成果。但我们相信,置身于 21 世纪开端的中国学人正在萌发一种新的文明自觉,这必将首先体现为政治哲学的叩问。我们希望,这套文库以平实的学风为我国的政治哲学研究提供一个起点,推动中国政治哲学逐渐成熟。

2005 年夏

纪元前四世纪阿提卡赤陶双耳喷口杯彩图:忒瑞西阿斯先知(中)、奥德修斯
(右)、欧律罗科斯(左)。

蛋彩画:《奥德赛》"招魂记"中的忒瑞西阿斯先知(左上)和奥德修斯(右下)

作　者:福斯里(Johann Heinrich Füssli,1741—1825)

罗浮宫藏纪元后二世纪早期"缪斯石棺"（Muses Sarcophagus）上的九位缪斯女神，从左至右依次为：卡利俄佩（Calliope，掌叙事诗）、塔利亚（Thallia，掌谐剧）、忒尔普西科瑞（Terpsichore，掌舞蹈）、欧特尔佩（Euterpe，掌音乐）、波吕许谟尼亚（Polyhymnia，掌颂诗）、克利俄（Clio，掌纪事）、埃拉托（Erato，掌抒情诗）、乌拉尼亚（Urania，掌天文）、墨尔波墨涅（Melpomene，掌肃剧）。

木版画：忒瑞西阿斯击打交尾之蛇

作　者：克劳斯(Johann Ulrich Krauss，1655－1719)

木版画：赫拉弄瞎了忒瑞西阿斯的眼睛，宙斯赐予他预言能力

作　者：克劳斯(Johann Ulrich Krauss，1655－1719)

木版画：忒瑞西阿斯先知与童子（画作者不详）

画上方拉丁文：忒拜人忒瑞西阿斯。画下方拉丁文：尽管朱诺起先夺走了光，把我弄瞎了，万能的朱庇特却让我能知道未来。

忒瑞西阿斯先知（左）与俄狄浦斯僭主（中），右为忒拜长老，忒瑞西阿斯先知身后为忒拜民众（画作者不详）。

目　　录

ὁδηγῷ ψυχῆς μοῦ τὸ βιβλίον ανατίθημι.

前言：先知与缪斯之鸟

提起古希腊城邦，人们首先会想到与女神同名的雅典（Athens），其次会想到勇士的故乡斯巴达（Sparta），也会想到销魂金窟科林多（Corinth），当然，有人还会想到哲人三顾叙拉古（Syracuse）。然而，在古希腊神话和传说中，直到特洛亚战争前，古希腊最重要的城邦却是忒拜（Thebes）。腓尼基王子卡德摩斯（Cadmus）为寻找其姊欧罗巴（Europa）来到玻俄提亚（Boeotia），在此建城卡德墨亚（Cadmea），是为忒拜城的开端。"忒拜"之名则得自宙斯（Zeus）和卡德墨亚公主安提俄帕（Antiopa）之子仄修斯（Zethus）的妻子、神女忒拜（Thebe）。①

诗人索福克勒斯尝言：*οὖ δὴ μόνον τίκτουσιν αἱ θνηταὶ θεούς*［唯有这座城中会死的女人生育了神］，②说的是卡德摩斯的女儿塞墨勒（Semele）与宙斯生了狄俄尼索斯神（Dionysos），安菲特律翁（Amphit-

---

① 柏拉图在《法义》（*Leges*，778d-779a）中论及修筑城墙会使公民的灵魂变得软弱，或有助于理解，本来没有城墙卡德墨亚，何以在修筑城墙后用女性的名字命名。参见柏拉图，《法律篇》，张智仁、何勤华译，孙增霖校，上海：上海人民出版社，2001，页194。

② 《索福克勒斯残篇》（*The Fragments of Sophocles*，ed. A. C. Pearson，Cambridge University Press 1917），卷三，页24。

ryon)的妻子阿尔克墨涅（Alcmena）在忒拜城与宙斯生了赫拉克勒斯（Heracles）。荷马在《伊里亚特》（*Iliad*）中记述了这两位"有死的"忒拜女人和她们的神子："阿尔克墨涅生了无畏的赫拉克勒斯，塞墨勒生了人类的欢乐狄俄尼索斯"（卷十四，行 324—5），荷马还在这部叙事诗（Epos）中详细谈到"阿尔克墨涅在城垣坚固的忒拜生育强大无比的赫拉克勒斯的那一天"（卷十九，行 97—133）。赫西俄德（Hesiod）《神谱》（行 940—44）中的记述与荷马完全一致。这座伟大的城邦不仅生育了两个伟大的神，还生育了古希腊歌手和音乐家的始祖、仄修斯的孪生兄弟安菲翁（Amphion），生育了与荷马齐名的赫西俄德，生育了古希腊最伟大的抒情诗人品达（Pindar），生育了敢与品达争锋的女抒情诗人科林娜（Corinna，一说她来自塔纳格拉[Tanagra]，此地应为忒拜城邦的一部分），尤其是生育了古希腊最伟大的先知忒瑞西阿斯（Teiresias/*Τειρεσίας*）。[①]

一

说起古希腊先知（mantis/*μάντις*）或预言术/占卜术（mantik/*μαντική*），人们首先会想到德尔菲（Delphi）神庙中阿波罗（Apollo）的祭司和德尔菲神谕。然而，忒拜古城的建立（约在公元前 2000 年）远早于德尔菲城（最早约在公元前 1400 年）：相传，从卡德摩斯时代直到忒拜城陷落，忒瑞西阿斯先知是忒拜七代（一说十代）辉煌的见证者，和忒拜城有关的一系列神话都与他有关，在古希腊三大肃剧（Tragedies）诗人的剧作中，他的名字与著名的忒拜僭主俄狄浦斯（Oedipus der Tyrannos）家族的故事密切联系在一起。可见，忒瑞西

---

① 笔者依罗念生先生将*Τειρεσίας*译为"忒瑞西阿斯"，而不采用张竹明先生的译法"特瑞西阿斯"，理由在于：若以"忒拜"来对译*Θῆβαι*，则"忒瑞西阿斯"中的"忒"字恰可显明先知与忒拜城非同寻常的关系。

阿斯才是古希腊最早的先知，也正是古希腊先知传统的源头：忒瑞西阿斯的女儿曼托（Manto/Μαντώ）就是预言术（μαντική）的人身化，她为阿波罗生子摩普索斯（Mopsos），后者也是古希腊著名的预言家，曾作为英雄受到奉祀；相传，随希腊联军远征特洛亚的先知卡尔卡斯（Calchas）与摩普索斯比赛预言术，败后激愤而死。可见，要研究古希腊先知和预言术/占卜术，就必须首先研究这位忒拜先知忒瑞西阿斯。

与忒瑞西阿斯先知有关的神话文本主要有如下六大来源：

（1）赫西俄德的叙事诗《墨兰波迪亚》（*Melampodia*）断章（《赫西俄德残篇》[*Fragmenta Hesiodea*, ed. Merkelbach-West, Oxford：Clarendon Press 1967]）；

（2）佩莱库德斯（Pherekydes）的记述（《希腊纪事断章》[*Fragmenta historicorum graecorum*, ed. Carl und Theodor Müller, Vol. I, Paris 1841]，阿波罗多洛斯和卡利马霍斯[Callimachos]均有提及）；

（3）阿波罗多洛斯（Apollodoros）的《希腊神话轶闻集》（*Bibliotheca*）；

（4）荷马叙事诗《奥德赛》中的“招魂记”（Nekyia）；

（5）“英雄诗系”（Die Epen des Kyklos：《俄狄浦斯之歌》[*Oidipodea*]，《忒拜之歌》[*Thebais*]，《后辈英雄》[*Epigonoi*]，《阿尔克迈翁尼斯》[*Alkmaionis*]，《忒勒戈尼亚》[*Telegoneia*]，《归返》[*Nostoi*]）；

（6）“索斯特拉托斯（Sostratos）诗”诸变体。[①]

我们首先看阿波罗多洛斯《希腊神话轶闻集》中关于忒瑞西阿斯先知身世的叙述：

---

① Gherardo Ugolini，《忒瑞西阿斯先知形象研究》（*Untersuchungen zur Figur des Sehers Teiresias*, Tübingen：Gunter Narr, 1995），页31—32。

在忒拜人中间,有[一个]先知(μάντις)[叫]忒瑞西阿斯,他是欧厄瑞斯(Εὐήρους)与神女卡里克罗(Χαρικλοῦς νύμφης)的儿子,属地生人乌达俄斯(Οὐδαίου τοῦ Σπαρδοῦ)一族,他的眼是瞎的。关于他变瞎和[他的]预言术(μαντική),有不同说法。别的人的确(ἄλλοι μὲν γὰρ)说他是被诸神弄瞎的,就因为(ὅτι)他把诸神希望隐藏的事情揭露给了众人。可佩莱库德斯(Φερεκύδες)说他是被雅典娜弄瞎的,由于卡里克罗与雅典娜(Ἀθηνᾶς)相好,[……]忒瑞西阿斯看见雅典娜赤身裸体,她就用双手挡住了他的双眼,使他变瞎(ταῖς χερσὶ τοὺς ὀφθαλμοὺς αὐτοῦ καταλαβομένην πηρὸν ποιῆσαι)。卡里克罗乞求[雅典娜]复原[忒瑞西阿斯的]视力,但雅典娜没有能力(μὴ δυναμένην)这样做,却清洁[他的]耳朵,使[他]听得懂所有鸟类的语言,并送给他山茱萸[做的]拐杖,靠着它和明眼人一样行走(III, vi, 7)。①

从阿波罗多洛斯的叙述可知,忒瑞西阿斯是凡人与神女之子,他的父亲欧厄瑞斯是协助卡德摩斯建立卡德墨亚(忒拜城)的五族"地生人"之一、乌达俄斯的后代。因此,可以说忒瑞西阿斯是"龙的传人",因为,乌达俄斯等五族"地生人",都是卡德摩斯将杀死的龙牙播种于地而长出的人。按照柏拉图《王制》(Politeia)中的说法,这五族"地生人"是卡德墨亚(忒拜城)的"卫士"。如果说卡德

① Apollodorus,《希腊神话轶闻集》(The Library, ed. and trans. Sir J. G. Frazer, The Loeb Classical Library, Cambridge Mass.-London 1921),卷一,页360—3。译文为笔者自译。中译本可参阿波罗多洛斯,《希腊神话》,周作人译,北京:中国对外翻译出版公司,1999,页172—173。关于忒瑞西阿斯何以"变瞎"和"他的预言术",阿波罗多洛斯接着转述了"赫西俄德的说法",在此我们只关注前两种说法,本书第一章将专门讨论赫西俄德的第三种说法。

摩斯家族是卡德墨亚（忒拜城）的王族和实际统治者，那么，城邦"卫士"乌达俄斯一族从忒瑞西阿斯开始，形成了卡德墨亚（忒拜城）的先知传统。

然而，忒瑞西阿斯先知身世神话的关键，在于他何以"变瞎和他的预言术"：他之所以获得"预言术"，正是在他"变瞎"之后。关于忒瑞西阿斯"变瞎"的原因，阿波罗多洛斯一共叙述了三种说法：一，"别的人"的说法；二，佩莱库德斯的说法；三，赫西俄德的说法。阿波罗多洛斯把"别人的说法"放在首位："因为他把诸神希望隐藏的事情揭露给了众人"，所以"被诸神弄瞎"了。阿波罗多洛斯没有明说"别的人"是谁，但他首举这种"说法"，说明这种"说法"重要，或者最重要——注意：阿波罗多洛斯的叙述用了 $...\mu\grave{\varepsilon}\nu\ \gamma\grave{\alpha}\varrho...\ \acute{o}\tau\iota$ 这样的强调句式。所以，我们想知道"别的人"是谁，但阿波罗多洛斯没有告诉我们：要么是"别的人"自己"隐瞒"了自己姓甚名谁，要么是阿波罗多洛斯"隐瞒"了"别的人"姓甚名谁，要么"别的人"就是阿波罗多洛斯自己。"别的人"如此斩钉截铁地（$...\mu\grave{\varepsilon}\nu\ \gamma\grave{\alpha}\varrho...\ \acute{o}\tau\iota$）认为，忒瑞西阿斯之所以"变瞎"，是由于"他把诸神希望隐藏的事情揭露给了众人"，是诸神对他的"惩罚"，言下之意是他"罪有应得"。

这个遭诸神惩罚的忒瑞西阿斯，我们似曾相识。他像谁？像"被缚的普罗米修斯（Prometheus）"——普罗米修斯何以被缚？只因他"怜爱人类"，盗"天火"来救助人类。既然忒瑞西阿斯"把诸神希望隐藏的事情揭露给了众人"，说明他爱人胜过爱神。阿波罗多洛斯的叙述没有告诉我们"诸神希望隐藏的事情"是什么，因为阿波罗多洛斯懂得"隐藏"，他不想和忒瑞西阿斯一样，成为"爱人胜过爱神"的人。但估计"诸神希望隐藏的事情"与"天火"具有同样的性质：在"别的人"看来，"诸神希望隐藏的事情"人是不该知道的，诸神将忒瑞西阿斯弄瞎就是"惩罚"和"警示"。

二

我们再看佩莱库德斯的说法。按照阿波罗多洛斯的叙述，因为忒瑞西阿斯"看见雅典娜赤身裸体"，故而雅典娜"用双手挡住了他的双眼"。他之所以可能"看见雅典娜赤身裸体"，是因为他母亲卡里克罗与雅典娜"相好"，这使他有机缘靠近雅典娜女神。可以想见，忒瑞西阿斯在母亲那儿时而能见到"着衣的"雅典娜，他看到"赤身裸体"的雅典娜固然出于偶然，但为什么偏偏是他忒瑞西阿斯？莫非忒瑞西阿斯天性上与雅典娜女神有某种关联？

我们知道，忒瑞西阿斯家族是"龙的传人"，而卡德摩斯杀死的巨龙是宙斯与赫拉（Hera）之子、战神阿瑞斯（Ares）的儿子，原来雅典娜女神的异母兄弟阿瑞斯是忒瑞西阿斯的先祖，雅典娜和忒瑞西阿斯都有宙斯神的遗传。那么，雅典娜究竟遗传了宙斯神什么？赫西俄德在《神谱》中这样叙述雅典娜女神的降生：

> 接着，宙斯，诸神之王，首先娶妻墨提斯（Μῆτιν），
> 诸 神 和 有 死 之 人 中 所 知 最 多 者（πλεῖστα θεῶν εἰδυῖαν ἰδὲ θνητῶν ἀνθρώπων）。
> 但就在她要将明眸女神雅典娜
> 生育，那当而，他用诡计（δόλῳ）完全蒙蔽了她的心
> 用哄骗的言辞（αἱμυλίοισι λόγοισιν）将她吞进自己腹中（νηδὺν），
> 靠的是该亚（Γαίης）和布满繁星的乌兰诺斯的（Οὐρανοῦ）狡诈；
> 这是因为他们明示：以免尊贵的王位
> 落入永生诸神中的另一位之手，取代了宙斯。
> 因为，从她那儿注定有心思周密的孩子要出生；

第一个就是明眸的处女特里托革尼亚（Τριτογένειαν），

她拥有与父王同等的（ἴσον）力量和精明筹划，（行

886—96）①

然而，雅典娜的"父王"宙斯神究竟有怎样的"力量和精明筹划"呢？照《神谱》记述，宙斯当上诸神之王后，或娶妻、或私通、或强暴女神、神女或人间女子无数，可谓风流成性。但赫西俄德告诉我们，这一切都是宙斯当上诸神之王"后"的所做所为，可见，宙斯的原则是"先立业，后成家"，在成就其统治宇宙的霸业之前，他绝不沉溺于肉欲。即便在成就伟业之后娶妻，宙斯所娶的第一个妻子也是"诸神和有死之人中所知最多者"墨提斯（Μῆτις），而不是"容光照人的（λιπαρὴν）忒弥斯（Θέμιν）"（《神谱》，901），不是"容貌非常美丽可人的（πολυήρατον εἶδος ἔχουσα）"欧律诺墨（Εὐρυνομη）（907—8），也不是"长了一头美发的（ἐράσσατο καλλικόμοιο）谟涅摩绪涅（Μνημοσύνης）"（《神谱》，915）……

就在第一个妻子将要生产的时候，宙斯却"用诡计完全蒙蔽了她的心"，"用哄骗的言辞将她吞进自己腹中"，这说明"宙斯的智慧"不同于"墨提斯的智慧"：宙斯不但会运用"诡计"（δόλῳ）和"哄骗的言辞"（αἰμυλίοισι λόγοισιν），而且将墨提斯（智慧）"藏"进了自己"腹中"（νηδὺν）——原来，诸神之父宙斯都要"隐藏"智慧："宙斯的智慧"果然远远超越了墨提斯——"单纯的智慧"。我们知道，后来"宙斯从自己的头脑中生出了明眸的雅典娜"（《神谱》，924）：宙斯让智慧通过他的"头脑"，而非"从口中说出"智慧。

为避免"尊贵的王位落入永生诸神中的另一位之手"，宙斯"恩

---

① Hesiod，《神谱，劳作与时日，证言》（Theogony, Works and Days, Testimonia, ed, and trans. Gelenn W. Most, The Loeb Classical Library, Cambridge Mass. -London 2006），页 74。中译参赫西俄德，《工作与时日，神谱》，张竹明、蒋平译，北京：商务印书馆，1997，页 51—52。据原文有改动，下同。

断义绝",断然将墨提斯吞进腹中：*ὡς δή οἱ φράσσαιτο θεὰ ἀγαθόν τε κακόν τε*［要女神为他指明好与坏］。原来,宙斯吞掉墨提斯,并不单单因为害怕被人"取代",作为诸神之王他竟然"要女神为他指明好与坏",这"好与坏"当然也包括宙斯自身的"好与坏"——我们不禁赞叹:宙斯是既智且明的诸神之王。其次,宙斯害怕被人"取代"也自有其理:《神谱》共计 1022 行,记述宙斯僭取父位、重整宇宙秩序花了近 500 行,说明要打破旧秩序,从混乱中重建新秩序,何其难也,而且还不能保证建立的新秩序就一定是正义的秩序。

> 然而,墨提斯却隐藏在宙斯里面
>
> 她是雅典娜的母亲,正义的营造者（*τέκταινα δικαίων*）,
>
> 诸神和有死之人中所知最多者（《神谱》,929νπ）[1]

正因为宙斯"内在"有"正义的营造者"和最有智慧的墨提斯,他方能成为永恒的"诸神之王"。我们终于明白,宙斯当上"诸神之王"绝非偶然——他配得此尊位。

我们回到宙斯的"第一个"孩子、"明眸女神雅典娜"。赫西俄德说"她拥有与父王同等的力量和精明筹划",如前所述,宙斯的"力量和精明筹划"正是宙斯能成为诸神之王的关键,或者说宙斯之为宙斯,就在于他集"智慧与力量"于一身。如此说来,忒瑞西阿斯"看见雅典娜赤身裸体",就是看见了"力量本身"和"智慧本身",等于同时看见了宙斯的"力量和智慧",因为雅典娜"拥有与父王同等的力量和精明筹划"——忒瑞西阿斯"看见雅典娜赤身裸体",等于看见了宇宙间"最大的奥秘",雅典娜能不"用双手挡住了

---

[1]　赫西俄德,《工作与时日,神谱》,前揭,页 53。据中译本,包括这三行诗在内的 19 行诗是由 Peppmüller 复原的文本,见页 53,脚注 3。

他的双眼"？

　　我们不免怀疑：前述"别的人"所谓"诸神希望隐藏的事情"，难道就是"雅典娜赤身裸体"？如果是这样，那么，忒瑞西阿斯"把诸神希望隐藏的事情揭露给了众人"，等于将宇宙间最大的奥秘揭露给了人。佩莱库德斯没有这样说，他的说法是忒瑞西阿斯一"看见雅典娜赤身裸体"（等于看见了宙斯的"力量和智慧"），雅典娜就"用双手挡住了他的双眼"，说明凡人连"看一眼"的资格都没有，遑论"他把诸神希望隐藏的事情揭露给了众人"了。

　　忒瑞西阿斯"变瞎"后，卡里克罗"乞求"雅典娜"复原"（ἀποκαταστῆσαι）他的视力，"但雅典娜没有能力（μὴ δυναμένην）这样做"，这说明既成之事实连神也无能"复原"：可见"既成事实不可复原"是连神都要遵循的法则。因此，卡里克罗的"乞求"，乃是一种"妄想"，是一种"病"，她"妄想"做到神都做不到的事情，病得真不轻。可是，我们人类就遗传有这种"妄图复原现实"的"病"。一看到ἀποκαταστῆσαι[复原]这个词，我们马上会想到ἀποκαίω[烧毁]、ἀποκαλύπτω[暴露自己的思想]、ἀποκεφαλίζω[砍头]、ἀποκτείνω[处死]这些可怕的字眼。可是，俗话说，"眼见为实耳听为虚"，雅典娜女神"用双手挡住了他的双眼，使他变瞎"，又使他"听得懂所有鸟类的语言"，岂非"避实就虚"？她真是"太不现实了"。如果"妄图复原的现实"全凭一双眼睛，那么"视力"究竟是怎样一种奇怪的官能？

三

　　亚里士多德在《形而上学》开篇谈到人"在诸感觉中，尤重视觉（ἡ διὰ τῶν ὀμμάτων）"（980a）。[①] 在《尼各马可伦理学》卷十中，他又将"静观的（θεωρητική）幸福"（1177a18）视为最高的幸福。θεωρητική

_____

①　亚里士多德，《形而上学》，吴寿彭译，卷一，北京：商务印书馆，1997，页1。

[静观的]或 θεωρέω[静观]的前缀θε的意思就是"放置"、"停驻",而θεωρητική或θεωρέω的词根ορ意为"警觉"、"注意"、"察看",故而θεωρέω[静观]的意思就是"停驻于其上察看"。[①] 由此,人们认为由亚里士多德所奠定的西方形而上学是"视觉中心主义"。

海德格尔在《存在与时间》第三十六节研究"好奇"主题时说:"早在希腊哲学中,人们就从'看的快乐'来理解认识了,这不是偶然的。亚里士多德关于存在论的论文集首篇论文即以下面这句话开篇:πάντες ἄνθρωποι τοῦ εἰδέναι ὀρέγονται φύσει;[②] 人的存在本质上包含有看之操心",由此引出了"源始的真实的真相乃在纯直观中"的论题,"这一论题香火流传,始终是西方哲学的基础"。[③] 若真像海德格尔所言,"哲学认识"就是追求"看的快乐",那么,雅典娜"用双手挡住了"忒瑞西阿斯的双眼,就是剥夺他"看的快乐",也就是不让他"搞哲学",等于摧毁"西方哲学的基础"。

1931 年 5 月 4 日,施特劳斯在柏林的犹太学学院礼堂作了题为"柯亨与迈蒙尼德"的报告,在即将转入结论的部分,他谈到"柏拉图和亚里士多德的对立":

> 与对于亚里士多德来说完全一样,对于柏拉图来说,认知是人的最高可能性。决定性的区别在于,他们对待这种可能性的方式。亚里士多德让这种可能性放任自流(völlig frei);毋宁说:他让可能性保持其自然的自由(natürliche Freiheit)。与此相反,柏拉图不允许哲人们做

---

① 苗力田先生从 θεωρέω 中看出了 θεός[神],认为 θεωρέω 由 θεός 与 ὁράω 合并而成,乃是臆解。

② 亚里士多德《形而上学》开篇这句话直译是"就天性而言,所有人都渴求看见(知道)",通常译为"求知是人的天性",海德格尔在此译为"人的存在本质上包含有看之操心"。

③ 海德格尔,《存在与时间》(修订本),陈嘉映、王庆节合译,北京:三联书店,2006,页198—199。

"现在允许他们做的事情"，亦即不允许把在哲学思想中生活当作在哲学思想中、在对真理的直观中打坐（Verharren）。①

　　柏拉图不容许这样的"自由认知"，因为柏拉图的苏格拉底说过，从洞穴中走出的人"会觉得眼前金星乱蹦金蛇乱窜，以致无法看见任何一个现在被认为真实的事物"（《理想国》，516a），不经过"一个逐渐习惯的过程"而"直接观看太阳本身"，会让眼睛"变瞎"（《理想国》，516a-b）。在施特劳斯看来，"现代个体思想"的源头就在"亚里士多德式的自由中的认知"中，只知道"亚里士多德式的自由中的认知"的"现代个体"，都是"睁眼瞎"。如此说来，雅典娜女神"用双手挡住了他的双眼"，其实是在救护忒瑞西阿斯的眼睛，但忒瑞西阿斯已经"看见雅典娜赤身裸体"，所以，他的眼睛是被"智慧与力量本身"灼瞎的。

　　1964 年 4 月海德格尔发表了《哲学的终结和思的任务》，他认为"哲学的终结"就是"形而上学的完成"，而"形而上学就是柏拉图主义"，"哲学之终结不是哲学思维方式的终止"，"终结作为完成乃是积聚到最极端的可能性中去"。② 海德格尔的结论是，在"哲学终结之后"，"思想的任务就应该是：放弃对以往关于思的事情的规定的思"（前揭，页 1261）："无规定的思"就是海德格尔所追求的"澄明之自由之境"。海德格尔"无规定的思"的目的当然是为形而上学重新奠基，然而，在这种"存在之澄明"中，所有人的眼睛难免都会"变瞎"。迈尔（Heinrich Meier）在《为什么是政治哲学？》一文中指出，海德格尔的哲学始终未发生"有自知之明的政治转向"，在海德

①　《施特劳斯文集卷二：哲学与律法——早期著作》（Gesammelte Schriften, Vol. 2: Philosophie und Gesetz — Frühe Schriften, ed. Heinrich Meier, Stuttgart：J. B. Metzler），页 426。

②　见《海德格尔选集》（下），孙周兴译，上海：三联书店，1996，页 1243—4。

格尔的哲学中没有"政治哲学"的位置,①说明海德格尔所追求仍然是"亚里士多德式的自由中的认知"。

忒瑞西阿斯作为先知的标志,就是他"听得懂所有鸟类的语言"。"懂得",固然意味着一种"认知",但"听得懂所有鸟类的语言"凭靠的是"听"而非"看",因此,与"亚里士多德式的自由中的认知"不同。那么,"听得懂所有鸟类的语言"究竟是怎样一种"认知"?关键得先搞清楚何谓μάντις[先知]或μαντική[预言术/占卜术]。

从辞源上看,μάντις和μαντική的词根μαν有三重含义:一是"奋求之思想"(strebendes Denken);二是"具有激发性的思想"(erregtes Denken);三是"牢记于心"(gedenken; sich erinnern)。② 可见,古希腊的μάντις[先知]就是"奋求不已、刚肠激发、坚韧不拔的人",而μαντική[预言术]就是"奋求激发性思想的技艺"。其实,忒瑞西阿斯的名字中就含有μάντις[先知]的原义:Τειρεσίας的词根是τερ,意思就是"磨碎"或"凿穿"(Georg Curtius,前揭,页 209—10),所以Τειρεσίας意指"如琢如磨、锲而不舍的人"。原来,古希腊的μάντις[先知]并非"未卜先知的神人",而是追求"智慧"的人;古希腊的μαντική[预言术/占卜术]也并非"欺世盗名的法术",而是追求"智慧"的技艺。在古代,鸟占术(ὀρνιϑομαντεία)在所有民族中都是占据支配的地位的占卜形式。有人说,这是因为远古人类是食腐动物,也有人说,这是古人狩猎实践的残余,这些都是现代科学的臆测。③ 照μάντις[先知]或μαντική[预言术/占卜术]的原意,鸟儿高飞的超凡脱俗,猛

---

① 迈尔,《隐匿的对话》,朱雁冰、汪庆华等译,北京:华夏出版社,2002,页 119,注释 2。

② Georg Curtius,《希腊语辞源举要》(*Grundzüge der griechischen Etymologie*, Dritte Auflage, Leipzig: Druck und Verlag von B. G. Teubner 1869),页 291—2。

③ Walter Burkert,〈征兆、控制和知识:古代谜与显之间的古代预言术〉(*Signs, Commands, and Knowledge: Ancient Divination between Enigma and Epiphany*),见《Mantikê:古代预言术研究》(*Mantikê: Studies in Ancient Divination*, ed. Sarah Iles Johnston and Peter T. Struck, Brill, Leiden 2005),页 33。

禽超乎寻常的视力，尤其是候鸟迁徙时不分昼夜的执着和精准的方向感，恰恰与μάντις［先知］和μαντική［预言术/占卜术］的追求若合符节。

如此说来，古希腊的μάντις［先知］和μαντική［预言术］，倒与古希腊"哲人"和"哲学"十分相像，因为"哲人"也是"锲而不舍、奋求智慧的人"；那么，古希腊"先知"与后来的古希腊"哲人"有何关系？

四

相传，前苏格拉底哲人德谟克利特（Demokritos）为了不受"视觉"干扰，故意弄瞎了自己的眼睛。西塞罗（Cicero）在《图斯库兰论辩集》中说：

> 德谟克利特瞎了，他当然无法分辨黑与白，但他仍能分辨好与坏、公正与不公、荣誉与耻辱、合宜与失当、伟大与渺小，这使他活得幸福而毋需观五色之变，若无真见识（notine rerum），这是不可能的。（卷五，39.114）①

西塞罗接着谈到目盲的荷马，说我们看到了荷马的画卷（picturam）而非他的诗作（non poesim）：

> 那地方，那海岸，那希腊的名胜（locus），那战斗的场面，那战场的集结，那桨橹鼓动，那调兵遣将（motus hominum），还有那狼奔豕突（ferarum），他不都曾刻画得栩栩如

---

① Cicero，《图斯库兰论辩集》（*Tusculan Disputations*，ed. E. H. Warmington，The Loeb Classical Library，Cambridge Mass.-London 1971），页 538—9。

生? 以至我们在品读之际,看到了连他本人都不曾看到
的画卷? 可那又怎样? 我们会认为荷马失却了灵魂的愉
悦和快乐? 抑或任何有识之士从来都充满着灵魂的愉悦
和快乐?(卷五,39.114—5,前揭)

西塞罗问:"若此言不实,那么背井离乡的阿那克萨哥拉
(Anaxagoras),或我们方才提到的德谟克利特本人,会将自己完全
投注于求知和发现的神圣愉悦吗?"(卷五,39.115,前揭)西塞罗接着
提到先知忒瑞西阿斯,说"他也是这样的人,诗人们称他有智慧,却
从未提过他悲叹自己眼瞎"(前揭)。西塞罗似乎将忒瑞西阿斯和
荷马与德谟克利特看成了一类人:原因倒不唯在于他们都是瞎子,
而更因为他们都"将自己完全投注于求知和发现的神圣愉悦","都
充满灵魂的愉悦和快乐"。可忒瑞西阿斯和荷马与德谟克利特真
是一类人吗?

尼采告诉我们,古人将德谟克利特"与柏拉图相提并论","在
天赋上,德谟克利特甚至胜过了柏拉图"。① 然而,尼采认为"伦理
学中的苏格拉底正如物理学中的德谟克利特:一种热情的吝啬
(eine begeisterte Engherzigkeit),一种狂热的肤浅(eine enthusiastische
Oberflächlichkeit)"(尼采,"遗稿1869—1874",前揭,卷七,页41)。德谟克
利特听从"原子"(Atom)和"数"(Zahl),靠"自然科学"(Naturwissen-
schaft)"摆脱了习俗"(Freiheit von Convention)(前揭,页548)。对德谟
克利特而言,"世界没有道德和美学意义",这是一种"偶然际遇的
悲观主义"(前揭,页555)。尼采接着论道:

---

① F. Nietzsche,《希腊悲剧时代的哲学》(*Die Philosophie im tragischen Zeitalter der Griechen*),见"批评研究版全集"(Kritische Studienausgabe, hrsg. Giorgio Colli und Mazzino Montinari),卷七,页811。中译参见尼采,《希腊悲剧时代的哲学》,周国平译,北京:商务印书馆,页15。

乐观主义始于苏格拉底，这是不再有艺术性的乐观主义，始于目的论和对善神（Gott）的信仰；这是对有知的好人的信仰。这是本能之瓦解。

苏格拉底与到那时为止的科学和文化决裂，他想返回古老的公民德性，返回城邦。

柏拉图摆脱了城邦，如其所言，他与新文化保持一致。

苏格拉底式的怀疑主义是反对到那时为止的文化和科学的武器。

古代，在德谟克利特之后，一种卓有成效的经验物理学中断的原因何在？（前揭，页555—6）

尼采言下之意是：苏格拉底"中断"了德谟克利特"卓有成效的经验物理学"。然而，"在任何时代，不受约束的求知欲本身和对知识的敌视一样，都会导致野蛮；希腊人通过对生命的关切，通过一种理想的生命需求，遏制了他们原本贪得无厌的求知欲"（《希腊悲剧时代的哲学》，周国平译，前揭，页8）。德谟克利特，这位"遁世的、没有祖国的、高贵的探究者"（前揭，页557），为了不受"视觉"干扰其"经验物理学"探究，故意弄瞎自己的眼睛，这就是由"不受约束的求知欲"所导致的"野蛮"。我们知道，忒瑞西阿斯因为偶然看见雅典娜"赤身裸体"，被"智慧和力量本身"灼瞎了眼睛，荷马眼瞎又是怎么回事？

在《奥德赛》中，荷马咏唱斐埃克斯人的"神妙的歌人"得摩多科斯（Demodokos）：

缪斯爱他超过众人（πέρι），给他好（ἀγαϑόν），也给他坏（κακόν），

夺了他的视力，却给他甜美的（ἡδεῖαν）歌。（8,

63—64)①

据说,荷马这里咏唱的得摩多科斯就是他自己。② 若如此,荷马或得摩多科斯目盲,是因为缪斯"爱他超过众人",而忒瑞西阿斯眼瞎实属偶然,可德谟克利特眼瞎无疑是"自戕":德谟克利特弄瞎自己的双眼与荷马和忒瑞西阿斯两人的眼瞎,显然不可同日而语。其次,荷马或得摩多科斯的"甜美的歌"是缪斯女神给的,忒瑞西阿斯偶然一瞥"智慧和力量本身"就瞎了眼,还有他"听得懂所有鸟类的语言",也是雅典娜的"馈赠",可德谟克利特靠他自己的"经验物理学",发现了"自然"中的"原子"和"数":显然,德谟克利特弄瞎自己的双眼,与荷马和忒瑞西阿斯两人的眼瞎,也不可同日而语。德谟克利特"灵魂的愉悦和快乐",是"自由认知的愉悦和快乐",他靠"自然科学摆脱了习俗",说明他不信神;而荷马和忒瑞西阿斯两人"灵魂的愉悦和快乐",才是真正"神圣"的愉悦和快乐,因为这愉快和快乐就出自神。

如尼采所言,苏格拉底的"乐观主义"信仰"好神"和"有知的好人",因此,他必然与德谟克利特式的科学和文化决裂,"返回古老的公民德性,返回城邦",他出于"对生命的关切",要遏制自然哲学家们"贪得无厌的求知欲"。苏格拉底知道,"德谟克利特是最自由的人"(*Demokrit der freieste Mensch*)(前揭,页546):如果说"现代个体思想"的源头就在"亚里士多德式的自由中的认知"中,我们得承认,"亚里士多德式的自由中的认知"的始作俑者就是德谟克利特。

尼采说"柏拉图摆脱了城邦",当指公元前399年苏格拉底被判处死刑后,柏拉图离开雅典游历过麦加拉、埃及、居勒尼等城邦

---

① 译文参照了王焕生译本(荷马,《奥德赛》,北京:人民文学出版社,1997,页131),据原文有所改动,下同。

② Barbara Graziosi,《虚构荷马:叙事诗的早期接受》(*Inventing Homer: The Early Reception of Epic*, Cambridge University Press, 2002),页133。

和地方并三顾叙拉古。可尼采又说"他与新文化保持一致"，说明柏拉图是一个真正面对"政治现实"的人。葛恭（Olof Gigon）在其《柏拉图与政治现实》中指出，"柏拉图的城邦首先是教育的城邦"，"城邦共同体能够、可以、也应当掌控个体教育以塑造完美的公民"：[1]其实，柏拉图从未离开过城邦。

五

　　与柏拉图一样，亚里士多德不唯知道"认知是人的最高可能性"，他也将"教育"作为城邦的头等大事来看待。在《政治学》卷八开头，亚里士多德指出："大家当一致同意，少年的教育为立法家最应关心的事业"（1337a10），[2]这说明，"少年的教育"问题，位居亚里士多德政治学的核心，也说明卷八才是《政治学》这部"立法"论著的关键部分。亚里士多德进而指出，"乐教"乃少年教育之要津："音乐的价值"不仅在于"操持闲暇中的理性活动"（1338a21，前揭书，页411），而且兼具"怡乐憩息"、"陶冶性情"和"助长理智"之功效（1139a16—26，前揭书，页416），"音乐的曲调和韵律"能够"渗透灵魂"，因为"灵魂本身就是一支乐调"，"灵魂内含有乐调的质素"（1340b15—18，前揭书，页425—6）。可见，"乐教"才是亚里士多德政治学的拱顶石，《政治学》卷八通篇所探讨的主题正是"乐教"，这卷书也因而成为"古希腊乐经"的核心文本。

　　由此看来，所谓亚里士多德的"形而上学"就是"视觉中心主义"的说法是片面的。因为，亚里士多德知道，就涵养灵魂而言，"听觉"远比"视觉"重要，而"乐教"实有赖于"听觉"，未闻有聩而能

---

[1]　葛恭（Olof Gigon），《柏拉图与政治现实》（*Platon und die politische Wirklichkeit*, Walter de Gruyter, Berlin and NY 1972），页236—7。

[2]　亚里士多德，《政治学》，吴寿彭译，北京：商务印书馆，1996，页406。

事音乐者。因此，雅典娜让忒瑞西阿斯失去"视觉"而获得了"听得懂所有鸟类语言"的特殊"听觉"，实有深意。

忒瑞西阿斯"变瞎"后，雅典娜的做法不是"复原他的视力"，而是"清洁他的耳朵，使他听得懂所有鸟类的语言"。然而，雅典娜为何要"清洁（διακαθάρασιαν）他的耳朵"？《王制》（*Politeia*）卷三中，柏拉图的苏格拉底在与格劳孔（Glaukon）谈论"音乐教育"时，说应当选择阿波罗的七弦琴而舍弃马叙阿斯（Marsyas）的长笛，认为这是对城邦的"净化"（διακαθαίροντες，399e）。在《政治学》中，亚里士多德也提到雅典娜曾制作了一支笛管，却因其无益于灵魂操修而毁弃了（1341b1—7）。可见，雅典娜深通何种声音是"正声"，而只有清洁被"邪音"污染的耳朵，方能为"听得懂所有鸟类的语言"准备条件。然而，雅典娜让忒瑞西阿斯"听得懂所有鸟类的语言"，究竟想让他听懂什么？"鸟类的语言"都说些什么？

我们回到《奥德赛》中荷马对"神妙的歌人"得摩多科斯的咏唱。既然忒瑞西阿斯因为"看见雅典娜赤身裸体"而瞎了眼，我们难免猜想：得摩多科斯或者荷马被缪斯女神"夺去视力"，莫非也因他看到了不该看的事情？可让我们纳闷的是，荷马所说的"缪斯爱他超过众人（πέρι）"，只不过是"给他好，也给他坏"，这再平常不过了，怎么会是"爱"得摩多科斯？要说"爱"，应该是"只给他好，不给他坏"才对啊？而且，缪斯女神先"给他坏"，后"给他好"——先"夺了他的视力"，再"给他甜美的歌"，等于让一个痛苦的瞎子唱"甜美的歌"，这分明是残忍！然而，荷马说缪斯女神这样做是"爱他超过众人"，说明荷马深知这是怎样一种非同凡响的"爱"，难怪有人说，荷马这里咏唱的得摩多科斯就是他自己（Graziosi，前揭书）。如此说来，雅典娜为忒瑞西阿斯遮盖双眼，并让瞎眼的忒瑞西阿斯"听得懂所有鸟类的语言"，也是对他的"爱"：然而，"听得懂所有鸟类的语言"究竟是怎样一种"爱"？

就雅典娜女神"用双手挡住了他的双眼，使他变瞎"一句文本，勒布古典（The Loeb Classical Library）本阿波罗多洛斯《希腊神话轶闻集》编者弗拉策尔（Sir J. G. Frazer）提请我们参比柏拉图的《泰阿泰德》（Theaetetus, 165b-c）。在此文本中，苏格拉底显然将认为"看见"（ὁρᾶν）与"知道"（ἐπίστασθαι）是一回事的泰阿泰德（Theaetetus）比作一只"困在陷阱里"（ἐν φρέατι συσχόμενος）的野兽：

> 苏格拉底：……如果无耻的对手用手挡住你的一只眼睛，问你能否用挡住的这只眼睛看见他的外衣，你如何作答？
>
> 泰阿泰德：我想，我会说用这只眼睛看不见，可用另一只眼睛看得见。
>
> 苏格拉底：那岂不等于你同时既看得见又看不见？
>
> 泰阿泰德：勉强可以这样说。
>
> 苏格拉底：……如今，你明显看得见你看不见的东西。你赞同"看见"与"知道"是一回事，而非不是一回事。那么好，由此出发，会有何结论？
>
> 泰阿泰德：我想结论会与我的前提相反。
>
> 苏格拉底：也许，我的好伙计，你会有更大的麻烦……

苏格拉底与泰阿泰德的辩证告诉我们，"看见"与"知道"完全是两码事。柏拉图哲学的精髓正在于"我知道我一无所知"，苏格拉底以此表达了终其一生哲学探究的基本自我认识。① 苏格拉底能有此见识，正因为他遵循了德尔菲神谕"认识你自己"。

我们知道，奥德修斯（Odysseus）的"自我认识"是理解《奥德赛》

---

① 参〈苏格拉底的申辩〉（20c4—23c1），见《游叙弗伦、苏格拉底的申辩、克力同》，严群译，商务印书馆，2003，页 54—58。

的钥匙,而奥德修斯说出的自己的名字,乃是他返回故土、也就是"返回自我"的转捩点:①得摩多科斯"甜美的歌"感动得奥德修斯泪流满面,不得不对阿尔基诺奥斯(Alkinoos)王说出他是"拉埃尔特斯(Laertes)之子奥德修斯"(卷九,行19),这是奥德修斯的"自我接纳",而这一切正是他"倾听"得摩多科斯"甜美歌唱"的结果。得摩多科斯"甜美的歌"是缪斯女神给的,《奥德赛》这部叙事诗也是缪斯女神在借荷马之口而歌唱:诗人就是"缪斯之鸟"($Mou\sigma\tilde{\omega}\nu$ $\check{o}\rho\nu\iota\vartheta\epsilon\varsigma$)。据第欧根尼·拉尔修(Diogenes Laertius)记述,欧里庇得斯(Euripides)曾谴责雅典人说:"你们杀了,你们杀了那位最智慧的、无罪的缪斯夜莺。"②可见,在肃剧诗人眼里,哲人苏格拉底也是"缪斯之鸟"。雅典娜让忒瑞西阿斯"听得懂所有鸟类的语言",莫非是让他"听得懂所有诗人和哲人的语言",也就是让他像奥德修斯一样"听得懂缪斯女神的心思"?缪斯女神的居所赫利孔山(Helikon),就在忒瑞西阿斯的故乡玻俄提亚,这绝非巧合。

尼采《朝霞》最后一节为我们刻画的是"精神的飞行者":

> 勇敢的鸟儿成群结队,飞向远方,飞向遥远和最遥远的远方。……我们所有伟大的导师和先驱最终都在某个地方停了下来,精疲力竭,姿势可能既无威严也不优雅:这是你我之辈的下场!但你我又算得了什么!**其他鸟儿将飞向更远的地方!** ……那么,我们的目的何在?(575,强调为笔者所加)③

---

① 刘小枫,〈奥德修斯的名相〉,见氏著《昭告幽微:古希腊诗品读》,香港:牛津大学出版社,2009,页79—94。
② 参《柏拉图对话集》,王太庆译,北京:商务印书馆,2004,页609。
③ 尼采,《朝霞》,田立年译,刘小枫主编"尼采注疏集",上海:华东师大出版社,2007,页436。

　　我想，尼采的问题得由忒瑞西阿斯先知来回答，因为他"听得懂所有鸟类的语言"：先知的回答就在"缪斯之鸟"荷马和赫西俄德歌唱中，在埃斯库罗斯、索福克勒斯和欧里庇得斯的肃剧中，在柏拉图的哲学诗中，在抒情诗人卡利马库斯的颂歌中，在哲人西塞罗的论辩中，在塞涅卡（Seneca）的《俄狄浦斯》中，在奥维德（Ovid）的《变形记》中，在路吉阿诺斯（Lucian）对话中，在但丁（Dante）《神曲》中，也回荡在弥尔顿（Milton）的《失乐园》、丁尼生（Tennyson）的《忒瑞西阿斯》和艾略特（Eliot）的《荒原》中。

第一章　阴阳不测之谓神
—— 赫西俄德《墨兰波迪亚》断章中的忒瑞西阿斯神话

在"前言"中,我们研究了阿波罗多洛斯《希腊神话轶闻集》中关于忒瑞西阿斯先知身世的前两种说法,阿氏接着引述了"赫西俄德的"第三种说法:

　　但赫西俄德说,他[忒瑞西阿斯]见(ϑεασάμενος)[两]蛇(ὄφεις)在库勒涅山(Κυλλήνην)上交尾,便击打(τρώσας)它们,他就由男人变成了(ἐγένετο)女人,[后来]他再次亲眼看见(παρατηρήσας)那(αὐτούς)[两]蛇在交尾,就又变成了男人。因此,当宙斯与赫拉争辩,交会中(ἐν ταῖς συνουσίαις)男人(ἄνδρας)和女人(γυναῖκας)哪个更快活(ἥδεσϑαι μᾶλλον)时,便来询问此人[译按:即忒瑞西阿斯]。他说,如果说交会的快活有十份(δέκα),那么男人享受(ἥδεσϑαι)一份(μίαν),而女人享受九份(ἐννέα)。因此,赫拉就把他弄瞎了(ἐτύφλωσε),可宙斯却赐(ἔδωκεν)他预言术(μαντικήν)。忒瑞西阿斯是这样对宙斯和赫拉说的:

　　男人只享受十份中的一份(οἵην μὲν μοῖραν δέκα μοιρῶντ ἕρπεται ἀνήρ),

可女人却凭着享受之图谋完全得到了十份

(τὰς δὲ δέκ' ἐμπίπλησι γυνὴ τέρπουσα νόημα)，

他[忒瑞西阿斯]还享得高龄。①

阿波罗多洛斯此段引述可分为四个层次：首先，忒瑞西阿斯看见并击打交尾之蛇；其次，忒瑞西阿斯"男而女又女而男"的性别转换；再次，宙斯与赫拉的争辩以及忒瑞西阿斯解决此争端；最后，忒瑞西阿斯如何变瞎并获赐预言术。不难看出，这则神话的发展脉络是由"动物"过渡到"人"，再由"人"上升到"神"，最后由"神"过渡到"先知"。

一

首先，阿波罗多洛斯指明这则神话出自赫西俄德之口，虽未曾明言所引文献出处，但传统上认为就出自赫西俄德叙事诗《墨兰波迪亚》(Melampodia)。② 不过，也有学者认为尚不能确定《墨兰波迪亚》的作者就是赫西俄德，③困难在于，这部叙事诗如今只有断章

---

① Apollodorus，《希腊神话轶闻集》(The Library, ed. and trans. Sir J. G. Frazer, The Loeb Classical Library, Cambridge Mass.-London 1921)，卷一，页 363—6。译文为笔者自译。中译本可参阿波罗多洛斯，《希腊神话》，周作人译，北京：中国对外翻译出版公司，1999，页 173；亦参 Gherardo Ugolini，《先知忒瑞西阿斯形象研究》，前揭，页 33；亦参 Godofredus Kinkel 编，《希腊叙事诗断章》，页 154—55。

② 赫西俄德，〈墨兰波迪亚〉(Melampodia)，见 Godofredus Kinkel 编，《希腊叙事诗断章》(Epicorum Graecorum Fragmenta，Leipzig: B. G. Teubneri, 1877)，页 151—157；亦参 Gherardo Ugolini，《先知忒瑞西阿斯形象研究》(Untersuchungen zur Figur des Sehers Teiresias，Tübingen: Gunter Narr, 1995)，页 38，脚注 4 中的文献指引。

③ Walter Burkert，《人，杀手：解释古希腊祭仪与神话》(Homo Necans: Interpretationen altgriechischer Opferriten und Mythen，Berlin: Walter de Gruyter, 1997)，页 191，注释 12。

存世。① 确定这部叙事诗的作者，显然不是我们的任务，但阿波罗多洛斯之所以将这则神话归于古代与荷马齐名的伟大诗人赫西俄德，至少是想提请我们重视这则神话。因此，仔细分疏阿波罗多洛斯的引述，深究其中关于忒瑞西阿斯先知身世的叙述，对确定这则神话或《墨兰波迪亚》的作者身份，或许也会有所启发。

神话文本接着说，忒瑞西阿斯θεασάμενος[见]两蛇在库勒涅山上交尾，这里的θεασάμενος不是普通的"看见"，而是"凝视"，同时也是精神性的"沉思"或"静观"。② 我们知道，忒瑞西阿斯原本就是个"如琢如磨、锲而不舍的人"，因此在库勒涅山上，他一定是被"两蛇交尾"给迷住了。我们的问题是：这则神话为何要以忒瑞西阿斯看见"两蛇交尾"为起点？或者说这则神话为何要以"动物"为起点？

我们知道，古希腊哲人中研究"动物"最深入详尽者非亚里士多德莫属，在他存世的作品中，专论"动物"的就有五种：《动物志》（*De Historia Animalium*）、《论动物部分》（*De Partibus Animalium*）、《论动物运动》（*De Motu Animalium*）、《论动物行进》（*De Incessu Animalium*）和《论动物生成》（*De Generatione Animalium*）。亚里士多德认为：

> 动物生活之一部分在于繁殖方面的行为，另外一个部分则在于食物方面；因为一切动物的辛劳及生活正好都围绕着这两个方面。③

所谓"食色性也"，在这些研究动物的作品中，亚里士多德讨论

---

① 亦有古典学家尝试重建这首叙事诗，参见 Ingrid Löffler，《墨兰波迪亚：尝试重构其内容》（*Die Melampodie: Versuch einer Rekonstruction des Inhalts*，1963）。

② 《牛津希英辞典》，前揭，页 786。

③ 亚里士多德，《动物志》，卷 8 章 1,589a1—11，颜一译，见苗力田主编，《亚里士多德全集》（第四卷），北京：中国人民大学出版社，1996，页 271。

"动物生殖"的内容占了绝大部分比重,他还将生殖方式作为动物完善程度的重要标志,[①]从而将人作为"更为完善的动物"来看待。关于动物生成的原因,亚里士多德指出:

> 灵魂优于肉体,有灵魂的东西正是因为灵魂而比无灵魂的东西好,存在比非存在好,生命比无生命好。这些即为动物生成的原因。既然像动物这样的种类在本性上不可能是永恒的,因而生成之物仅仅在可能的意义上是永恒的。作为个体的动物不可能是永恒的,……然而作为类或形式,动物可能是永恒的。这就是为什么总有人类、动物的类和植物的类原因。(前揭,731b29—732a1,见前揭书,页249—250)

可见,动物个体通过"类"的延续而追求不可企及的永恒,正是"动物生成"的合目的性;上述关于忒瑞西阿斯先知身世神话,以忒瑞西阿斯看见两蛇"交尾"开端,正是想将我们的目光引向这种合目的性。但问题仍然在于:这则神话为何偏偏要选择了交尾中的"蛇"这种动物?论者或认为"蛇"在古希腊罗马宗教传统中是一种有魔力的动物(Zaubertier),它知晓未来,也能传达鸟类的语言(Gherardo Ugolini,《先知忒瑞西阿斯形象研究》,前揭,页57)。但其实,亚里士多德关于蛇的论述最具启发性,他在《动物志》卷5章4中(540b1—5)指出:

> 无足的长形动物,如蛇与鳗鲡,交尾时腹部对腹部地相互缠绕。蛇相互间缠得那样地紧,竟至于它们的身体

---

① 亚里士多德,《论动物生成》,卷2章1,732a26—733b15,崔彦强译,见苗力田主编,《亚里士多德全集》(第五卷),北京:中国人民大学出版社,1997,页250—54。

整体来看就像一条生着两头的蛇。（亚里士多德，《动物
志》，前揭，页148）

亚里士多德又在《论动物生成》中详细解释了蛇之所以相互缠
绕交尾的原因，认为"蛇类似乎比鱼类交尾速度慢，这不仅由于其
管道[输送精液的管道——笔者]的长度，还由于这种交尾方式的复杂
性。"（亚里士多德，《论动物生成》，前揭，页208，211）显然，蛇交尾的特殊
之处有二：其一，蛇交尾时相互缠绕，以至于"就像一条生着两头的
蛇"；其二，蛇交尾的时间长。这两个特点使得蛇的交尾堪为动物
"生殖力"强劲而持久的象征，这种强劲而又持久的"生殖力"的合
目的性，就是追求类的"永恒"或"永生"：忒瑞西阿斯"先知之路"的
起点，正是强劲而又持久的"两蛇交尾"，经过一番凝神研究，他和
亚里士多德一样，也必定发现了"两蛇交尾"指向"永恒"或"永生"
的合目的性。

然而，忒瑞西阿斯看见两蛇"交尾"，为何在库勒涅山
（*Κυλλήνην*）？我们知道，库勒涅山是赫尔墨斯神降生之地，赫西俄
德《神谱》中说：

阿特拉斯之女迈亚睡上宙斯的圣床，
为他生下永生诸神之信使（*κήρυκ' ἀθανάτων*），光荣的
赫尔墨斯。（938—939）

这里的*κήρυκ' ἀθανάτων*直译就是"不死者的信使"，"不死者"就
是诸神：赫尔墨斯作为"永生诸神之信使"，他向"有死之人"传达的
信息，必然是有关"永生"或"永恒"的信息；或者说赫尔墨斯神的权
能，就是将诸神有关"永生"或"永恒"的信息传达给"有死之人"：赫
尔墨斯神的权杖就是有两蛇缠绕的"盘蛇杖"（Caduceus），想必正因
为"两蛇缠绕"指向"永恒"或"永生"。

二

我们再来关注忒瑞西阿斯"男而女又女而男"的性别转换。论者多认为蛇在印欧古代宗教传统中有特殊意义,碰到两蛇交尾乃不祥之兆,这则由阿波罗多洛斯所引述的神话是受了古印度或埃及宗教的影响(Apollodorus,《希腊神话轶闻集》,前揭,页364,注释1),但也有论者反对将男女性别转换归于外来宗教传统影响的做法(Gherardo Ugolini,《先知忒瑞西阿斯形象研究》,前揭,页63—64)。实际上,神话文本在此由"两蛇交尾"转向人类的"男女性别"问题,完全合乎逻辑:通过凝神研究发现"两蛇交尾"指向"永恒"或"永生",忒瑞西阿斯自然而然会想到男女两性交会的合目的性问题。然而,人类男女两性交会究竟具有怎样的合目的性呢? 这得从人类男女两性的区分说起。我们知道,最早记述男女两性区分的古代诗人正是赫西俄德:

> ……缺心眼的厄庇米修斯。
> 他从一开始就是吃五谷人类的不幸,
> 他最先接受了宙斯造出的女人:
> 一个处女。……(《神谱》511—514)

宙斯造出的这个女人就是"第一个女人"潘多拉(Πανδώρα),而接受这个女人的厄庇米修斯(Έπιμηθεύς)就是"第一个男人"。厄庇米修斯之所以是"人类的不幸",就因为他接受了潘多拉,"从她产生了女性的女人种族"(ἐκ τῆς γὰρ γένος ἐστὶ γυναικῶν θηλυτεράων)(《神谱》590,吴雅凌女士译文)。这里的γυναικῶν θηλυτεράων[女性的女人种族]颇难解:"女人"本来就是"女性的",为什么又说是"女性的女人种族"?

柏拉图在《会饮》中借阿里斯托芬（Aristophanes）之口描述了男女两性的由来：

> 我们人的自然（φύσις）从前不是现在这个样子，可以说完全不同。开初的时候，人的性别有三种，不像现在只有两种，除了男的和女的，还有个第三性，也就是男女两性的合体。……既男又女的人的体型和行走都是圆的，像生他们的父母一样。这种人的体力和精力都非常强壮，因此常有非分之想，竟要与神们比高低。①

按柏拉图的阿里斯托芬的说法，最初的人都是"圆球人"，其中既男又女的圆球人"要与神们比高低"，其实就是想超过神；神的本质就是"永恒"或"永生"，"超过神"意味着"既男又女的圆球人"要的还不止是"永恒"或"永生"，这样的想法的确"非分"至极，难怪宙斯神将所有的"圆球人"劈成两半作为惩罚：也许宙斯劈开的第一个圆球人就是厄庇米修斯接受了潘多拉后所形成的那个人；由潘多拉而来"女性的女人种族"，一定是宙斯劈开"男女两性的合体"后，由"女性那一半"而来的一类女人，因为她们在"男女两性的合体"中原本属于"女性"，后来又成了"女人"，所以是"女性的女人种族"。赫西俄德说这一类女人是"男人的祸害"（《神谱》600），这里的男人就是由"男女两性的合体"中"男性那一半"，即厄庇米修斯而来的一类男人，就是遭"女性的女人种族"祸害的男人，因为男人被这类女人迷住了，她们都像潘多拉，男人对她们充满了"情欲"，所以，柏拉图的阿里斯托芬说：

> 所以，很久很久以前，人身上就种下了彼此间的情

---

① 《柏拉图的〈会饮〉》，刘小枫译注，北京：华夏出版社，2003，页48—49。

欲,要恢复自己原本的自然,也就是让分开的两半合为一
体,修复人的自然。(前揭书,页50)

阿里斯托芬的结论是,"只要我们好好敬重神们,爱神就会让
我们复返自然,治愈我们,使我们变得快乐,享福不尽。"(前揭书,页
53—54)我们发现,阿里斯托芬的讲辞有无法化解的内在矛盾:既
然人的φύσις[自然]就是"圆球人",那么追求"复返自然"就是重新
变成"圆球人",等于取消宙斯对人的惩罚,这恰恰是"不敬神"。正
如亚里士多德所指出的那样,如果动物,当然也包括人,通过交会
生殖追求类的"永恒"或永生之可能性,就具有合目的性。然而,
人若出于"情欲"而追求"两半合为一体",追求"复归自然",恰恰是
"不敬神",因为人一旦"两半合为一体",免不了又会生出"超过"诸
神的非分之想。《会饮》中的阿里斯托芬发表完讲辞后,酸溜溜地
对厄里克西马库斯(Erychsimachos)说:

    这些,就是我关于爱若斯的讲辞,和你的完全不同。
我已经请求过你了,别忙着讥讽我所讲的,我们还得听听
其余各位——喔,对了,最后两位——要讲的,因为只剩
下阿伽通和苏格拉底了。(前揭书,页54)

阿里斯托芬这番话表面上是说给厄里克西马库斯的,其实是
想要阿伽通和苏格拉底回应他的讲辞,可厄里克西马库斯偏偏不
买账,他明褒暗讽说"我真的很喜欢你的讲辞","若不是我早就知
道,苏格拉底和阿伽通在情爱方面都很内行的话"(前揭书,页55)。
厄里克西马库斯言下之意是"我早就知道你在情爱方面是外行",
其实苏格拉底在"会饮"开场末尾处也早就调侃过阿里斯托芬,说
他"总泡在狄奥尼索斯和阿佛洛狄忒那里"(前揭书,页19),"暗指阿
里斯托芬整天泡在性和酒中"(前揭书,页19,注释76)。原来,苏格

拉底早就知道阿里斯托芬所理解的"情爱"就是"情欲"。

厄里克西马库斯明褒暗讽之后，苏格拉底和阿伽通斗起嘴来，没有理阿里斯托芬，接着阿伽通的讲辞也对阿里斯托芬只字未提，后来苏格拉底的讲辞中只"有一段隐射他［阿里斯托芬］的讲辞"（前揭书，页95；参见页81）。我们知道，包括阿里斯托芬在内，前面几位诗人讲辞的开场白，都点名回应了前一位诗人的讲辞，阿里斯托芬发表讲辞后却遭到如此冷遇，显然是对其"情欲"的否定，但这也只是表面的否定。事实上，苏格拉底与阿伽通斗嘴，说阿伽通在多数愚蠢的人面前做可耻的事情不害羞，在少数聪明人面前做可耻的事情却害羞，苏格拉底的意思当然是任何时候都不应做可耻之事，在任何人面前都不应害羞，[①]这也"暗指阿里斯托芬整天泡在性和酒中"无论任何时候都可耻，可他却不害羞。阿伽通的讲辞接着赞颂爱神具有"正义、明智、勇敢、智慧"之德性（前揭书，页61），因此，这位神"最美、最好"（前揭书，页62），这无疑是对阿里斯托芬的"情欲"的进一步否定。然而，苏格拉底却驳斥阿伽通说，爱若斯欠缺"美"从而也欠缺"好"（前揭书，页70），说明人们不应满足于对爱欲的渴望，实际上在驳斥"阿里斯托芬满足于这种渴望"（〈爱的阶梯〉，前揭，页195）。

说到底，表面上苏格拉底与阿伽通"斗嘴"，接着又"驳斥"阿伽通的讲辞，暗地里却一直针对着阿里斯托芬的"情欲"。忒瑞西阿斯在库勒涅山上凝神研究"两蛇交尾"，也一定注意到两蛇交尾时相互缠绕"就像一条生着两头的蛇"，恰如仅仅出于"情欲"而追求"两半合为一体"的"男女交会"，所以，他情不自禁地"击打（τρώσας）它们"，这里的τρώσας意思就是"使其不能得逞"。[②] 原来，忒瑞西阿斯所针对的也正是"情欲"。

---

① 布鲁姆，〈爱的阶梯〉，秦露译，见《柏拉图的〈会饮〉》，前揭，页180—95。

② 《牛津希英辞典》，前揭，页1799。

三

忒瑞西阿斯击打"交尾之蛇"的结果是,他由男人变成了女人,后来他又看见那两条蛇交尾,复又变成了男人:忒瑞西阿斯的两番变性是这则神话的要害。乌戈里尼(Gherardo Ugolini)认为,"在古代,性别转换主题象征着获得了特殊的能力,也象征着与神性世界的相似";①他进而认为,忒瑞西阿斯的性别转换是其成为"先知"的前提(前揭书,页64—65)。然而,他未能说明:性别转换何以"象征着与神性世界的相似"? 其实,就理解忒瑞西阿斯的性别转换,最具启发性的莫过于柏拉图的《会饮》中"苏格拉底忆述第俄提玛的教诲",苏格拉底在他自己的讲辞中借一位女先知第俄提玛($Διοτίμας$)之口说话——苏格拉底"变成了女人",但同时,苏格拉底又是他自己,《会饮》中其他人都发表自己的讲辞,唯有苏格拉底在转述了他与一个女人的对话:苏格拉底以诗性辩证法"代替"也就是"超越"了这些讲辞。

第俄提玛的教诲可分为三个部分:第一部分说明爱若斯是谁;第二部分讲爱欲的孕育和生产;第三部分是传授"最终的、最高妙的奥秘"。首先,爱若斯是精灵,是波若斯(丰盈)和珀尼阿(贫乏)的儿子,他天性就是"爱智慧的人"(《柏拉图的〈会饮〉》,前揭,页78);"凡欲求好的东西和幸福,统统叫做爱欲"(前揭书,页81),这是对阿伽通视爱若斯为"最美、最好的神"的否定。第俄提玛进而指出:

> 当然,有这样一种说法,凡欲求自己另一半的就是在爱恋。不过,依我的说法,爱恋所欲求的既非什么一半,也非什么整体,朋友,除非这一半或整体确确实实是好

---

① Gherardo Ugolini,《先知忒瑞西阿斯形象研究》,前揭,页63—64。

的。因为，即便是自己的手足，人们要是觉得自己[身上]
这些部分是坏的，也宁愿砍掉。（前揭书，页81）

　　苏格拉底的转述中隐射阿里斯托芬讲辞的就是这段话，表明
阿里斯托芬出于"情欲"而追求"两半合为一体"爱欲观不分"好"与
"坏"。非但如此，第俄提玛还认为爱欲并不欲求美，而是欲求"在
美中孕育和生产"：

　　　　为什么欲求生育？因为，正是靠生育，生命才会绵
　　延，会死的才会成为不死的。……既然爱欲所欲求的是
　　永远拥有好的东西，那么可以肯定地讲，爱欲欲求不死与
　　[拥有]好的东西是分不开的。因此，结论不可避免地是：
　　爱欲就是欲求不死。（前揭书，页84）

　　第俄提玛接着告诉苏格拉底："动物的爱欲"和"人的爱欲"，都
是为了"不死"；英雄为了荣誉建功立业，也是为了"不死"；诗人孕
育"灵魂的子女"和治邦者靠修齐治平的"明智和正义"来立功立
言，也都是为了"不死"（前揭书，页84—89）。最后，第俄提玛向苏格
拉底透露了爱欲的"最终的、最高妙的奥秘"：

　　　　自己或经别人引导游于爱欲的正确方式就是这个样
　　子的：先从那些美的东西开始，为了美本身，顺着这些美
　　的东西逐渐上升，好像爬梯子，一阶一阶从一个身体、两
　　个身体上升到所有美的身体，再从美的身体上升到美的
　　操持，又美的操持上升到美的种种学问，最后从各种美的
　　学问上升到仅仅认识那美本身的学问，最终认识美之所
　　是。（前揭书，页92）

"认识美之所是"是一个"形而上学"的顶点,苏格拉底攀上了这一"爱的阶梯"的最顶点,他是作为第俄提玛这个女人攀上了这个顶点的,若非第俄提玛这个女人,苏格拉底就没有可能登上此顶点,所以说"苏格拉底要成为一个非政治的人,就必得是一个女人"(前揭书,页72,注释237)。同样,忒瑞西阿斯要τρώσας[使其不能得逞]追求"两半合为一体"的"情欲",也必须由男人变成女人,这是对城邦也就是政治的超越。然而,也正是第俄提玛这个女人告诉苏格拉底,所有这一切最终却是为了"生育、抚养真实的美德"(前揭书,页93),在听取了第俄提玛的教诲后,苏格拉底也发表了自己对爱若斯的颂词:

> 所以,依我看,人人都得敬重爱若斯;我自己就敬奉
> 爱欲的事情,在其中历练自己,还勉励别人投入这样的事
> 情。不仅现在,而且永远,我都要尽自己所能赞颂爱若斯
> 的大能和阳刚之气。(前揭书,页94)

这表明,攀上了"爱的阶梯"之顶点的苏格拉底又返回了城邦,苏格拉底复又从女人变成了男人——"政治的人",因为,他不但要在城邦中历练自己的爱欲,还要引导别人做同样的事情。同样,变成女人的忒瑞西阿斯复又变成了男人,这是对女人的超越,也是对形而上学的扬弃。可见,忒瑞西阿斯的两番变性,是对男人和女人的双重超越,是对"情欲"的"否定之否定",这也是柏拉图的苏格拉底的"爱欲辩证法":可见,《会饮》中苏格拉底的话,岂止"有一段隐射到他[阿里斯托芬]的讲辞",通篇都是对阿里斯托芬讲辞的"否定之否定",难怪当在场的人都赞扬苏格拉底的时候,"只有阿里斯托芬想说什么"(前揭书,页95)。但可想而知,阿里斯托芬想说的无非还是"情欲"的正当性:"整天泡在性和酒中"乃"复归自然"之所必须。果不其然,醉醺醺的阿尔喀比亚德就搂着吹箫女"突然"闯进

来了……

四

忒瑞西阿斯两番变性后，宙斯与赫拉争辩"交会中男人（ἄνδρας）和女人（γυναῖκας）哪个更快活"，便请他来决断。论者大都以为宙斯与赫拉争辩的是他们之间的性事，但从神话文本看，这里的ἄνδρας就指与θεός[女神]相对的"男人"，而γυναῖκας就指与θέα[女神]相对的"女人"，我们不禁诧异：宙斯与赫拉贵为众神之王和天后，何以关注起凡人的性事来了？

如前文所述，凡间的男人和女人是宙斯神一手造就的，宙斯造了第一个女人潘多拉，从而造就了第一个男人厄庇米修斯：

> 宙斯造了这美妙的不幸，以替代好。
> 他带她去神和人所在的地方，
> 伟大父神的明眸女儿把她打扮得很是神气。
> 不死的神和有死的人无不惊叹
> 这专为人类而设的玄妙的圈套。（《神谱》585—9）

宙斯神之所以称"这美妙的不幸"叫Πανδώρην[潘多拉]，就因为"居住在奥林波斯山上的[诸神]/都送了[一件]礼物（δῶρον）"（《劳作与时日》80—84）：赫淮斯托斯（Ἥφαιστος）送给她的是"含羞少女的模样"，"表情就像不死的女神"（ἀθανάτης δὲ θεῆς εἰς ὦπα ἐΐσκειν）；雅典娜送给她的是"轻带、面纱、白袍和花冠"，西方的新娘子就是这样打扮的；"金色的阿佛洛狄忒在她头上倾洒优雅的风韵（χάριν）、恼人的渴望（πόθον ἀργαλέον）和劳心的挂念（γυιοβόρους μελεδώνας）"。然而，这些礼物样样都成了"以五谷为生的人类之祸害（πῆμα）"（《劳作与时日》84），宙斯神设下这些"圈套"，就是要勾起男人的"情欲",让男人渴望与女人交会,从而迷上女人。但既然宙斯造就女人是为了"祸害"男人,那他一定不会让男人在交会中捞到女人的好处,也就是说,他既要男人渴望与女人交会,又要女人在交会中"祸害"男人。这则神话文本也未表明,宙斯与赫拉各自对"交会中男人和女人哪个更快活"的问题究竟持有何种看法,可见宙斯与赫拉的争论是在演戏。他们假惺惺地将此问题提交给忒瑞西阿斯来决断,当然是因为忒瑞西阿斯既做过男人也做过女人:忒瑞西阿斯既然做过女人,他一定知道女人是如何"祸害"男人的,自然也深知男人是如何被女人"祸害"的。然而,宙斯与赫拉还是想听忒瑞西阿斯亲口说一说,无非是想证实忒瑞西阿斯究竟知不知道"交会中男人和女人哪个更快活"。

就此问题,阿波罗多洛斯先后以间接引语和直接引语方式转述了忒瑞西阿斯的两种说法。表面上看,这两种说法前后矛盾:间接引语中忒瑞西阿斯说男人享得"一份"而女人享得"九份",而在直接引语中则变成了 *οἵην μὲν μοῖραν δέκα μοιρῶν τέρπεται ἀνήρ*[男人只享受十份中的一份],*τὰς δὲ δέκ' ἐμπίπλησι γυνὴ τέρπουσα*[女人却凭着享受之图谋完全得到了十份]。然而,矛盾只是表面的:间接引语中说的是,"如果说交会的快活有十份",那么正常情况下,男人享得"一份"而女人享得"九份";而直接引语中,"男人 *τέρπεται*[享受]"用了"现在时态的直陈式",而"女人却凭着 *τέρπουσα νόημα*[享受之图谋]"积极主动地享受,这里的 *τέρπουσα νόημα*[享受之图谋]是表示伴随状态或条件的分词结构,言下之意是,如果女人"图谋享受",她就会享得十份的快活,但如果女人得到十份,男人就什么也得不到。

这两种前后矛盾的说法,将我们的注意力引向女人的 *τέρπουσα νόημα*[享受之图谋],从而引向男人在交会中往往一无所获的真相;这也意味着,如果男人凭着"情欲"追求与女人"两半合为一体",结果什么也得不到,这正是宙斯神的"诡计":

女人如祸水,和男人一起过日子,

熬不住可恨的贫穷,只肯享富贵。

这就好比在蜜蜂的巢房里,工蜂

供养那些个处处打坏心眼的胡蜂。

它们整天忙碌,直到太阳下山,

勤勉不休地贮造白色蜂房,天天如是。

那帮家伙却成日躲在蜂巢深处,

拿别人的劳动成果塞饱自己的肚皮。(《神谱》行

595—601)

忒瑞西阿斯前述一番话,完全暴露了宙斯的"诡计",后果不堪设想:男人一旦知道他在交会中完全被女人利用了,或最多只能得到一丁点儿的快活,那么,宙斯的利用女人的美色来"祸害"男人的计划就有失败的危险,所以,赫拉为了惩罚忒瑞西阿斯,"就把他弄瞎了",殊不知赫拉与宙斯原本是一伙的,在对待男人或人类的问题上,赫拉永远和宙斯站在一条战线上,她可不像爱人胜过爱神的普罗米修斯。论者或认为,赫拉弄瞎忒瑞西阿斯,是因为他把天后赫拉到了阿佛洛狄忒的水平,冒犯了天后(Gherardo Ugolini,《先知忒瑞西阿斯形象研究》,前揭,页 60),然而如前所述,宙斯和赫拉的争辩只关涉凡人的性事,忒瑞西阿斯的说法也不是评骘神灵的性事,因此,不可能在此意义上亵渎神灵。然而,问题在于赫拉的惩罚为什么偏偏是弄瞎他的眼睛呢?

如前所述,宙斯与赫拉将"交会中男人和女人哪个更快活"的问题,提交给忒瑞西阿斯来决断,正因为忒瑞西阿斯既做过男人也做过女人;忒瑞西阿斯的之所以两番变性,也正因为他看见了"两蛇交尾":可见,忒瑞西阿斯之所以能够明了宙斯利用男女交会来"祸害"男人的真相,归根结底,就因为他当初在库勒涅山上 θεασάμενος[凝视]"两蛇交会"。正如苏格拉底通过变成女人第俄提

玛而达到了形而上学的顶点，从而认识了"美之所是"，忒瑞西阿斯 ϑεασάμενος[凝视]"两蛇交会"的"形而上学"追求，最终导致他发现了宙斯神的秘密："看"果然与形而上学具有本质关联，如果赫拉不弄瞎忒瑞西阿斯的眼睛，他难免还会"看"到别的事情，从而发现更多宙斯神的秘密。我们知道，苏格拉底的眼睛没有瞎，那是因为他知道"直接观看太阳本身"会让眼睛"变瞎"（《王制》，516a-b）。第俄提玛告诉苏格拉底，最终的目的是为了"生育、抚养真实的美德"，苏格拉底听从女先知的教诲放弃了形而上学回到城邦之中：忒瑞西阿斯的赫拉，好比苏格拉底的第俄提玛，然而，赫拉是天后，是神，他对人没有第俄提玛那样仁慈，所以她"就把他弄瞎了"。

五

神话文本告诉我们，赫拉把忒瑞西阿斯弄瞎后，"宙斯却赐他预言术"：忒瑞西阿斯变成一位盲先知。我们的疑问来了：赫拉弄瞎他的眼睛是对他的惩罚，更是怕他知道更多宙斯神的秘密，可宙斯却赐给他"预言术"，岂不是对忒瑞西阿斯的褒奖？宙斯神何以要褒奖知道他秘密的忒瑞西阿斯？赫拉与宙斯这一罚一赏岂不是前后矛盾？宙斯为什么要让忒瑞西阿斯成为"先知"？

首先，从神话文本我们不难想见，既然宙斯与赫拉询问忒瑞西阿斯"交会中男人和女人哪个更快活"，就是想听听他对此问题的看法，可见宙斯和赫拉不是明知故问，说明忒瑞西阿斯此前从未向任何人透露过男女交会的秘密，对此他只是心知肚明而已，不然宙斯和赫拉就没必要再问他这个问题了，这足以见出，"追求智慧的"忒瑞西阿斯虽然发现了宙斯利用男女交会来"祸害"男人的秘密，却对神的秘密守口如瓶，这应该是宙斯神赐给忒瑞西阿斯"预言术"的前提。

其次，如前所述，关于"交会中男人和女人哪个更快活"的问题,阿波罗多洛斯先后以间接引语和直接引语方式转述了忒瑞西阿斯的两种说法。赫拉弄瞎他的眼睛,宙斯神赐给他"预言术",是在第一种说法末尾。但在第二种说法末尾,神话文本提到忒瑞西阿斯"还享得高龄",这应该是赏罚分明的宙斯神对他的进一步褒奖。按照文本次序,我们完全可以将忒瑞西阿斯的第二种说法,理解为他变瞎并获赐"预言术"的结果,也就是说,变瞎并获赐"预言术"的忒瑞西阿斯,更为深刻地理解了男女交会的秘密,诚如苏格拉底所言,"肉眼昏花了,灵的眼睛才开始敏锐起来"(《会饮》219a,见前揭书,页109);事实正如前述,忒瑞西阿斯的第一种说法是,男人享得一份快活,女人享得九份快活;而第二种说法实则是,女人享得全部快活,男人一无所获。令人迷惑不解的是:似乎忒瑞西阿斯了解男女交会的秘密越深,宙斯神对他的褒奖就更进一步,难道宙斯神有意要忒瑞西阿斯深入了解男女交会的秘密,也就是深入了解宙斯利用男女交会来"祸害"男人的秘密?

　　我们知道,关于宙斯神利用女人来"祸害"男人的秘密,最早是由缪斯女神借赫西俄德之口,在两首叙事诗《劳作与时日》和《神谱》中唱出来的。然而,就在《劳作与时日》的开篇,赫西俄德唱道:

> 皮埃里亚善唱赞歌的缪斯女神,
> 　请来这里,向宙斯倾吐心曲,向你们的父神唱颂歌。

(行1—2)

他在《神谱》开篇不久也这样唱道:

> 来吧,从缪斯女神开始,
> 　她们歌唱为取悦奥林波斯山上的伟大心智宙斯
> 父神,
> 　述说现在、将来和过去的事情。(行36—38)

　　既然《劳作与时日》和《神谱》是向宙斯神倾吐的"心曲"，是唱给宙斯"颂歌"，那么，缪斯女神借赫西俄德之口，向人们传唱宙斯神利用女人来"祸害"男人的秘密，完全符合宙斯神的心愿。如此说来，忒瑞西阿斯深入了解宙斯神利用男女交会来"祸害"男人的秘密，也正是宙斯神所期望的：他一定想让忒瑞西阿斯将此秘密透露出去。阿波罗多洛斯说，这则关于忒瑞西阿斯先知的神话，他是从赫西俄德那儿听来的，如今我们认为这种说法可以采信：因为，这则关于忒瑞西阿斯先知的神话，显然是《劳作与时日》和《神谱》中"普罗米修斯神话"的继续。赫西俄德说，向宙斯唱颂歌，就是"述说现在、将来和过去的事情"（行 36—37）；我们知道，"过去"和"现在"，人皆能知，唯有"先知"靠"预言术"能知晓"未来"。可见，"先知"就是"全知"，为缪斯女神歌唱的赫西俄德也是一位"先知"。

　　宙斯需要"先知"体悟并向世人传言他的意旨，这正如他要让"后知"厄庇米修斯为人类带来灾难。"后知"是人类的"不幸"，"先知"是人类的指引。忒瑞西阿斯穿越了有阴阳两性之分别的"动物""人""神"三界，尽管最后瞎了肉眼，却获赐"预言术"，由凡人变成了"全知"的"先知"——"穷神知化，德之盛也"：原来，这则神话为我们暗示了如何才能成为"先知"的秘密。然而，这些出自赫西俄德之口的神话，都是"隐微—显白"的教诲，因为，宙斯神绝不会让缪斯女神把不该泄露的秘密泄露出去，也不会让忒瑞西阿斯知道所有的秘密，所以，赫拉让忒瑞西阿斯瞎了眼。宙斯和赫拉是要忒瑞西阿斯"知道却看不见"，等于让他拥有"盲目的洞见"。

第二章　魂兮归来

——《奥德赛》卷十一"招魂记"中的忒瑞西阿斯先知*

　　"招魂术"是古希腊罗马宗教的重要内容,古典文献中最早关于"招魂术"(νέκυια)的记述,就是荷马叙事诗《奥德赛》卷十一中奥德修斯的"招魂记"(νέκυια)。① 让我们由分疏《奥德赛》的整体结构进入奥德修斯的"招魂记"。

一

　　特洛亚战后,奥德修斯由异国"返归"故土伊塔卡(Ithaca)——这个亚里士多德所谓"有整一性的行动"就是《奥德赛》的主题。② 从文本内容看,《奥德赛》全书二十卷可分为三个部分:第一部分四卷书,从诸神议允奥德修斯归返开始,描述了奥德修斯"返归"前夕

---

*　特别感谢程志敏教授提供荷马研究书目,也感谢赵林兄为本章提供宝贵资料。

①　"招魂记"是荷马研究的专门主题:《奥德赛》中有两个"招魂记",上述卷十一中的"招魂记"是"第一招魂记";卷二十四行 1—204 中赫尔墨斯(Hermes)的"招魂记"是"第二招魂记"。

②　王焕生,"前言",见《荷马叙事诗·奥德赛》,北京:人民文学出版社,1997,页 1—2。本文引述《奥德赛》,采用王焕生先生译文,但据原文有改动;个别专名译法据《神话辞典》(鲍特文尼克等编著,黄鸿生、温乃铮译,北京:商务印书馆,1997)略有变动,不再——标明。

伊塔卡王国的政治危机（卷一至四）；第二部分八卷书，直接或间接记述奥德修斯的"返归"历程（卷五至十二）；第三部分长达十二卷，记述奥德修斯回到伊塔卡之后的所作所为，占全诗篇幅的一半（卷十三至二十四）。有论者因而认为，《奥德赛》记述奥德修斯返回故土之后的内容"松散无力，过于冗长"。① 然而，古人向来惜墨如金，荷马以《奥德赛》一半的篇幅来记叙奥德修斯回到故土之后的故事，说明这些内容在整部叙事诗中至少具有一半的重要性。问题在于，既如此，"返归"本身又何以能成为整部叙事诗的主题呢？难道真是"诗人自身变得了无趣味，显得江郎才尽"（前揭）了吗？或者，是亚里士多德搞错了？

我们知道，"神一样的"奥德修斯乃伊塔卡一国之主，他远征特洛亚，历经患难二十年后回归故土，必须重登君位，方才算得上是真正的"返归"。《奥德赛》由卷一"奥林波斯神明议允奥德修斯返家园"②开场，终场于卷二十四"神明干预化解仇怨君民缔和平"："君民缔结和平"表明奥德修斯已"重登君位"，"返归"这一"有整一性的行动"才算终结，而贯彻始终的"神义论"，更强化了《奥德赛》的"整一性"（前揭书），亚里士多德当然不会搞错。

可问题仍然在于：在荷马眼里，奥德修斯回到伊塔卡之后的故事，究竟具有怎样的重要性，值得他用全诗一半的篇幅来记述？让我们从《奥德赛》第一部分说起。

奥德修斯远征特洛亚二十年间，伊塔卡处于国无君主的"权力真空"状态，维系伊塔卡政制不至倾覆的力量，只可能是奥德修斯二十年前施行统治的"威权"。然而，在二十年的"权力真空"中成

---

① Richard Payne-Knight，《荷马之歌》（*Carmina Homerica*，Paris：Treuttel & Wurtz，1820），页 104，注释。转引自伯纳德特，《弓弦与竖琴——从柏拉图解读〈奥德赛〉》，程志敏译，北京：华夏出版社，2003，页 128，注释 1。

② 各卷诗的标题依王焕生先生所拟。参王焕生，"前言"，见《荷马叙事诗·奥德赛》，同前，页 6。

长起来的新一代,并不认为奥德修斯的"威权统治"理所当然,新一代不知道"他曾经统治他们,待他们亲爱如慈父"(卷二,行234)。这里的"他们"是新一代的父辈们,奥德修斯虽"爱民如父",但二十年岁月流转,即便父辈们的感激之情也难免日益淡薄。所以,就在奥德修斯即将返归故土之际,伊塔卡爆发了巨大的政治危机:波吕博斯之子欧律马科斯威胁要强娶王后佩涅洛佩,说他

> 还要当众给特勒马科斯提个建议,
> 你要迫使你母亲返回她父亲家里。(卷二,行194—5)

欧埃诺尔之子勒奥克里托斯更为猖狂:

> 纵然伊塔卡的奥德修斯自己归家来,
> 心想把我们这些在他家欢乐饮宴的
> 高贵求婚人赶出家门,那他的回返
> 便不会给终日想念的妻子带来快乐,
> 可悲的死亡将会降临到他的头上,(卷二,行246—50)

欧佩特斯之子安提诺奥斯则出面策划杀死外出寻父的特勒马科斯:

> 让我去等待他本人归返,在伊塔卡
> 和陡峭的萨墨之间的海峡预设埋伏,
> 使他的这次寻父航行最终变成不幸。(卷四,行670—2)

《奥德赛》第一部分表明:"工于心计"的佩涅洛佩"日织夜拆"的诡计已被戳穿(卷二,行85—128),奥德修斯临行前托付家事的往

日伴侣门托儿的告诫也已然失效（卷二，行224—41），特勒马科斯王子有性命之虞，奥德修斯的"威权政治"岌岌可危。这四卷书为奥德修斯踏上故土揭开了序幕：奥德修斯如今必须"返归"以力挽狂澜，而且必须以"暴力"来平息这场政治危机，正所谓"乱世用武"，因为新一代已决定要用"暴力"彻底铲除奥德修斯家族的统治。如此一来，奥德修斯回到伊塔卡之后重建统治秩序的过程，自然就成了整部叙事诗的重中之重，难怪荷马为此花费了《奥德赛》一半的篇幅，这与赫西俄德《神谱》（共计1022行）用一半的篇幅（约500行）来记述宙斯僭取父位后重整宇宙秩序的过程，异曲而同工。

　　《奥德赛》第二部分记述了奥德修斯最后四十天"返归"旅程中二十二天的故事，篇幅恰为第一部分的两倍，其重要性自然也是第一部分的两倍：有四卷书直接叙述奥德修斯的"返归"（卷五至八），另有四卷书则由奥德修斯在阿尔基诺奥斯（Alkinoos）宫廷，向众人诉说他离开伊利昂（Ilion）之后的种种遭遇（卷九至十二），可谓之"奥德修斯回忆录"。奥德修斯离开神女卡吕普索到达斐埃克斯人的土地，花了二十天，第二十一天傍晚来到阿尔基诺奥斯宫廷，第二十二天在阿尔基诺奥斯宫廷比武听歌。[①] 这二十二天故事中的核心形象是两个女神和两个女人：若非女神卡吕普索遵（由赫尔墨斯传达的）宙斯之命放行，并助其建造木筏、准备干粮和"送来温和的顺风"（卷五，行148—281），奥德修斯就不可能踏上最后的"返归"之旅；若无昔日的凡人、今日的"光明女神"伊诺赠予头巾，奥德修斯定被黑色的大海吞没；若没有瑙西卡娅公主救济衣食，奥德修斯或许会饥寒交迫死于荒野；若非阿瑞塔王后垂怜，奥德修斯也不可能顺利返回家园。但细究之下，我们发现，这四个女神或女人中，对奥德修斯性命攸关者，莫过于"卡德摩斯的女儿、美足的伊诺"（卷

---

① 　参见程志敏，《荷马史诗导读》，华东师大出版社，2007，页240—242。

五,行 333)①——这是《奥德赛》首次提到卡德摩斯家族,但实际上
是奥德修斯二度与忒拜城卡德摩斯家族建立关系。②

　　奥德修斯的间接叙述发生在他离别神女卡吕普索后第二十二
天夜里,"奥德修斯回忆录"一夜之间回顾了近十年的"返归"历程,
运用倒叙手法间接讲述的这些"返归"故事,实际发生在卷五至八
直接叙述的历程之前。我们的疑问是,荷马为何要借奥德修斯之
口来"回忆"这十年的"返归"历程?

　　在柏拉图的《美诺》中,苏格拉底对美诺说了这样一番话:

> ……真意见(δόξαι αἱ ἀληθεῖς),只要它们驻留,就是
> 美事(καλὸν τὸ χρῆμα),也能带来种种好结果(ἀγαθὰ);但
> 是它们不能常住不迁,是要离开人的灵魂的,就没有多大
> 价值了,除非把它们拴住捆牢,用推理的方法追索出它们
> 的原因。我们的朋友美诺啊,这就是我们在前面一致同
> 意的那种"回忆"(ἀνάμνησις)。把它们捆牢之后,它们就
> 开始成为知识(ἐπιστῆμαι),就留下来了。因是之故,知识
> 的价值要高于正确的意见,知识之有别于正确的意见就
> 在于这根绳索。(98a)③

　　我们知道,奥德修斯的"自我认识"是理解《奥德赛》的关键,④
所谓"自我认识"就是获得关于"自我"的"知识",而奥德修斯获得
"自我认识"的途径就是"回忆"——用"回忆"这根绳索,将十年"返

---

① 《奥德赛》引文采用王焕生先生中译,个别字句据原文有所变动,下同。
② 尽管按《奥德赛》的行文次序,这是首度叙述奥德修斯与卡德摩斯家族的关系,但按
　　实际的时间次序,奥德修斯与卡德摩斯家族首度建立联系,是在卷11奥德修斯的
　　"招魂记"中。
③ 中译参《柏拉图对话集》,王太庆译,前揭,页202。据原文有改动。
④ 刘小枫,〈奥德修斯的名相〉,前揭,页79—94。

归"历程（甚至包括十年征战特洛亚的历史）中的"真实的经验"转变为
"知识"。如此说来，"奥德修斯回忆录"就成了理解整部叙事诗的
枢纽。然而，通过"回忆"，奥德修斯究竟获得了怎样的"自我认识"
或"知识"？这种"自我认识"或"知识"与奥德修斯重建城邦秩序有
何内在关联？要回答这些问题，我们就得仔细研究"奥德修斯回
忆录"（卷九至十二）。全面研究这一主题，显然不是我们这里的任
务，在此我们只关注"奥德修斯回忆录"中最长的一卷书：记述奥德
修斯"招魂记"的卷十一。这卷书共计 640 行，篇幅在《奥德赛》全
诗中仅次于记述"特勒马科斯远行访询墨涅拉奥斯"的卷四（计 847
行），若注意到卷四其实只有前 624 行叙述"特勒马科斯远行访询
墨涅拉奥斯"（行 625 的场景转回奥德修斯家中），那么，卷十一就是整
部《奥德赛》中叙述同一主题最长的一卷书，自然也就成为《奥德
赛》最重要的一卷书。如果说"奥德修斯回忆录"是理解《奥德赛》
的枢纽，那么，奥德修斯的"招魂记"就是整部叙事诗的关节点之
所在。

二

《奥德赛》卷十一"入冥府求问忒瑞西阿斯魂灵言归程"，是荷
马借奥德修斯本人之口回顾奥德修斯下到冥府"招魂"，求问忒瑞
西阿斯先知，并与众灵魂交谈的故事，"招魂记"由此成为荷马研究
的专门主题。[1]

　　就内容而言，奥德修斯"招魂记"有"来龙"亦有"去脉"："来龙"
就是卷十末尾"神女中的神女"基尔克应奥德修斯的恳求为其指点

---

[1]　参见 Gregory Crane，《卡吕索普：〈奥德赛〉的背景习俗》（*Calypso: Backgrounds
and Conventions of the Odyssey*，Frankfurt am Main：Athenäum，1988），页 109，
注释 1；2。

迷津;"去脉"则是卷十二开头"尊贵的基尔克"对奥德修斯的告诫。基尔克的两番言辞构成了一个框型结构,奥德修斯的"招魂记"就处在其间。奥德修斯和同伴在"基尔克的辉煌宅邸"中"整整一年","每天都围坐着尽情享用丰盛的肉肴和甜酒","当新的一年到来"后,"忠实的同伴们"劝说奥德修斯:

> 糊涂人啊,现在是考虑回乡的时候,
> 如果你命里注定得救,能够返回到
> 那座高大的宫宅和你的故乡的土地。
> 他们这样说,说服了我的勇敢的心灵。(卷十,行 467—75)

显然,此时奥德修斯已"乐不思蜀",忘了他的"宫宅"和"故乡的土地",基尔克必定看在眼里。如果说奥德修斯返归的船队就是"移动的城邦",如今城邦停滞不前,需要这些"忠实的同伴们"来推动——王者与民众"休戚与共"。在奥德修斯的恳求下,"神女中的神女"基尔克说了这样一番话:

> 拉埃尔特斯之子,足智多谋的($\pi o\lambda \upsilon \mu \acute{\eta} \chi \alpha \nu o\varsigma$)神裔奥德修斯,
> 现在你们不必勉强滞留($\dot{\alpha} \acute{\epsilon} \varkappa o\nu \tau \epsilon \varsigma ...\mu \acute{\iota} \mu \nu \epsilon \tau \epsilon$)在我这里,
> 但你们有必要首先($\chi \varrho \grave{\eta} \pi \varrho \tilde{\omega} \tau o\nu$)完成另一次旅行($\check{\alpha} \lambda \lambda \eta \nu ...\acute{o}\delta \grave{o}\nu$),
> 前往哈得斯和可畏的佩尔塞福涅的居所,
> 去会见忒拜的盲预言者忒瑞西阿斯的魂灵($\psi \upsilon \chi \tilde{\eta}$),
> 他的智慧($\varphi \varrho \acute{\epsilon} \nu \epsilon \varsigma$)至今依然如故,
> 佩尔塞福涅让他死后仍保有心思($\tau \tilde{\omega} \varkappa \alpha \grave{\iota} \tau \epsilon \vartheta \nu \eta \tilde{\omega} \tau \iota$

νόον πόρε），

　　　唯独让他有生气（*οἴῳ πεπνῦσθαι*），其他人则成为飘忽

的魂影（*σκιαὶ ἀίσσουσιν*）。

　　　（卷十，行 488—495）

　　基尔克与奥德修斯初次谋面时，就领教了他的*πολύτροπος*［多谋］：奥德修斯喝过她的迷药后，"思想却丝毫没有被折服"（卷十，行321—30）。在委身于奥德修斯之后，除了亲昵时直呼其名外（卷十，行378），郑重发话时，基尔克总是以*πολυμήχανος*［足智多谋］来形容奥德修斯（卷十，行 401；456；488；504）。对于奥德修斯的恳求，基尔克认为奥德修斯一行"勉强滞留"艾艾埃岛固然"没有必要"，但"有必要首先完成另一次旅行"，说明奥德修斯只知道"目标"即"返乡"，却不知道为达成此目标"首先应当做什么"。既如此，基尔克称奥德修斯"足智多谋"就是反讽：眼下的奥德修斯无非是"诡计多端"（取*πολυμήχανος*之贬义）而已，因为奥德修斯不懂得"先后"，说明他并不懂得"秩序"，因此奥德修斯只有"诡计"而非"知识"——"木马计"、自称"无人"戳瞎了波吕斐摩斯（卷九，行 366—412）都是"诡计"，至于降服基尔克，那是"弑阿尔戈斯的神"赫尔墨斯的功劳（卷九，行 274—304）。如此说来，基尔克指点的"另一次旅行"必然与"知识"有关，要不"另一次旅行"就没有必要。

　　提起"另一次旅行"，我们自然会想到柏拉图的《斐多》（Phaedo，99c-d）中苏格拉底所谓"第二次远航"（*τὸν δεύτερον πλοῦν*）。然而，为什么说柏拉图的苏格拉底的"第二次远航"，就源自《奥德赛》中由基尔克所提议的奥德修斯的"另一次旅行"？①

　　《斐多》中苏格拉底对"第二次远航"的解释是，"放弃直观'是

---

① 刘小枫，"中译本前言"，见伯纳德特，《弓弦与竖琴——从柏拉图解读〈奥德赛〉》，前揭，页 2—3。

者'",以免"灵魂变瞎",而"求助于思想,在思想中考察'是者'的真相"(99d-e;见《柏拉图对话集》,前揭,页264)。苏格拉底所举的第一个实例就是"一切美物之所以成为美的,是由于'美'"(《斐多》100d;见前揭书,页265),并最终证明了"灵魂不死"(《斐多》105b-e;见前揭书,页273—4),按照苏格拉底在《会饮》中的说法,这正是"受宙斯敬重的"或"敬重宙斯的"曼提尼亚女人第俄提玛的教诲:①无独有偶,苏格拉底的"第二次远航"也是一位女性预言家启迪的结果,苏格拉底的"第俄提玛"就是奥德修斯的"基尔克"。基尔克为奥德修斯指点的"另一次旅行"是"前往哈得斯",我们知道,对于希腊人而言,"前往哈得斯"就是"去死",因此,基尔克的指点的"另一次旅行"等于叫奥德修斯"去死",难怪奥德修斯"听完不禁震颤心若碎","坐在卧榻上伤心地哭泣,简直不想再继续或下去,看见太阳的灿烂光辉"(卷十,行496—8);而苏格拉底果然在"第二次远航"中死在了雅典——苏格拉底"第二次远航"也是"去死"。

　　我们知道,苏格拉底的"第二次远航"是由"自然哲学"转向"政治哲学",由"自然"转向"城邦";而奥德修斯"前往哈得斯"的"另一次旅行",同时也是前往"可畏的佩尔塞福涅的居所"。恩倍多克勒(Empedocles)说:

> 你首先要听那化生万物的四个根:
> 照耀的宙斯,养育的赫拉,爱多纽,
> 以及内斯蒂(Νῆστίς),她的眼泪是凡人的生命
> 之源。②

---

① 《柏拉图的〈会饮〉》,刘小枫译注,前揭,页71,注233。
② 《恩倍多克勒残篇》(*The Fragments of Empedocles*, Greek-English, trans. W. E. Leonard, Chicago 1908),页17;页68,注释:"残篇6:论自然"。译文根据《西方哲学原著选读》(上卷),北大哲学系外哲教研室编译,北京:商务印书馆,1981,页41。

　　自然哲人将内斯蒂与众神之王宙斯（代表火）、天后赫拉（代表气）、"主宰自然之神"爱多纽（代表土）并列，足见在恩倍多克勒的故乡西西里的神话中，内斯蒂具有极高的地位。据说，西西里神话中的内斯蒂就是奥林波斯神系中的佩尔塞福涅（同上，页68，注释："残篇6：论自然"），其实，在奥林波斯神系中，佩尔塞福涅本来就是"死而复生之神"，也"象征着植物一年一度的枯荣"（鲍特文尼克等编著，《神话辞典》，前揭，页240），因此，说内斯蒂就是佩尔塞福涅，并非语文学家牵强附会。佩尔塞福涅被哈得斯（Hades）掳去冥国后，因思念母亲"丰产女神"德墨忒尔（Demeter）而流下的眼泪，在自然哲人眼中就是"四根"之一、"凡人的生命之源"——水。可见，基尔克指点奥德修斯"前往哈得斯和可畏的佩尔塞福涅的居所"，既是"死亡之旅"，也是"生命之旅"，基尔克是要奥德修斯"死而复生"——"置之死地而后生"，这位冥后的"可畏"则隐喻生命之"严肃"。

　　然而，奥德修斯如何才能"置之死地而后生"呢？基尔克的指点是"去会见忒拜的盲预言者忒瑞西阿斯的魂灵"，因为"他的智慧至今依然如故"，可见，先知的"智慧"是奥德修斯此行的关键。在《美诺》的末尾，苏格拉底也对美诺提到这位"死人中间"的盲先知的灵魂：

　　　　现在，如果我们在整个讨论中进行得很正确，把该说的都说了，那就意味着美德（ἀρετή）既非出于天性（φύσει），也不可传授（διδακτόν），却是由于神授而具有的（θείᾳ μοίρᾳ παραγιγνομένη），人们受赐而没用过心思（ἄνευ νοῦ）。如果不是这样，治邦者当中（τῶν πολιτικῶν ἀνδρῶν）就必定有那样一个人能够使别人成为治邦者。可是如果真有那样一个人，那就可以把他描写成活人中间的一个特殊人物，有如荷马所说忒瑞西阿斯在死人中间一样：唯独让他有生气，其他人则成为飘

忽的魂影。在美德方面，这人与别人的关系正如实物之于影子。（99e-100a；见前揭书页 205—6）

出于"神授"而"没用过心思"的"美德"，就是传统习俗（νόμοι）给予或要求的"美德"，这种"美德"既非出于天生，亦非出于传授（学习），这样的"美德"无法造就真正的治邦者。按照苏格拉底这番话，"一个人能够使别人成为治邦者"的人，就像盲先知忒瑞西阿斯，后者的非同寻常之处在于他在"死人中间"仍保有心思（νόον），也就是说，如果一个人"保有心思（νόον）"，就"能够使别人成为治邦者"。可见，基尔克指点奥德修斯前往哈得斯会见忒瑞西阿斯，正是为了见识这位盲先知的"心思"，以便求取如何才能成为治邦者的智慧，这也说明，在基尔克眼中，奥德修斯尚不是一个"真正的治邦者"。与此同时，基尔克还提到"其他人则成为飘忽的魂影"，奥德修斯在见识忒瑞西阿斯的"生气"的同时，还要将"这人与别人"相比较，以明了"实物之于影子"的关系。我们终于明白了，苏格拉底的"第二次远航"何以源自奥德修斯的"另一次旅行"。

三

奥德修斯的"招魂记"由三场戏构成：首先是奥德修斯会见当日不幸摔死的同伴埃尔佩诺尔的灵魂；其次是奥德修斯会见忒瑞西阿斯先知；最后是奥德修斯会见众灵魂。我们先看"招魂记"第一部分。

奥德修斯一行到达哈得斯后，便遵照基尔克的嘱咐祈祷献祭，随即招来了大批亡灵，"首先到来的是埃尔佩诺尔的魂灵"（卷十一，行 51），第一句话讲他的死因："神定的不幸命运和饮酒过量害了我"（卷十一，行 61），实际是告诫奥德修斯：首先，要接受"不幸的命运"，因为这是"神定的"；其次，"饮酒过量"害人致死。瑙西卡娅公主也曾告诉奥德修斯,"奥林波斯的宙斯……不管他赐给了你什么,你都得甘心忍受"(卷六,行 188—90),如果"招魂记"的主题是"知识"或"智慧",那么接受命运,顺从命运,就是智慧的起点;而"饮酒过量"便会失去理智,结果就是死——埃尔佩诺尔的亡灵一句话,摆明了"神意与命运"和"失去理智与死"的关系。

埃尔佩诺尔接着以"家人"、奥德修斯的"妻子和父亲"、"独生子特勒马科斯"的名义,要奥德修斯为他举行葬礼,"免得因为我而受谴于神明"(卷十一,行 66—73),这就是希腊人习传的义务,而履行传统规定"埋葬死者"的义务,也是追求"智慧"的前提。尽管如此,奥德修斯还是遵基尔克嘱咐,"手握佩剑护住牲血,不让他接近"(卷十一,行 82)。接着到来的是奥德修斯的母亲,尽管奥德修斯"心中怜悯,潸然泪下",但他"仍不让她向前接近牲血"(卷十一,行 87—89)。我们不禁诧异:基尔克为何嘱咐奥德修斯"不让亡灵接近牲血"?

第二场戏开始,"忒拜的忒瑞西阿斯的魂灵终于前来,手握金杖(χρύσεον σκῆπτρον),他认出了我"(卷十一,行 90—1):奥德修斯第一眼看见的就是"金杖"——"权力",[①]却不认识"保有心思(νόον)"的先知,可先知认识他:

> 拉埃尔特斯之子,足智多谋的神裔奥德修斯,
>
> 不幸的人啊,你为何离开太阳的(ἠελίοιο)光辉,
>
> 来到这悲惨的地域,拜访亡故的人们?(卷 11 行 92—4)

忒瑞西阿斯是"先知",他一定知道奥德修斯来哈得斯有何贵

---

① 见罗念生、水建馥编,《古希腊语汉语词典》,页 794, σκῆπτρος 词条,北京:商务印书馆,2004。

干,这种明知故问是反讽:既然奥德修斯是"足智多谋的神裔",怎会"不幸"到如此悲惨境地呢? 先知在提醒奥德修斯不要忘记自己是谁,不要忘记自己的处境,不要眼睛只盯着他的"金杖"。忒瑞西阿斯要奥德修斯"移开那锋利的佩剑","让我吮吸牲血,好给你说实话($νημερτέα$ $εἴπω$)"(卷十一,行95—6)。看来,连在哈得斯"保有心思($νόον$)"的先知,也只有吸了"牲血"才有能力"说实话"。祭祀中的"牲血"象征"生命"或"血气",通过"吮吸牲血",这位"高贵的预言者"就在一定意义上重新获得了生命。可见,基尔克嘱咐奥德修斯"不让亡灵接近牲血",等于不让亡灵接近"生命"。吸过牲血后,忒瑞西阿斯告诉奥德修斯:

> 光辉的奥德修斯,你渴望甜蜜的归返,
> 但神明会让它充满艰难,在我看来,
> 震地神不会把你忘记,他对你怀恨,
> 余怒难消,因为你刺瞎了他的爱子。(卷 11 行 98—103)

这段话并非预言,而是已发生的事实:奥德修斯的命运"充满艰难",原因是他刺瞎了"震地神"的爱子波吕斐摩斯。我们知道,奥德修斯运用"诡计"刺瞎了巨人的眼睛后逃回船上,但他不听同伴劝阻,十分猖狂地对波吕斐摩斯极尽侮辱之能事。然而,这位残酷而又丑陋的"库克洛普斯"却"放声叹息",说"我将在奥德修斯的手中失去视力"的预言终于实现了,他叫着奥德修斯的名字,说他愿意如约赐予礼物,甚至会让波塞冬送奥德修斯回家,而他自己的眼睛可以由震地神治好(卷 11 行 517—20)。需要提醒的是,人们往往和奥德修斯一样,认为这是波吕斐摩斯的诡计,以便借机杀了奥德修斯,但笔者认为,巨人说这番话绝非欺骗,而是已然接受了被奥德修斯刺瞎的命运。奥德修斯自然不相信波吕斐摩斯,还诅咒说：

> 我真希望能夺去你的灵魂和生命（*αἳ γὰρ δὴ ψυχῆς τε*
> *καὶ αἰῶνός σε δυναίμην εὖνιν*），
> 把你送往哈得斯的居所，那时即便是
> 震地之神，也无法医治你的眼睛。（卷 9 行 523—25）

　　奥德修斯这番话是十足的渎神，可谓恶毒至极（*αἳ γὰρ δὴ ...τε καὶ*）：他不但要夺波吕斐摩斯的"生命"，还要夺他的"灵魂"，而且先夺"灵魂"。我们知道，掌管命运和生死的是"命运女神"（Moirae），凡人或可夺去他人性命，但绝无可能夺去他人"灵魂"，更何况波吕斐摩斯是震地神的爱子，震地神之所以对奥德修斯"怀恨"，依笔者之间，正是由于奥德修斯这番渎神的言辞，相比之下，他刺瞎巨人这件事倒在其次了。也正因为如此，当奥德修斯一行逃离库克洛普斯人的岛屿，用抢来的公羊祭献宙斯时，"神明没有接受献祭"，而是谋划如何让"船只"和奥德修斯"忠实的同伴们全部遭灭"（卷 9 行 550—555）。

　　忒瑞西阿斯接着才发出了"第一个预言"：

> 你们忍受艰辛后仍可如愿返回家园，
> 只要（*αἴ*）你能约束（*ἐρυκακέειν*）你自己和你的伴侣们
> 的血气（*θυμὸν*），（卷 11 行 104—5）

　　我们发现，这两行诗可以化约为"条件—结果"句，如果说"预言"的本意是预先说出命中注定的前途，忒瑞西阿斯这番话就不是真正的"预言"，因为这里没有命中注定的前途，倒是有完全自由的抉择，关键在于"约束血气"（*θυμὸν...ἐρυκακέειν*）。忒瑞西阿斯先知当然知道，至此，奥德修斯既不能约束自己的"血气"，也无法约束同伴的"血气"。① 荷马以降，θυμόν[血气]成了古希腊肃剧、柏拉图和亚里士多德哲学的核心概念，②苏格拉底在《王制》(441a)中证明了θυμόν[血气]是不同于"欲望"和"理性"的第三种东西：

> ……正如城邦由三等人，即生意人、辅助者和谋划者组成一样，在灵魂里也有一个第三者即血气（τò θυμοειδές），它是理智的天然辅助者，如果不被教育所败坏的话……③

格劳孔附议说，小孩子生来充满了"血气"，有些人从来都没有用理性的力量(λογισμοῦ)来支配"血气"，大多数人很晚才运用理性的力量(441a-b)，苏格拉底接着指出，"人们在兽类身上(θηρίοις)也可以看到这种现象"(441b)；在奥德修斯的"移动的城邦中"，他的同伴们就是"辅助者"，堪比灵魂中的"血气"，我们知道，奥德修斯的同伴被神女基尔克变成了猪，"但思想仍和从前一样"（卷十，行240)。可见，苏格拉底谈论"血气"时，心里一直装着荷马，他紧接着第二次引述了《奥德赛》中奥德修斯"捶打胸部，内心自责"，④足见荷马的"血气论"在苏格拉底心中的分量之重。奥德修斯之所以"捶胸自责"，是因为看到侍女们与求婚人嬉戏鬼混：

---

① 王焕生先生的译本没有译出θυμόν[血气]这个词（见前揭书，页198)，杨宪益先生的译本也未译出（见《荷马叙事诗·奥德修纪》，杨宪益译，上海：译文出版社，1979，页134)，想必认为θυμόν[血气]这层意思已包含在ἐρυκακέειν[约束]之中了，但即便"约束"就是"约束血气"，也不可忽略这个词。陈中梅先生的译本则将θυμόν误译为"欲望"（见荷马，《奥德赛》，南京：译林出版社，2003，页327)。

② 参刘小枫、陈少明主编，《经典与解释(18)：血气与政治》，北京：华夏出版社，2007。

③ 柏拉图，《理想国》，郭斌和、张竹明译，北京：商务印书馆，2002，页167。本文采用刘小枫教授的书名译法：《王制》；译文采用或参考郭斌和、张竹明先生的译文，但据原文有改动，不再一一注明。

④ 《王制》中，苏格拉底第一次引用《奥德赛》，见卷三，390d。

奥德修斯的胸中血气 (ϑυμός) 激荡难平静，

他正在思虑心和血气 (πολλὰ δὲ μερμήριξε κατὰ φρένα

καὶ κατὰ ϑυμόν)，

······（卷二十，行 9—10）

当然，这时候，奥德修斯已然获得了关于"约束血气"的智慧，这种智慧就来自忒瑞西阿斯先知，因为先知的确"保有心思 (νόον)"，因为他的智慧是抉择的智慧，是关于"约束血气"的智慧：

你们会发现牧放的 (βοσκομένας) 牛群和肥壮的羊群，

归无所不见无所不闻的太阳神所有 (Ἡελίου)。

如果 (εἰ) 你们不伤害畜群，一心想归返，

你们忍受艰辛后仍可归返伊塔卡；

如果 (εἰ) 你抢劫畜群，那会给船只和伴侣们

带来毁灭。虽然你自己可以逃脱灾难，

但归返艰难迟缓，失去所有的同伴，（卷十一，行 108—14）

这是先知第二次提到"太阳神"。奥德修斯一行将要碰到的"畜群"属于太阳神，βοσκομένας［牧放的］一词表明，这些"畜群"的"血气"有太阳神"照看"，他后来还对众神明说，"我非常喜欢 (χαίρεσκον) 那些牛，无论我升上繁星密布的天空，或是在我从天空返回地面的时候"（卷十二，行 379—381）。χαίρεσκον 这个词的意思也是"我感到心安"，既然太阳神在不在跟前，这些牛都让他"感到心安"，说明这些"畜群"的"血气"得到了很好的"调教"，太阳神的"畜群"可谓"约束血气"的典范。后来，同伴们背着奥德修斯吃了太阳神的牛，他们的"血气"被"欲望"所控制，结果"毁了人的整个生命"（《王制》442b），也毁了"移动的城邦"。愤怒的太阳神对"天神宙斯

和其他永生长乐的众神明"说：

> 如果他们不为我的牛作相应的赔偿，
> 我便沉入哈得斯，在那里照耀众魂灵。
> 集云神宙斯立即回答太阳神这样说：
> 赫利奥斯啊，你还是照耀不死的神明
> 和有死的凡人，留在生长谷物的大地上。（卷十二，行
376—388）

可见，连"不死的神明"都需要太阳的光辉，何况"有死的凡人"和大地上的生物了。如前所述，在哈得斯，忒瑞西阿斯对奥德修斯说的第一句话就提到"太阳神"："不幸的人啊，你为何离开太阳的（ἠελίοιο）光辉，来到这悲惨的地域"，这是第一次提到"太阳神"——离开了太阳神的光辉，人就会落到悲惨境地。先知第二次提到太阳神时说，太阳神"无所不见无所不闻"，正是靠着太阳神的光辉，人才能有知有识，如果太阳神"沉入哈得斯"，人就会变得既聋又瞎——耸昧如奥德修斯者，能不落入悲惨之境吗？而且，太阳神"沉入哈得斯"，意味着阴阳倒转、乾坤易位，宙斯神为避免他所建立的宇宙秩序彻底崩溃，能不叫奥德修斯的同伴统统死于非命吗？

忒瑞西阿斯的"第二个预言"，是奥德修斯"或是用计谋，或是公开地用锋利的铜器"杀死求婚人。伯纳德特认为，"那些求婚者所受到的惩罚与他们的罪行显然极不相称"（伯纳德特，《弓弦与竖琴》，前揭，页118）。然而，如前文所述，实情是，即便奥德修斯顺利回到伊塔卡，求婚人也已经决定非杀他不可，奥德修斯自己要保命，就必须杀死求婚人，因此杀戮不可避免。既然如此，先知的"第二个预言"也并非真正的预言，因为，奥德修斯本人必定会这样做：如先知所言，这些求婚者ὑπερφιάλους［过于气势凌人］，奥德修斯的杀戮是"报复（ἀποτίσεαι）他们的暴行（βίας）"（卷十一，行115—120），足

见将来不可避免的杀戮乃理所当然。非但如此，我们知道，后来奥德修斯的杀戮始于一场竞赛，或者说本来就是一场竞赛，佩涅罗佩拿出的"奥德修斯家藏的弯弓和灰色的铁斧"，是"竞赛（ἀέθλια）和屠杀的先导"（卷二十一，行3—4）：

> 好吧，求婚的人们，既然已有奖品，
> 我就把神样的奥德修斯的大弓放在这里，
> 如果有人能最轻易地伸手握弓安好弦，
> 一箭射出，穿过全部十二把斧头，
> 我便跟从他，离开结发丈夫的这座
> 美丽无比、财富充盈的巨大宅邸，（卷二十一，行73—

78）

尼采在其早期著作《荷马的竞赛》中谈论的，正是奥德修斯杀戮中的"竞赛精神"：

> 不唯亚里士多德如此，整个希腊古代关于怨恨和妒忌（Groll und Neid）的看法与我们不同，他们的判断与赫西俄德一样：后者曾指出，一位纷争女神（Eris）是邪恶的，也就是说，她将人类引向相互灭绝仇杀，而赞赏另一位纷争女神是好的，她用吃醋（Eifersucht）、怨恨和妒忌，激发人类去行动，但并非激发人类的灭绝仇杀行动，而是激发起竞赛行动。①

---

① Friedrich Nietzsche,《荷马的竞赛》(*Homer'Wettkampf. Vorrede*, KSA1, Heransgegeben von Giorgio Colli und Mazzino Montinari, München: dtv. de Gruyter, 1998)，页787。

　　所以，当欧律马科斯提出用赔偿来"安慰你的心灵"时，奥德修斯视之为对他人格的"侮辱"，出于极端厌恶此人的"卑怯"，他愤怒地回答说：

　　　　欧律马科斯，即使你们把全部财产，
　　　　悉数作赔偿，外加许多其他财富，
　　　　我也不会让我的这双手停止杀戮，
　　　　要直到求婚人偿清自己的累累罪恶。
　　　　现在由你们决定，或是与我作战（ἠὲ μάχεσθαι），
　　　　或是逃窜（ἢ φεύγειν），以求躲避毁灭和死亡，（卷二十二，行61—66）

　　奥德修斯的"杀戮"追求"竞赛精神"，也是追求"正义"而非"金钱"，我们知道，阿尔基诺奥斯国王的馈赠，甚至远超奥德修斯从特洛亚掳掠的财物；奥德修斯愿意让求婚者在"作战"和"逃窜"之间做出抉择，这也合乎"竞赛精神"，合乎"正义"；"逃窜"自然意味着失去"荣誉"，因此，这些出身高贵的求婚人选择了"作战"也就是选择了"死亡"。

　　然而，"正义"低于"智慧"，"正义"将为"智慧"所超越，问题的关键不在于奥德修斯的杀戮是否"过分"或"不相称"，而在于杀戮作为"正义"之追求带来了怎样的后果。因此，"第二个预言"可视为向第三个预言即最后一个预言的过渡。

四

　　忒瑞西阿斯先知的最后预言，可以划分为两部分：第一部分预言"奥德修斯的最后旅程"（Odysseus's letzte Fahrt）；第二部分预言

"奥德修斯之死"。[①] 我们先看预言的第一部分：

> 这时你要出游(ἔρχεσϑαι)，背(λαβών)一把合用的船桨
> (ἐρετμόν)，
> 直到你找到这样的部族，那里的人们
> 未见过大海，不知道食用掺盐(ἄλεσσι)的食物，
> 也从未见过涂抹了枣红颜色的船只
> 和合用的船桨，那是船只飞行的翅膀。
> 我可以告诉你明显的标志(σῆμα)，你不会错过。
> 当有一位行路人与你相遇于道途，
> 称你健壮的肩头(ἀνὰ φαιδίμῳ ὤμῳ)的船桨是扬谷的
> 大铲，
> 那时你要把合用的船桨插进地里，
> 向大神波塞冬敬献各种美好的祭品，
> 一头公羊、一头公牛和一头公猪，(卷十一，行 121—
> 31)

　　先知的最后预言可谓扑朔迷离，之所以如此，首先在于《奥德赛》没有表明这个预言最终是否得到应验：我们知道，奥德修斯杀死求婚人，并最终与伊塔卡民众"立下盟誓"后(卷二十四，行546)，《奥德赛》的故事就结束了。奥德修斯此次远行的目的是找到"从未见过大海"的"部族"，而且会碰到"一位行路人"，称奥德修斯"肩头的船桨是扬谷的大铲"，说明奥德修斯此行是深入

---

① Franz Dornseiff，〈奥德修斯的最后旅程〉(Odysseus's letzte Fahrt)，见《赫尔墨斯》(Hermes，1937)，卷 72，页 351—55；Wm. F. Hansen，〈奥德修斯的最后旅程〉(Odysseus' Last Journey)，见《乌尔比诺古典文化学报》(Quaderni Urbinati di Cultura Classica，1977)，卷 24，页 27—48。

内陆的旅行。① 后世认为,先知所指为埃比罗斯(Epiros)或阿卡迪亚(Arkadia)地方的部族,但道恩赛弗(Franz Dornseiff)正确地指出,这些地方离海如此近,如埃比罗斯人,他们绝对认识船,因此这些臆测不重要(前揭,页 354)。先知还预言,奥德修斯碰到的部族"不知道食用掺盐的食物",我们知道,荷马称"盐"为"神圣的"($\vartheta\varepsilon\acute{\iota}o\iota o$,《伊里亚特》卷九,行 214),②柏拉图在《蒂迈欧》(60e)中也说"……盐,习惯上认为是神所喜爱的东西($\dot{\alpha}\lambda\tilde{\omega}\nu\ \varkappa\alpha\tau\grave{\alpha}\ \lambda\acute{o}\gamma o\nu\ [\nu\acute{o}\mu o\upsilon]\ \vartheta\varepsilon o\varphi\iota\lambda\grave{\varepsilon}\varsigma\ \sigma\tilde{\omega}\mu\alpha\ \dot{\varepsilon}\gamma\acute{\varepsilon}\nu\varepsilon\tau o$)",据说这是在引述荷马。这些"部族"不食用盐,说明他们处于"英雄时代"的希腊文化之外,也隐喻他们不知"神圣"为何物,不认识希腊人的神,当然也不认识海神波塞冬。伯纳德特引述中世纪荷马注疏家尤斯塔修斯(Eustathius)的话说:"很明显,[奥德修斯这样做]目的是要[海神]波塞冬在内陆地区得到崇拜,而海神的圣名尚未传到这些地区,[奥德修斯这样做]还有一个野心,那就是让不认识他的人崇拜他。"③表面上看,奥德修斯通过传扬波塞冬之名,在"最后的旅程"中与海神实现了和解,但问题仍然在于,奥德修斯到内陆地区传扬海神崇拜究竟意味着什么? 我们看先知最后预言的第二部分"奥德修斯之死",再回头考虑上述问题:

> 然后返家($o\check{\iota}\varkappa\alpha\delta'\ \dot{\alpha}\pi o\sigma\tau\varepsilon\acute{\iota}\chi\varepsilon\iota\nu$),奉献丰盛的百牲祭礼,
>
> 给执掌广阔天宇的全体不死的众神明,

---

① 《弓弦与竖琴》中译本将 Odysseus's second journey (Seth Benardete, *The Bow and the Lyre, A Platonic Reading of the Odyssey*, Rowman & Littlefield Publishers, Inc. 1997, First paperback edition, 2008, p. 93)译为"奥德修斯第二次出海远航"有误(页 116)。

② 《伊利亚特》《罗念生全集》卷五·荷马叙事诗),上海:上海人民出版社,2007,页 214。

③ Seth Benardete,《弓弦与竖琴》(*The Bow and the Lyre, A Platonic Reading of the Odyssey*, Rowman & Littlefield Publishers, Inc. 1997, First paperback edition, 2008),页 165,注释 157。中译与伯纳德特英译有出入,参前揭书,页 117,脚注。

一个个按照次序（ἐξείης）。死亡（θάνατος）会从海上
（ἐξ ἁλὸς）

十分平静地（ἀβληχρὸς μάλα）降临于你，让你在闲适
之中（ὕπο λιπαρῷ）

享受了高龄，了却残年，你的人民

也会享福祉，我说的这一切定会实现。（卷十一，行
131—37）

此番οἴκαδ᾽ ἀποστείχειν[返家]，可视为奥德修斯的"第二次归返"。先知没有预言"第二次归返"的具体情形，但可以想见，此次返家非常顺利，只因为奥德修斯这一次走的是陆路。返家后，奥德修斯"一个个按照次序"向"全体不死的神明"献上"百牲祭礼"，规格自然远远超过了献给波塞冬的"一头公羊、一头公牛和一头公猪"。最终，是奥德修斯"十分平静的死亡"（θάνατος...ἀβληχρὸς）。关于这里的文本究竟应该读作ἐξ ἁλὸς[从海上]还是ἐξ αλὸς[远离海]，历来争论不休。尤斯塔修斯认为两种读法都有道理。"口传学派"则认为，正确的解释只能是ἐξ αλὸς[远离海]，因为，"奥德修斯的最后旅程"的"故事原型"决定了只可能是"远离海"，而ἐξ ἁλὸς[从海上]的说法只不过是一种"再解释"（reinterpretation）。在此，我们可以清楚地看到，"口传学派"用所谓"口传证据"来校勘荷马文本的做法，完全脱离了荷马文本本身（Wm. F. Hansen，前揭书，页47—48）。其实，《奥德赛》这一段文本讲得很清楚，"奥德修斯之死"是他οἴκαδ᾽ ἀποστείχειν[返家]之后的事情，既然如此，正如道恩赛弗正确指出的那样，"一场ἀβληχρὸς[平静的死亡]来到小岛[伊塔卡]"，"合乎逻辑的方式必定是ἐξ ἁλὸς[从海上]进入"（前揭，页354），王焕生先生的中译完全切合此结论。

预言最后说"你的人民也会享福祉"。先知预言了一个"有整一性的行动"。然而，让人迷惑不解的是：荷马为何要在《奥德赛》中插入这段最终未得到见证的预言？

　　我们当然得首先从《奥德赛》的文本本身来寻找答案。我们知道,《奥德赛》虽未曾明言先知的预言最终是否实现,但奥德修斯却在返家后,对佩涅洛佩重述了这个预言(卷二十三,行263—84)。值得注意的是:第一,如果说奥德修斯与佩涅洛佩严格意义上的相认,是在两人相互考验并确证相互忠贞之后,那么夫妻相认后,奥德修斯对佩涅洛佩叙说的第一件事情,就是先知的最后预言,这说明奥德修斯"返归"后,萦绕心头的首件事就是先知的最后预言;其次,奥德修斯对此预言的叙述可谓"一字不差",这在奥德修斯关于返归遭遇的全部叙述中绝无仅有,说明奥德修斯离开哈得斯后,无一刻不在琢磨先知的预言。看来,我们值得先走一段弯路,看看奥德修斯究竟如何认识先知的最后预言。奥德修斯对佩涅洛佩的叙述是这样开头的:

　　　夫人,我们还没有到达($\pi\omega\ldots\dot{\epsilon}\pi\dot{\iota}\ \pi\epsilon\acute{\iota}\varrho\alpha\tau'\ldots\mathring{\eta}\lambda\vartheta o\mu\epsilon\nu$)全部争斗($\pi\acute{\alpha}\nu\tau\omega\nu\ldots\dot{\alpha}\acute{\epsilon}\vartheta\lambda\omega\nu$)的终点,
　　　　今后还会有无穷无尽的艰难困苦($\dot{\alpha}\mu\acute{\epsilon}\tau\varrho\eta\tau o\varsigma\ \pi\acute{o}\nu o\varsigma$),
　　　　众多而艰辛($\pi o\lambda\lambda\grave{o}\varsigma\ \kappa\alpha\grave{\iota}\ \chi\alpha\lambda\epsilon\pi\acute{o}\varsigma$),我必须($\dot{\epsilon}\mu\grave{\epsilon}\ \chi\varrho\acute{\eta}$)把它们一一经历($\pi\acute{\alpha}\nu\tau\alpha\ \tau\epsilon\lambda\acute{\epsilon}\sigma\sigma\alpha\iota$)。
　　　(卷二十三,行248—50)

　　"争斗"和"艰难困苦"是这三行诗的关键词,"全部"、"无穷无尽"、"众多而艰辛"和"一一"这些词更加重了"争斗"和"艰难困苦"的迫人性质,这番完全不合时宜开场白,与奥德修斯和佩涅洛佩夫妇分别二十年后重新相认时的"欢欣"(卷二十三,行239),形成巨大反差。然而,我们注意到,虽然奥德修斯说"我们还没有到达全部争斗的终点",却准备一人承当这苦难:"我必须把它们一一经历"。① 尽

———————
① 王焕生先生将$\pi\acute{\alpha}\nu\tau\alpha\ \tau\epsilon\lambda\acute{\epsilon}\sigma\sigma\alpha\iota$译为"一一历尽",然而$\pi\acute{\alpha}\nu\tau\alpha\ \tau\epsilon\lambda\acute{\epsilon}\sigma\sigma\alpha\iota$只是"一一经历",并不包含"尽"或"完结"的意思。

管奥德修斯这番话十分残酷,但"审慎的佩涅洛佩"告诉他,"现在请向我说明那苦难"(卷二十三,行256—62)——经过二十年的等待,佩涅罗佩已变得无比坚强,在奥德修斯详述先知的预言后,

> 审慎的佩涅洛佩回答丈夫这样说:
> 如果神明们让你享受幸福的晚年,
> 那就是我们有望结束这苦难。(卷二十三,行285—7)

　　可见,佩涅洛佩已决定与丈夫一道承当一切苦难。如前文所述,亦如奥德修斯向佩涅罗佩所复述的那样,先知预言说,奥德修斯最后返家并祭祀众神明时,要"一个个按照次序(ἐξείης)",紧接着就说到"死亡(θάνατος)会从海上(ἐξ ἁλὸς)……降临于你":就文本而言,ἐξείης[按照次序]这个词之后紧接着θάνατος[死亡]这个词,如果断句时将ἐξείης[按照次序]放到下一句起首,就成了"按照次序,死亡将从海上……降临于你",等于说奥德修斯返家祭神之后死期就到了。如此来解读,则说明,是"来自海上的死亡"终止了奥德修斯的苦难,这时候奥德修斯已经"垂垂老矣";而之所以说"死亡"ἀβληχρὸς μάλα[十分平静地]"降临于你",不过在预言,到了那时候,奥德修斯将能够承受一切人生的"苦难"。

　　按此理解,忒瑞西阿斯先知预言的"奥德修斯的最后旅程"和"奥德修斯之死",便获得了全新的意义:第一,"奥德修斯的最后旅程"之所以是"最后的"旅程,只因为"奥德修斯之死"终结了奥德修斯的人生,而要奥德修斯本人"一一经历"的人生苦难本身,却"没有尽头"。第二,《奥德赛》是一部"关于大海与人斗争的伟大诗篇"(großen Liedes vom Kampf zwischen Meer und Mensch)(道恩赛弗,前揭书,页355),奥德修斯在"最后旅程"中,向远离大海的"部落"传扬波塞冬之名,并在这些地区建立海神崇拜,乃是"大海与人的斗争"继续:如果说奥德修斯从特洛亚返回伊塔卡的"第一次返归",是"大

海与人的现实斗争"的历程,那么,先知预言中"奥德修斯的最后旅程",则是"大海与人的精神斗争"的历程。对于奥德修斯而言,大海象征着人的命运和无尽的苦难。在"最后旅程"中,奥德修斯能够将传扬并建立海神崇拜作为自己的使命,说明奥德修斯本人已然将"苦难无尽"的命运视为当然,他自感有责任向不识命运为何物的人们告知"苦难无尽"的真相,而崇拜海神就是礼赞命运,将"人与命运"也就是"人与大海"的斗争视为人生的常态,也是尼采所谓"荷马的竞赛"的精神。第三,"来自大海"的死亡,最终将 ἀβληχρὸς μάλα[十分平静地]降临于奥德修斯,说明人生的终结乃是命运,说明大海(命运)最终也愿与英雄和解:奥德修斯从容赴死,而"人民也会享福祉"——人民何尝不是大海? 人民就是奥德修斯的"命运":不再用武的奥德修斯最终与人民和解,超越了他"第一次返归"后与试图复仇的民众立下的"盟誓"。

然而,我们的疑问仍在于:荷马为何要让忒瑞西阿斯先知的最后预言,成为一个未曾实现的预言? 这是荷马有意为之还是他诗学上失误? 我们最大的疑问尤其在于:如前所述,如果说先知的最后预言是所有三个预言中唯一"真正的预言",那么,最后的预言未曾实现,多少意味着忒瑞西阿斯的先知身份成了问题,荷马何以能证明忒瑞西阿斯是哈得斯"保有心思"的先知? 但如前所述,就在《奥德赛》倒数第二卷书即卷二十三中,荷马还让奥德修斯向佩涅洛佩一字不差地重述了先知的最后预言:荷马和他的英雄一样,心里一直装着先知的最后预言,可见,预言未曾实现,绝非荷马疏忽大意,而必定是他有意为之。在我看来,荷马用一个未曾实现的预言来表明忒瑞西阿斯先知的"智慧",无非是想表明智慧本身不可能成为现实。因此,"人与命运"或"人与大海"的和解只是一个人生理想,"王者奥德修斯与人民的最终和解",也只是一个政治梦想,而荷马借哈得斯中先知的灵魂之口说出这种人生理想和政治梦想,等于让人生理想和政治梦想成了"理想中的理想"和"梦想中

的梦想",这种理想和梦想,比《王制》中苏格拉底口头的幸福人生和理想城邦还要虚幻。然而,荷马告诉我们:

> 他[忒瑞西阿斯先知]的智慧至今依然如故,
> 佩尔塞福涅让他死后仍保有心思,
> 唯独让他有生气,其他人则成为飘忽的魂影
> (σκιαὶ ἀίσσουσιν)。(卷十,行49—495)

五

奥德修斯"招魂记"中,忒瑞西阿斯先知最后一番话不是预言,而是回答奥德修斯的提问:"故去的母亲的灵魂"为何"不和自己的儿子说话"(卷十一,行140—44)?

> 不管是哪位故去的死者,你只要让他
> 接近牲血,他都会对你把实话言明(νημερτὲς ἐνίψει)。
> 如果你挡住他接近,他便会返身隐退到你后面
> (ὁ δέ τοι πάλιν εἶσιν ὀπίσσω)。
>
> (卷11 行147—49)

如前所述,祭祀中的"牲血"象征"生命"和"血气",通过"吮吸牲血",可以使亡灵获得"生气"。基尔克嘱咐奥德修斯,"不要让亡故者虚飘的魂灵走近牲血,直待你询问过忒瑞西阿斯"(卷10 行536—7),就是不让众亡灵先于忒瑞西阿斯的灵魂接近"生命"或"血气":在哈得斯,只有"他的智慧至今依然如故",故而懂得让"血气"来辅助"智慧"。如今,他已对奥德修斯发出预言,进而指点奥德修斯如何与其他σκιαὶ ἀίσσουσιν[飘忽的魂影]交流:一方面,因接近牲血而暂时获得生命的"魂影",会νημερτὲς ἐνίψει[言明实情];另一

方面,如果拒绝"魂影"接近牲血,他便会πάλιν εἶσιν ὀπίσσω[返身退隐]。这说明奥德修斯仍然不懂得如何让"生命"或"血气"服务于"灵魂"。τοι… εἶσιν ὀπίσσω[隐退到你后面]既指空间关系,也指时间关系:希腊人认为,未来不可见,因为它处在我们"后面",而过去我们已然知晓,故而处在我们眼前。[1] 因此,不能获得"血气"的"灵魂"只有"返身隐退到你后面",等于隐退到了不可知的未来,而让灵魂接近牲血并"言明实情",等于告知奥德修斯未来。可见,先知这番话,在教奥德修斯如何处理"血气"与"灵魂"的关系,从而把握"未来",由此开启了"招魂记"的第三场戏"奥德修斯会见众灵魂"。

名媛录

首先"吮吸牲血"并向奥德修斯"言明实情"的灵魂,是他"尊贵的母亲"安提克勒娅,在叙说家事亲情后,她用这样一番话向对奥德修斯告别:

> 一旦人的生命离开白色的骨骼,
> 魂灵也有如梦幻一样飘忽飞离。
> 现在你赶快返回阳世,把这一切
> 牢记心里,他日好对你的妻子述说。(卷十一,行
221—4)

前两行诗强调"生命可贵",后两行诗嘱咐奥德修斯:牢记"生命可贵",返归后告诉妻子"生命可贵"的道理。巧的是,紧接着"到来一群妇女,可畏的佩尔塞福涅鼓动她们前来,她们都是贵族王公们的妻子或爱女"(卷十一,行225—7)。根据奥德修斯的叙述可知,她们都是神明或王者的妻子,都是生育过伟大英雄的母亲,如果与

---

[1] 《牛津希英辞典》,前揭,页1239。

安提克勒娅最后那番话联系起来,则意味着让这些妻子和母亲的人生成为"生命可贵"的明证:佩涅罗佩(自然还包括所有的妻子)应以这些妻子和母亲的人生为戒。

荷马告诉我们,奥德修斯这一番叙说"打动"的第一位"妻子",是在现场倾听"招魂记"的王后"白璧的阿瑞塔":

> 斐埃克斯人,这位客人的容貌、身材
>
> 和他那严谨的智慧令你们有何感触?(卷十一,行 335—7)

奥德修斯的叙说竟然让高贵的王后"心醉神迷"到打断奥德修斯的叙说,当众赞赏奥德修斯的"容貌和身材",这真是莫大的讽刺:在他眼里,奥德修斯"长相"比他"严谨的智慧"更吸引人。看来,奥德修斯所叙述的这些妻子和母亲的人生,并没有使阿瑞塔明白"生命可贵"的道理。她如此失态的赞赏,必定让国王阿尔基诺奥斯十分难堪,一时间不知说什么才好,幸亏有老年英雄埃克涅奥斯打圆场,荷马说"他在所有的斐埃克斯人中年事最高迈"。阿尔基诺奥斯国王自然不会回答阿瑞塔的问题,但他回答埃克涅奥斯说"礼物"没问题,"送客人上路人人有责",尤其是他回答埃克涅奥斯的最后一句话,可谓五味杂陈:"尤其是我,因为我是此国中的掌权人"(卷十一,行 342—53)。而奥德修斯回复阿尔基诺奥斯国王的话,最后说到"同伴们的苦难":

> ……他们后来把命丧,
>
> 虽然从特洛亚人手下逃脱了可悲的死亡,
>
> 归返后却死于一个邪恶的女人的意愿。(卷十一,行 382—4)

这话阿瑞塔王后听了一定很刺耳,阿尔基诺奥斯国王听了一定心惊肉跳。奥德修斯紧接着就说到被邪恶的妻子杀死的阿伽门农的灵魂,他对奥德修斯的告诫是"不可公开返回,因为妇女们不可信"(卷十一,行456),这番话当然也是说给阿瑞塔王后和阿尔基诺奥斯国王听的,从而由关于"女人"的主题过渡到了"英雄"主题。

英雄谱

随后到来的是阿喀琉斯的魂灵,他告诉奥德修斯:

> 我宁愿为他人耕种田地,被雇受役使(θητευέμεν),
>
> 纵然他无祖传地产,家财微薄度日难,
>
> 也不想统治(ἀνάσσειν)所有故去者的亡灵。(卷11行489—91)

θητευέμεν就是"做奴隶",而ἀνάσσειν就是"当王":我们不妨假设,让阿喀琉斯生还,难道他会心甘情愿地"做奴隶"?哈得斯固然没有人世的"浮华",但在哈得斯"当王"当然也是"当王",意味着"自由",也意味着其他灵魂的"福祉",可阿喀琉斯不愿意,说明他要的不是"自由",而是人世的"浮华",为了"活着",他宁可"做奴隶":原来,阿喀琉斯是一个本性卑劣的人,只是人世的"浮华"——尤其是他的"勇敢"——掩盖了他的"本性",这样的人绝不应成为城邦卫士的模范。柏拉图的苏格拉底曾批评这则叙事诗会使城邦卫士丧失"勇敢"之"美德"(《王制》386c),其实是想向我们表明,"勇敢"并非真正的"美德",相反,它会掩盖一个人的卑劣性情——在"勇敢"的外表下,往往隐藏着一个"卑劣的灵魂"。

然后是埃阿斯的魂灵,因未赢得阿喀琉斯的铠甲他至今"余怒未消",没有回答奥德修斯的和解请求就"走向了昏暗"。奥德修斯说,"他本可抑怒和我作交谈,我也愿意。"(卷十一,行565)其实,不是埃阿斯不肯和解，而是他作为失去生命的"飘忽的魂影"，已不可能再有任何转变，因为，灵魂的转变需要"智慧"和"生气"，而在哈得斯，只有忒瑞西阿斯先知一人保有这"智慧"和"生气"。可见，哪怕是英雄，要转变灵魂，也必须有生命才有可能，埃阿斯不回答奥德修斯的和解请求"而走向了昏暗"，也是在强调"生命诚可贵"。

接着，奥德修斯看到"宙斯的高贵儿子"弥诺斯，他在哈得斯决断灵魂的未来命运。然后是狩猎劳作的奥里昂、被两只秃鹰不停啄食肝脏的提梯奥斯、忍受酷刑的坦塔罗斯和西绪福斯，这都是弥诺斯公正判决的结果。最后，是"正在不死的神明们中间尽情欢宴"的赫拉克勒斯，他对奥德修斯说：

> 不幸的人啊，你遭到什么可悲的命运，
> 就像我在太阳的光辉下遭受的那样？
> 我虽是克罗诺斯之子宙斯的儿子，
> 却遭到无数不幸，不得不受命于一个
> 孱弱之人，他让我完成各种苦差事。（卷十一，行
> 618—22）

赫拉克勒斯这番话的主题就是"命运"，他贵为宙斯之子也免不了遭遇不幸和受制于他人，因此奥德修斯必须顺从命运，这便又回到了"招魂记"开头埃尔佩诺尔的灵魂对奥德修斯的告诫。"招魂记"末尾，奥德修斯本来还想见到古代英雄忒修斯和佩里托奥斯。我们知道，这俩人是在"竞赛"中建立友谊的英雄。忒修斯历经万难建立卓著功勋，并最终成为雅典国王，但他抛弃了帮助他杀死弥诺陶洛斯的阿里阿德涅，却与友人佩里托奥斯在对待其他女神的问题上犯了糊涂：先是一起劫走海伦，后来又图谋劫娶佩尔塞福涅，俩人因此被哈得斯钉在了冥国的岩石上，"英雄"主题与"女人/神"主题在此统一起来——最后，奥德修斯因为"担心可怕的女

妖戈尔戈的头颅前来”，当机立断与同伴们返回了阳世。就这样，
“招魂记”第三场戏由“女人”主题转入“英雄”主题，又由“英雄”主
题转回到了“女人/神/妖”主题，以奥德修斯逃避“女妖”结束了奥
德修斯的“灵魂之旅”。

然而，究竟该如何从整体上把握奥德修斯的“招魂记”或“灵魂
之旅”呢？无独有偶，柏拉图的苏格拉底在《王制》末尾，也向众人
讲述了一位英雄厄洛斯（Ἦρος）的“灵魂之旅”，还说“我要讲的故事
不像奥德修斯对阿尔基诺奥斯讲的那样长”（414b）。最后，苏格拉
底讲到众灵魂抓阄决定来世生活方式的事情：

> 最后一个来选择的竟是奥德修斯的灵魂。由于没有
> 忘记前生的辛苦劳累，他已经抛弃了野心（φιλοτιμίας）。
> 他花了很多时间走过各处，想找摆脱了政治事务的个人
> 生活（βίον ἀνδρὸς ἰδιώτου ἀπράγμονος），好不容易发现了这种
> 生活方式，它落在一个角落里没有受到别人的注意
> （παρημελημένον）。找到它时他说，即使抽上了第一号，他
> 同样会很乐意地选择这一生活方式〔译按：即“摆脱了政治
> 事务的个人生活”〕。（620c-d；前揭书，页 425）

“第一号”生活方式是“一个最大的僭主的生活”（619b）。奇怪
的是，即使抽到“第一号”，奥德修斯还是要选择过“摆脱了政治事
务的个人生活”。这让我们想起了亚里士多德在《尼各马可伦理
学》卷十章 7 中的说法：

> 正义的人还需要其正义行为的承受者和协同者。节
> 制的人和勇敢的人以及其他人亦复如是。可有智慧的人
> 靠他自己（καθ' αὑτὸν）就能够进行沉思，而且越是这样他
> 的智慧就越高。有人伴随当然更好，不过他仍然是最自

足的人（*αὐταρκέστατος*）。（1177a30—35—b2）①

　　如前文所述，忒瑞西阿斯先知预言，"奥德修斯的最后旅程"归来后，就会过上*ὑπὸ λιπαρῷ*［在闲适中］等待死亡［"从海上十分平静地降临"］的幸福生活，历尽苦难的奥德修斯无论如何要选择过"摆脱了政治事务的个人生活"，选择过*παρημελημένον*［没人注意的］生活，无非是想做一个"最自足的人"。既然"靠他自己就能够进行沉思"的人是"最自足的人"，那么，"有人伴随当然更好"的"好"就是"对伴随者好"；所以，忒瑞西阿斯先知告诉奥德修斯，当你*ὑπὸ λιπαρῷ*［在闲适中］等待死亡的时候，"你的人民也会享福祉"——奥德修斯成了真正的"哲人王"。然而，我们清楚地知道，这只是哈得斯的忒瑞西阿斯先知的预言，而且是荷马最终没有对现的预言——"哲人王"是一个梦想。尽管如此，苏格拉底还是告诫格劳孔，

　　　　如果我们相信它，它就能救助我们，我们就能安全地
　　渡过勒塞之河，而不在这个世上玷污了我们的灵魂。
（《王制》621b-c，前揭）

---

① 依据苗力田先生译文，见亚里士多德，《尼各马可伦理学》，北京：中国人民大学出版社，2003，页 224。

第三章　知者不言

——索福克勒斯《俄狄浦斯僭主》中的忒瑞西阿斯先知

我们知道，最早记述忒瑞西阿斯先知身前的古典文本，是赫西俄德叙事诗《墨兰波迪亚》，而最早记述忒瑞西阿斯先知身后的古典文本，是荷马的《奥德赛》：荷马告诉我们，忒瑞西阿斯是哈得斯众灵魂中唯一拥有智慧的一个，他曾为奥德修斯预言"哲人王"是一个梦想；赫西俄德告诉我们，一心求知的忒瑞西阿斯曾为众神之王宙斯和天后赫拉解决争端，从而获得了"盲目的洞见"；在伟大的叙事诗人口中，忒瑞西阿斯先知要么与神明同在，要么与亡灵为伍，却不在城邦之中。最早让忒瑞西阿斯先知"进入城邦"的，是肃剧诗人埃斯库洛斯（Aeschylos）、索福克勒斯（Sophocles）和欧里庇得斯（Euripides）。

"肃剧之父"埃斯库洛斯著有三联剧《拉伊俄斯》（Laios）、《俄狄浦斯》（Oedipus）和《七雄攻忒拜》（*Seven against Thebes*）及附属萨提尔剧《斯芬克斯》（*Sphinx*），但只有《七雄攻忒拜》传世，这部肃剧"开场"，埃特奥克勒斯（Eteocles）国王独白中那位"以鸟为卜"（οἰωνῶν βοτήρ）的先知（行24）就是忒瑞西阿斯。[①] 然而，刻画忒瑞西

---

① 参《埃斯库洛斯悲剧》，王焕生译，见《古希腊悲剧喜剧全集》，卷一，南京：译林出版社，2007，页214。

阿斯先知形象手法最高超的肃剧诗人，当首推索福克勒斯，他有两部传世肃剧《俄狄浦斯僭主》和《安提戈涅》描述了"先知与僭主"主题。亚里士多德在《论诗术》中七次提到《俄狄浦斯僭主》(*Oedipus the Tyrannos*)，[①]将其作为肃剧的典范；在这部肃剧中，与俄狄浦斯僭主争锋的核心人物就是忒瑞西阿斯先知，从而使这部肃剧成为古代演绎"先知与僭主"关系主题的典范作品之一。据说，欧里庇得斯也写过肃剧《俄狄浦斯》，但亚里士多德在《论诗术》中只字未提埃斯库洛斯和欧里庇得斯的《俄狄浦斯》。可以想见，如果这两位诗人真的写过同名肃剧，只是后来才失传了，那也是因为，有了索福克勒斯的《俄狄浦斯僭主》，埃斯库洛斯或欧里庇得斯的同名肃剧就无足轻重了。

一

索福克勒斯的《俄狄浦斯僭主》中描摹先知与僭主关系的戏段，就是这部肃剧的"第一场"。为了理解这一核心戏段，我们需要仔细研究《俄狄浦斯僭主》的"开场"和"进场歌"与"第一场"和"第一合唱歌"。下文的分析将表明，由这四节戏两两构成的两大部分，在情节和形象两方面有精巧的对应关系："开场"中，上场的人物依次是俄狄浦斯、祭司、克瑞昂（Creon），情节由俄狄浦斯向民众宣示开头，以祭司安慰乞援人作结，随后的"进场歌"是忒拜长老组成的歌队祈求诸神；而"第一场"中，上场的人物依次是俄狄浦斯、歌队长、忒瑞西阿斯，情节由俄狄浦斯回应歌队祈求诸神开头，以忒瑞西阿斯先知预言俄狄浦斯的悲惨结局作结，随后的"第一合唱歌"是忒拜长老组成的歌队回应俄狄浦斯与忒瑞西阿斯的争执：对

---

① 亚里斯多德，《诗学》"作品索引"，罗念生译，见《诗学、诗艺》，北京：人民文学出版社，1982，页133。

先知的预言表示怀疑，认为俄狄浦斯无罪。因此，这四节戏正是由"开场"和"进场歌"中的"僭主—祭司"主题，逐渐推进到了"第一场"和"第一合唱歌"中的"僭主—先知"主题。

在全剧第一段念白中，俄狄浦斯大显"王者"气度，俨然自居为古老的卡德摩亚人民的"父母"：

> 啊，孩子们，老卡德摩斯的这一代后人，
> ……
> 我，大名鼎鼎的俄狄浦斯，
> 亲自出宫来听取你们的求告了。（行1—8）①

他又单独对祭司说：

> 啊，老人家，既然年岁让你有资格代表大家，
> ……
> 我愿全力帮助你们。心非铁石，
> 我岂能不怜悯你们这样的乞援人。（行9—13）

然后，祭司发表长篇演说，告知俄狄浦斯，城邦发生了瘟疫，并为俄狄浦斯歌功颂德，说他曾破解了"残忍歌女"斯芬克斯的谜语，

---

① 《俄狄浦斯僭主》文本参照张竹明先生译文，但依据原文作了必要的改译，改译的原则是"紧扣原文字句的字义和词序"。张竹明先生《俄狄浦斯僭主》译文，参《索福克勒斯悲剧》，见《古希腊悲剧喜剧全集》，卷二，南京：译林出版社，2007，页1—110；《俄狄浦斯僭主》原文参哲布（Sir Richard Jebb）编注，《索福克勒斯肃剧与残篇校注卷三〈安提戈涅〉》（Sophocles, *the Plays and Fragments*, with critical notes, commentary, and trans. in English prose, Part I: The Oedipus Tyrannus, 2 ed. Cambridge, 1891）。哲布（1841—1905），英国古典学家和政治家，英国"功绩勋章"（Order of Merit）获得者，历任格拉斯哥大学和剑桥大学古典学教授，研究涉及荷马、索福克勒斯、巴库里德斯（Bacchylides）、泰奥弗拉斯托斯（Theophrastos）和雅典演说家，他的索福克勒斯肃剧文本校勘与注疏被引为权威。

解救了城邦,并向俄狄浦斯乞求:

> 你,凡间最善的人啊,救救城邦;
> 也保住你自己的美名!
> 为了你早先的热心,这地方
> 至今还称你为它的救星。(行 45—48)

可以想见,对俄狄浦斯家族的故事早已了如指掌的雅典观众听了这番话,一定会有莫名的荒唐感:杀死老国王拉伊俄斯的凶手俄狄浦斯,在祭司口中竟成了"凡间最善的人"和城邦的"救星"!接着,克瑞昂从皮提亚带来了阿波罗的神谕,说只有"清偿一笔血债",惩罚杀死前国王拉伊俄斯(Laios)的凶手,才能消除瘟疫——克瑞昂这番话完全契合雅典观众此时此刻的思绪。俄狄浦斯进而追问,为何迟至今日才追查杀死国王的凶手,克瑞昂说:

> 那说谜语的斯芬克斯迫使我们应对,
> 搁下了那情况不明的事件。(行 130—1)

这等于说,是俄狄浦斯自己阻碍了追查杀死老国王的凶手:我们知道,拉伊俄斯死后,克瑞昂继得王位,他是"地生人"(Spartoi)的后裔,又是拉伊俄斯的姻亲,但外戚继位,其合法性向来疑云重重;后来,斯芬克斯危害忒拜城邦,必然引发了巨大的政治危机,克瑞昂一定是迫于民众的政治压力而无奈发出布告,愿将王位让与能解破解斯芬克斯之谜者,并以拉伊俄斯的妻子、王后伊俄卡斯特(Jocasta)相赠,俄狄浦斯破解斯芬克斯之谜后,克瑞昂履行了承诺;①然而,克

---

① Apollodorus,《希腊神话轶闻集》,前揭,卷三,页346—49。译文参照周作人先生中译,见阿波罗多洛斯,《希腊神话》,前揭,页169—170。

瑞昂仅凭这一点就将王位让于一个"异邦人",实为冒险之举,而将自己的亲姐妹赠予一个"异邦人",足见他是寡情之人;拥立新王后,人民很快就将老国王被杀这件事置诸脑后,以至于连俄狄浦斯本人都不知情。亚里士多德认为,这是索福克勒斯情节处理中一件不合情理的事(亚里斯多德,《诗学》,前揭,页50)。然而,人民在新王面前讳言老王,完全合乎情理;其次,索福克勒斯并没有说俄狄浦斯根本不知道老国王,相反俄狄浦斯亲口说:"我知道,听说过,只是从未见过他。"(行106—7)俄狄浦斯只是不知道老国王缘何而死,也不知道是谁杀了老国王。

　　可见,俄狄浦斯是在忒拜城的一场政治危机中,凭"个人的智慧"获得王位的。既然如此,为何又说他是 $τύραννος$[僭主]呢?亚里士多德在论述君主政体时指出:

> 　　民选总裁("艾修尼德")的型式,屡见于古代希腊各邦。民选总裁约略相当于公举的僭主。……这种制度常常显出两方面的性质:既具有专制(独断)的权力,这就类乎僭政;又是根据了名义,经过大众的推戴而受任这又不能不说是君主政体了。(《政治学》1285a30—b4)[①]

　　俄狄浦斯本来就是拉伊俄斯的儿子,说明他原本就是当然的王储;但俄狄浦斯又是弑父的凶手,他杀了先王又成了新王,说明他是名副其实的"僭主":俄狄浦斯既是"僭主"又是"君主"的双重身份,也使得后世对索福克勒斯这部肃剧剧名的理解和翻译莫衷一是。因此,要判定俄狄浦斯究竟是"僭主"还是"君主",唯一的办法是"听其言观其行"。

[①]　采用吴寿彭先生译文,参见亚里士多德,《政治学》,北京:商务印书馆,1996,页157—8。

"开场"末尾,祭司对民众说:

> 孩子们,起来。国王答应了请求,
> ……
> 为我们消除这场瘟疫,制止它继续流行。(行
> 147—50)

祭司将消除瘟疫的希望完全寄托在了俄狄浦斯身上。然而,在随后的"进场歌"中,由忒拜长老组成的歌队从头至尾只是祈求诸神的救护,却对俄狄浦斯只字不提。可见,与城邦的御用祭司和民众不同,忒拜贵族们并不指望靠俄狄浦斯来制止瘟疫。于是,在"第一场"开头,俄狄浦斯对歌队表示出巨大的不满:

> 你乞求神灵,其实,只要肯听信我的话
> 并治疗自己的疾病,你就有希望
> 找到救助,摆脱苦难。(行 147—50)

从歌队祈求诸神而对他只字未提,俄狄浦斯发现忒拜贵族们"不肯听信他的话",他警觉到这其中隐藏着重大的政治危险,所以,他马上召唤寄望于他的民众,并首先为自己开脱,俄狄浦斯的"僭主"性情逐渐暴露出来:

> 我要对全体人民说话。
> 因为,我是在这血案发生之后才成为一个忒拜人的。
> 所以,对这血案既不知情,对这神谕也不明白。(行
> 218—220)

随后,俄狄浦斯慷慨陈词,表面上是说要严酷地惩罚杀死老王

的凶手,其实在强调他的命令不可忤逆:

> 对于那些不服从我命令的人,我求众神
> 罚他们的土地不结果实,女人不孕孩子,
> 罚他们在当前的瘟疫或一场更可怕的灾难中死亡。
> 但是,对于你们这些听从我命令的
> 卡德摩斯的忠实后人,愿我们的盟友正义女神,
> 还有别的神,永远好心保佑你们。(行 269—74)

　　这番恐怖的诅咒将俄狄浦斯的"僭主"性情暴露无遗:他将严酷的惩罚冠以众神的名义,又将众神的救护冠以自己的名义,意思是说:如果你们不肯听信我俄狄浦斯的话,即便祈求诸神也没有用。然而,歌队长临危不惧作出答复:他首先还是主张让福波斯来解答凶手是谁,但被俄狄浦斯驳回了:"你说的对。但是,没有一个人能逼神灵做他不想做的事情。"(行 280—81)歌队长又准备提出第二个办法,但未及说出,就被俄狄浦斯粗暴地打断了,显然是嫌歌队长啰嗦:"如果还有第三个办法,也请说出来。"(行 283)歌队长作为贵族确有贵族的风度,他不慌不忙好言相告,说出了一段掷地有声的言辞:

> ἄνακτ' ἄνακτι ταῦθ' ὁρῶντ' ἐπίσταμαι
> μάλιστα **Φοίβῳ Τειρεσίαν**, παρ' οὗ τις ἂν
> σκοπῶν τάδ', **ὦναξ**, ἐκμάθοι σαφέστατα.
> 我知道(我们的)主忒瑞西阿斯
> 与(我们的)主福波斯的神意最一致,从这位
> 探求者那里,(我们的)主哦,或许你能把这些事情彻
> 底弄个明白。

> (行 284—86,强调为笔者所加)

这是《俄狄浦斯僭主》第一次提到忒瑞西阿斯先知的名字。我们发现，在这三行诗中，ἄναξ[主]这个词分别以宾格(ἄνακτ')、与格(ἄνακτι)和呼格(ὦναξ)形式出现了三次：第一次是歌队长为忒瑞西阿斯先知冠以ἄνακτ'[主]这个称谓，以至于ἄνακτ'[主]后来成了表明忒瑞西阿斯先知身份的固定用法(《牛津希英辞典》，前揭，页114)；第二次以ἄνακτι[主]称呼福波斯(即阿波罗)神；第三次是以ἄναξ[王]称呼俄狄浦斯。作为贵族代表，歌队长不仅将忒瑞西阿斯与福波斯一阿波罗和俄狄浦斯同列为ἄνακτ'[主]，而且在三者中首推忒瑞西阿斯作为ἄνακτ'[主]：ἄνακτ' ἄνακτι ταῦθ' ὁρῶντ' ἐπίσταμαι /μάλιστα Φοίβῳ Τειρεσίαν[我知道(我们的)主忒瑞西阿斯与我主福波斯的神意最一致]这两行诗将ἄνακτ'[主]……Τειρεσίαν[忒瑞西阿斯]放在首尾，构成框型结构，ἄνακτι[主]……Φοίβῳ[福波斯]就处在这个框型结构之中了。如此一来，作为ἄνακτ'[主]的忒瑞西阿斯就处在作为ἄνακτι[主]福波斯的前面，而作为人的Τειρεσίαν[忒瑞西阿斯]就处在Φοίβῳ[福波斯]神的后面，如此巧妙的词序排列足以见出，在忒拜人(或索福克勒斯)心目中，先知忒瑞西阿斯作为ἄνακτ'[主]具有至高无上的崇高地位，这种地位甚至超过了作为ἄνακτι[主]的福波斯神。[1]

歌队长向俄狄浦斯表明，只有请教忒瑞西阿斯先知，才能弄清楚忒拜城瘟疫肆虐的根由。由此可知，俄狄浦斯根本不了解忒瑞西阿斯先知在忒拜人民心目中独一无二的崇高地位，而不了解忒瑞西阿斯先知，就是对忒拜城的历史无知。但歌队长这段话还是遭到俄狄浦斯的反驳：

---

[1] 由分析上述三行诗，我们有理由肯定，埃斯库洛斯的《七雄攻忒拜》中埃特奥克勒斯国王不指名提到的"以鸟为卜"的先知就是忒瑞西阿斯，也有理由设想，在埃斯库洛斯已失传的《俄狄浦斯》中，必定有忒瑞西阿斯先知的大段陈词。

> 这件事我也不曾忽视，
>
> 克瑞昂提议后，我两次派人去请他，
>
> 可是不知道他为何这么多时了还不到。（行287—89）

俄狄浦斯的意思是，你们贵族想到的我早都做过了，而且做了两遍，还顺便谴责忒瑞西阿斯"请不动"，无非是想挑拨歌队长不要信赖先知，言下之意是：只有他俄狄浦斯值得信赖。可歌队长不为所动，在谈到有无老王遭杀害的目击证人时，巧妙地批评了俄狄浦斯的"僭主"做派：

> 如果他知道什么是害怕，听到你
>
> 如此可怕的诅咒，会吓跑了的。（行294—5）

俄狄浦斯的回应是："不怕事情的人不会怕一句话。"（行296）表面上，这句话是说：那个证人既然有胆量目睹老王被杀的恐怖事情，就不会怕我的诅咒；但俄狄浦斯的潜台词是：我说几句诅咒的话你们就害怕了，我的恐怖手段你们还没有见识过呢！就在这关节眼上，忒瑞西阿斯先知出场了：

> 可有人将揭发他：是的，他们
>
> 终于把这位神样的（$\vartheta\varepsilon\tilde{\iota}o\nu$）先知带来了，他
>
> 是 人 间 唯 一（$\dot{\alpha}\nu\vartheta\rho\dot{\omega}\pi\omega\nu\ \mu\dot{o}\nu\omega$）拥 有 真 理（$\tau\dot{\alpha}\lambda\eta\vartheta\grave{\varepsilon}\varsigma$
>
> $\dot{\varepsilon}\mu\pi\dot{\varepsilon}\varphi\upsilon\kappa\varepsilon\nu$）的人。（行297—9）

歌队长这番话无疑是对俄狄浦斯的沉重打击：说这位"神样的先知"是"人间唯一拥有真理的人"，等于抨击俄狄浦斯作为"僭主"尽管有铁腕却没有智慧——诗人在此向我们托出了"僭主与真理"或"僭政与智慧"的关系这一政治科学的恒久主题。

在古代，关于僭政的典范之作，据信是色诺芬的《希耶罗或论僭政》(*Hiero or On Tyranny*)，这篇对话不仅篇名勘与索福克勒斯的《俄狄浦斯僭主》相比照，而且内容也可以视为一出戏剧：作为一篇用散文写成的两人对话剧，《希耶罗或论僭政》所展现的核心主题正是"僭政与智慧"。我们知道，索福克勒斯的《俄狄浦斯僭主》在雅典上演时，色诺芬尚不及韶年，[①]但有理由相信，他日后读过这出作为典范的肃剧。现代以后，政治哲人施特劳斯通过疏解色诺芬的《论僭政》重启"僭政"研究，并与科耶夫(Alexandre Kojève)有一场争论。[②] 科耶夫著文《僭政与智慧》(*Tyrannie et sagesse*)以回应施特劳斯的《论僭政》，此文 1950 年初次发表时题为"哲人的政治行动"(*L'Action politique des philosophes*)(前揭，"中译本说明"，页 3)，开头部分在扩充为《僭政与智慧》后被删除，其中有这样一段话：

> 施特劳斯进入对话的迷宫，以探寻色诺芬教诲的真正意义。色诺芬被认为有意在庸众的观点下隐藏自己的思想。所以，施特劳斯必须采用侦探方法，通过表面事实的精致分析，最后找到罪犯……(前揭书，页 148，脚注 1)

尽管色诺芬的对话、施特劳斯的疏解还有科耶夫的回应，均未提及《俄狄浦斯僭主》，但索福克勒斯这出肃剧最初的动机正是侦查"罪犯"：按科耶夫的说法，施特劳斯要追查的"罪犯"是"隐藏在庸众观点下的色诺芬"，是哲人，而施特劳斯就是哲人；在《俄狄浦斯僭主》中，俄狄浦斯僭主要追查的是杀死老国王，导致忒拜城邦

---

① 参《埃斯库洛斯悲剧》，前揭，页 4；亦参 Diogenes Laertius，《名哲言行录》(*Leben und Meinungen berühmter Philosophen*, übersetzt von Otto Apelt, Meiner, 1998)，页 97。

② 施特劳斯、科耶夫，《论僭政——色诺芬〈希耶罗〉义疏》，何地译，观溟校，北京：华夏出版社，2006。

瘟疫肆虐的杀人犯,雅典观众都知道,他就是俄狄浦斯僭主自己,而指认这个"罪犯"的人正是忒瑞西阿斯先知。

二

先知忒瑞西阿斯的出场,将《俄狄浦斯僭主》的"第一场"分成了两部分:上述俄狄浦斯与歌队长的交锋(行 215—99)是第一部分,这部分情节的作用是铺垫,目的是引出忒瑞西阿斯先知;第二部分是俄狄浦斯与忒瑞西阿斯先知的对峙(行 300—462),这部分情节是"第一场"的重心,准确地说,这部分才是描摹先知与僭主关系的戏段。

方才歌队长告诉俄狄浦斯,"神样的先知"忒瑞西阿斯是"人间唯一拥有真理的人",一定是这话让俄狄浦斯慌了神,先知一出场,俄狄浦斯的反应与此前的飞扬跋扈判若两人:

> 哦(ὦ),通晓一切(πάντα νωμῶν)的忒瑞西阿斯啊:
> 可以传言的和无法传言的,天上的和地上的。
> 你虽然看不见,但是知道我们城邦
> 遭到了什么样的瘟疫:我们知道,
> 主啊,你是唯一的领路人和救星(προστάτην σωτῆρά τ',
> ὦναξ, μοῦνον)。(行 300—04)

"哦"——俄狄浦斯首先一声惊呼:方才他还在说先知的坏话,如今却附和歌队长说先知"通晓一切";方才他还告诫歌队长,"只要肯听信我的话……你就有希望",如今却将"唯一的领路人和救星"的高帽子戴在了忒瑞西阿斯头上,这种匪夷所思的前后矛盾,再次暴露了俄狄浦斯僭主的多变性情:我们发现,他怕忒瑞西阿斯——僭主害怕有智慧的人。俄狄浦斯接着对先知说:

......

现在就请你别拒绝(φϑονήσας)，或者根据鸟声，

或者用你所掌握的其它占卜术，

拯救你自己，拯救城邦，拯救我(ῥῦσαι σεαυτὸν καὶ

πόλιν, ῥῦσαι δ' ἐμέ)，

拯救被死者污染的一切(ῥῦσαι δὲ πᾶν μίασμα τοῦ

τεϑνηκότος)。

我们全靠你啦(ἐν σοὶ γὰρ ἐσμέν)！人生最高尚的目

标(κάλλιστος)

在于尽其所有、尽其所能帮助别人(ἄνδρα δ'

ὠφελεῖν)。(行 310—15)

φϑονήσας[拒绝]这个词的本意是"嫉妒"或"妒忌"，引申为"出于嫉妒而拒绝"(《牛津希英辞典》，前揭，页 1929—30)："嫉妒"谁呢？俄狄浦斯的意思只能是忒瑞西阿斯先知"嫉妒"他了；"嫉妒"他什么呢？只可能是"嫉妒"他僭主身份了——俄狄浦斯僭主的乖戾性情再次暴露：他方才还说先知是"唯一的领路人和救星"，一转眼又觉得先知在觊觎他的权位。所以，接下来的 312 和 313 这两行诗连用了四个 ῥῦσαι[拯救]的命令式——俄狄浦斯大摆"僭主"姿态："拯救你自己，拯救城邦，拯救我"，这一行诗的词序很有意味，俄狄浦斯将"先知"放在"城邦"前头，而"我"又躲在"城邦"后头，并再次命令先知"拯救被死者污染的一切"，加上"我们全靠你啦！"这一句，等于将"先知"推向了"城邦"政治危机的风头浪尖，同时又摆出一副"我自己的事再大也是小事，城邦的事再小也是大事"的姿态。314 和 315 这两行诗将"帮助别人"说成是"人生最高尚的目标"，这句话既是僭主的政治说辞，又是僭主对智慧的定位：先知所拥有的真理必须有益于城邦，否则就失去了"最高尚的目标"；同时，这句话也是对先知智慧的否定：等于说先知并不懂得何为"人

生最高尚的目标",可他方才还惊呼先知"通晓一切"。

俄狄浦斯前后矛盾、乖张多变的说辞,无非想告诉忒拜贵族和忒拜民众:如果忒瑞西阿斯真能用占卜术拯救城邦,那首先是出于他的自私自利,甚至难说是出于他觊觎我的权位,城邦和我只是捎带受益而已;如果城邦真能因此受益,那也是我的功劳,要不是我告诫忒瑞西阿斯,不要因为"嫉妒"而拒绝拯救城邦,他是不会为城邦效力的,要不是我告诉他"人生最高尚的目标"是什么,忒瑞西阿斯根本就不懂得"帮助别人"。

俄狄浦斯话中有话,先知自然心知肚明,可是他回应俄狄浦斯的话更是莫名其妙:

> 哎呀,哎呀!有智慧(φϱονεῖν)多么可怕,如果这
>
> 对于有智慧者(φϱονοῦντι)没有益处! ……(行
>
> 316—17)

先知这番话的关键词是φϱονεῖν[有智慧]和φϱονοῦντι[有智慧者],这里的"有智慧"至少有三重意思:最表面的意思是,先知指自己掌握占卜术,俄狄浦斯也因此说先知"通晓一切",最后却要先知将"尽其所有、尽其所能帮助别人"作为"人生最高尚的目标",这让忒瑞西阿斯面临巨大的危险,因为他知道"帮助别人"对于他没有益处,遑论作为他"人生最高尚的目标"了;其次,这里的"有智慧",也指忒瑞西阿斯知道俄狄浦斯就是杀死老国王的凶手。然而,并非只有先知一人知道这件事:后来,王后伊俄卡斯特告诉俄狄浦斯,拉伊俄斯的一个仆人亲眼目睹了俄狄浦斯杀死拉伊俄斯,在俄狄浦斯被拥立为王后,这个仆人因为害怕而躲到乡间牧场上去了(行756—764);而且通过这个仆人(即后来的牧人)与报信人对质,俄狄浦斯还证明,正是这位仆人当初欲将他抛弃在基泰戎山(Kithairon)上(1110—1186),从而彻底揭开了俄狄浦斯弑父娶母的真相,并最

终导致伊俄卡斯特自杀和俄狄浦斯刺瞎自己的双眼悲惨结局。忒瑞西阿斯先知不愿这一切发生,他因此慨叹有智慧是可怕的事情。

"有智慧"的第三重意思,是指俄狄浦斯有破解斯芬克斯之谜的智慧,先知明白这种智慧是可怕的智慧,因为它将为俄狄浦斯本人带来灾难。赫西俄德在《神谱》中说,斯芬克斯"毁灭了卡德摩斯的后裔"(行 326)。关于斯芬克斯如何"毁灭了卡德摩斯的后裔",阿波罗多洛斯的《希腊神话轶闻集》记述最详,说斯芬克斯是天后赫拉派来祸害忒拜人的,她从缪斯女神那里学了一个谜语,让忒拜人猜,凡猜不中者,斯芬克斯便吃掉他。"斯芬克斯之谜"是这样问的:

> τί ἐστιν ὃ μίαν ἔχον φωνὴν τετράπουν καὶ δίπουν καὶ τρίπουν
>
> γίνεται
>
> 这是什么东西? 它有一种声音,却有四只脚、两只脚
>
> 和三只脚? (III, V, 8)[①]

τί ἐστιν……;[什么是……?]这个谜语,乍听是一个形而上学问题:斯芬克斯是厄喀德那(Echidena)和堤丰(Typhon)所生的女妖,这个谜语是她从缪斯女神那儿学来的——形而上学果然与女性关系密切。这里的 φωνὴν[声音],既可以指人的声音,也可以指动物的声音,甚至也指无生命的自然物发出的声音(《牛津希英辞典》,前揭,页 1967—68);而 -πουν[脚],既可以指人的脚,也可以指动物的足,甚至也指器物或大山的山脚或底部(前揭,页 1456—57)。然而,谜语问的就是 τί[什么]而非 τίς[谁];我们知道,俄狄浦斯的答案是"人"(ἄνθρωπον),从而揭开了谜底,这说明,在缪斯看来,ἄνθρωπον

---

① Apollodorus,《希腊神话轶闻集》,前揭,页 346—49;参见阿波罗多洛斯,《希腊神话》,前揭,页 169—70。

[人]就是这个τί[什么东西]，人比之于动物和其他自然物的不同之处，只是会发"一种"声音，并且从出生到老年，"脚"的数量会发生"四而二、二而三"的变化而已；猜不出谜语，等于人连自己最基本的面目都看不清——"不认识自己"的人就应该死，所以斯芬克斯把他们都吃了。

既然俄狄浦斯知道谜底，说明他认识人，尽管他仅仅认识会发"一种"声音、"脚"的数量从出生到老年会发生变化的"人"。然而，忒瑞西阿斯知道，俄狄浦斯关于人的这种智慧对其本人有害无益：可明明俄狄浦斯破解斯芬克斯之谜挽救了忒拜人的生命，为何又说俄狄浦斯的智慧有害？我们往下听。忒瑞西阿斯先知接着发出慨叹：

> ……这些我非常
> 清楚，却毁（忘记）了（διώλεσ'），否则我是不会到这儿
> 来的。（行317—18）

διώλεσ'这个动词的原意是"毁灭"，"忘记"是其引申义。有趣的是，在句中，这个动词由于词尾省去了元音，词形既可以是不定过去时态的"单数第一人称"变位，也可以是同一时态的"单数第三人称"变位，因此，句子的主语既可以是忒瑞西阿斯，也可以指俄狄浦斯：如果主语是忒瑞西阿斯，那么，这句话的意思就是"我忘记了我非常清楚的道理，否则我是不会到这儿来的"，等于先知在自我责备；但如果主语指俄狄浦斯，那么，这句话的意思就是"你毁了我非常清楚的那些事情，否则我是不会到这儿来的"，等于先知认为自己不得不来。究竟是"我忘了"还是"你毁了"？俄狄浦斯听得稀里糊涂，难怪他向忒瑞西阿斯先知提出了下面的问题：

τί δ' ἔστιν; ὡς ἄθυμος εἰσελήλυθας.

什么？你人来了却这么没血气。（行 319）

俄狄浦斯的问话多了一个连词δ'，但乍听上去，他的问法和斯芬克斯之谜的开头一模一样，都是τί ἐστιν……；[什么是……?]按阿波罗多洛斯的说法，斯芬克斯之谜源于缪斯女神，既然凡人俄狄浦斯也知道谜底，说明他天赋有形而上学的智慧。我们知道，赫拉打发斯芬克斯来是要她祸害忒拜人的，为什么偏偏打发斯芬克斯来？就因为斯芬克斯从缪斯女神那儿学到了这个形而上学的谜语，这说明形而上学有害。然而，俄狄浦斯又凭着他的形而上学智慧解救了忒拜人，这又说明形而上学有益：形而上学是一把双刃剑，俄狄浦斯握有的这把双刃剑对忒拜人有益，对他自己有害。

俄狄浦斯问τί δ' ἐστιν；[什么?]，是要忒瑞西阿斯先知把上述那几句话解释清楚，于是他责备先知ἄθυμος[没血气]，俄狄浦斯当然是指先知没有他那样的血气，这是怎样的血气呢？先知听了俄狄浦斯的责备，回答说：

放我回家吧。你的事你很容易对付过去，

我的事我自己也容易对付，如果你答应放我回去。

（行 320—21）

先知碰到难题就想"回家"，的确"没血气"，俄狄浦斯于是又摆出"僭主"姿态：

你的话绝对不合法(οὔτ' ἔννομ')，对养育你的城邦不
热爱，

因为你知道秘密不肯说出来。（行 322—23）

俄狄浦斯将问题上升到是否"合法"的高度，说忒瑞西阿斯先

知"不合法"，等于说他该受惩罚：原来，俄狄浦斯的"血气"就是"对城邦的热爱"，就是对"荣誉"的热爱，①也是"将知道的秘密说出来"的"血气"，俄狄浦斯这里所谓"秘密"，指"谁是杀死拉伊俄斯的凶手"。听了僭主的话，先知回答说：

> 我看你的话没说到点子上（*οὐδὲ ...πρὸς καιρόν*），
> 我不说就不会遭受同样的（*ταὐτὸν πάθω*）……（行
> 324—25）

先知显然否认他"不合法"，也否认他"不热爱城邦"；他"知道秘密不肯说出来"，只因为"怕遭受同样的……"：先知欲言又止，我们很迷惑，"同样的……"究竟指什么？这里的*πάθω*（*πάσχω*）［遭受/遭遇］既可以指遭受厄运，也可以指遭遇好运；如果指遭受同样的厄运，那就是指与俄狄浦斯一样戳瞎双眼后流浪异邦，可先知的眼睛本身就是瞎的？如果指遭遇同样的好运，难道指与俄狄浦斯一样被忒拜人拥立为王吗？先知说俄狄浦斯"没说到点子上"，恐怕指俄狄浦斯所谓"秘密"与先知所谓"同样的……"不是一回事。让我们先放下这些疑问，接着听俄狄浦斯的回应：

> 看在众神的份上，如果你知道，请别走，
> 我们这些乞援人全都跪下求（*προσκυνοῦμεν*）你啦！
> （行 326—27）

*προσκυνοῦμεν*原意是"匍匐在前亲吻"，表示"彻底俯首称服"：显然，俄狄浦斯从先知的回答中恍然有悟，要不他不会说出这么低三下四的话来，也再次暴露了僭主的多变性情。可先知不为所动：

---

① 刘小枫，〈哲人王俄狄浦斯〉，见氏著《昭告幽微：古希腊诗品读》，前揭，页169—70。

　　　　　你们都甭想知道(οὐ φρονεῖτ')。我永远不会暴露
(ἐκφήνω)

　　　　　我的不幸,以免我说出你的不幸(τἄμ', ὡς ἂν εἴπω μὴ
τὰ σ', ἐκφήνω κακά)。(行 328—29)

　　这里的φρονεῖτ'同样充满歧义:由于词尾省去了元音,它可以是第二人称复数的直陈、命令或祈愿语气中的任何一种变位形式,我们不妨认为这个词同时表达了三种意涵:先知认为"你们不知道、不该知道也甭想知道"。既然先知说"你们不知道、不该知道也甭想知道",说明先知"知道",先知认为他"知道的事情"就是他的"不幸",他之所以不说出来,就是为了不给俄狄浦斯带来不幸,说明先知并非不热爱城邦,因为城邦的后面就是俄狄浦斯。然而,俄狄浦斯不明白先知的良苦用心,发出暴怒,说先知"知道这秘密不告诉我们",是"存心背叛我们",想"毁灭城邦",还说先知是"坏人中最坏的人"(κακῶν κάκιστε)(行 330—44),先知再三劝说,俄狄浦斯就是听不进去,他越来越有"血气",脾气越发越大,终于说出了心里话:

　　　　　是的,我太生气了。事实上我要把心里想的
　　　　　毫无保留讲出来。你听着,照我看,
　　　　　你参与策划了那起血案,除了亲手杀人之外,
　　　　　你什么都参与了。如果你不是个瞎子,
　　　　　我要说,事情是你一个人干的。(行 345—9)

　　俄狄浦斯僭主代表城邦对先知提出"死亡"指控,可先知临危不惧,乘着俄狄浦斯被"血气"冲昏了头,再三说出"你就是那污染这地方的罪犯"(行 353)、"你就是你正在追查的凶手"(行 362)、"你以想不到的可耻和自己最亲近的亲人生活在一起"(行 366—7),并

预言了俄狄浦斯的悲惨结局（行 372—7）。听了这番话，俄狄浦斯
开始怀疑忒瑞西阿斯先知与克瑞昂串通一气来陷害他，他进而深
信，克瑞昂因为觊觎他的"财富和王权"（行 380）"收买了"忒瑞西阿
斯，所以他质问先知：

> 喂，劳驾告诉我，你何曾表明过
> 你是个高明的先知？
> 那只用诗歌说谜语的狗在这里的时候，
> 你为什么不说话，不出来拯救同胞？
> ……
> 直到我到来终止了它的危害，
> 一个不懂占卜的俄狄浦斯，
> 不靠飞鸟的暗示，只凭自己的智慧。（行 390—99）

是啊，我们也很奇怪：当初，忒瑞西阿斯先知为何不出来解开
"斯芬克斯之谜"以"拯救同胞"呢？俄狄浦斯正是想以此证明忒瑞
西阿斯根本没有智慧，而真正有智慧的是他自己。他进而重申先
知是克瑞昂的同谋，并威胁要让先知"尝到苦头"（行 404）。这时，
歌队长代表忒拜贵族出来劝和，说"我们应该研究，如何能够最好
地实现神的指示"（行 405—8）：他们竟然对俄狄浦斯解开"斯芬克
斯之谜"以"拯救同胞"的智慧只字不提。忒瑞西阿斯先知接过歌
队长的话头，说了一番关于"奴隶和主人"的道理：

> 诚然你是国王，但是至少辩驳（ἀντιλέξαι）的权利
> 必须认为彼此同等；这方面我也是一个主人。
> 我或者不是你的奴隶，只是洛克西阿斯的仆人。
> 因此，我也不会登记在克瑞昂的被庇护人名册上。

（行 408—11）

忒瑞西阿斯认为，就"辩驳"而言"我也是一个主人"。我们从柏拉图的苏格拉底那里知道，爱智慧的手段就是"辩驳"，爱智慧者（也就是哲人）只有在"辩驳"中才是"自己的主人"，一个自由人；"国王"剥夺"辩驳的权利"，或成为某人的"被庇护人"，等于将爱智慧者变成奴隶，也等于要了哲人的命。显然，忒瑞西阿斯的智慧与俄狄浦斯的智慧根本不是一回事，先知心中的秘密与僭主追究的秘密也不是一回事：俄狄浦斯认为智慧就是他自己天赋的、能解开"斯芬克斯之谜"的形而上学智慧，可先知认为智慧来自神，他只是太阳神的仆人，在这一点上，先知与忒拜贵族们站在一边。

紧接着，忒瑞西阿斯先知挑明了俄狄浦斯的身世（行 412—26），僭主则恼羞成怒，情绪失控，大骂先知"该死的东西，还不快滚"（行 430），引来两人几番激烈争执：

> 俄狄浦斯： 生身父母？等一等，世间谁是我的生身
> 父亲？
> 忒瑞西阿斯：生你的这一天也是亡你的这一天
> （ἥδ' ἡμέρα φύσει σε καὶ διαφθερεῖ）。
> 俄狄浦斯： 又是谜语！你只会说暗示出谜语。
> 忒瑞西阿斯：你不是最善于解暗示猜谜语吗？
> 俄狄浦斯： 那是我的好运，你却拿它来骂我。
> 忒瑞西阿斯：然而，正是这好运害了你。
> 俄狄浦斯： 我自己无所谓，只要救了城邦。
> 忒瑞西阿斯：现在我走啦，来童子，领我离开这里。（行
> 437—444）

这段言辞激烈的"辩驳"，为我们呈现出俄狄浦斯僭主与忒瑞西阿斯先知分歧的焦点：原来，天赋有形而上学智慧的俄狄浦斯，

竟然不知道自己的生身父母是谁——不知道自己的生身父母的人，仿佛"从天而降"，何言在城邦之中？能够解开斯芬克斯之谜拯以救城邦的俄狄浦斯，却解不开自己的身世之谜来解救自己，这是莫大的讽刺。可俄狄浦斯仍执迷不悟，认为他的形而上学智慧为他带来了"好运"，可先知认为带来的恰恰是"厄运"，我们终于明白：先知害怕"遭受同样的（ταὐτὸν πάϑω）……"（行 325）中的ταὐτὸν，既指"好运"又指"厄运"。然而，俄狄浦斯说"我自己无所谓，只要救了城邦"——话说到这里，先知发现俄狄浦斯已无可救药，便准备离去。俄狄浦斯说："好，……你走了，就不再有人惹我烦恼。"（行 445—446）这句话又把准备离去的先知激回来了：

> 我要等说完我何以来此再走，
> 我不怕你，因为，你绝不会（οὐ ...ὅπου）杀我。（行
> 447—48）

先知从容不迫，紧接着再次揭露了俄狄浦斯弑父娶母的真相，随后才离去：既然揭露此真相就是先知此来的目的，那么，先知所要保守的秘密就不是此真相，因为先知早就说过，"我永远不会暴露我的不幸，所以我也不会说出你的不幸（τἄμ᾿, ὡς ἂν εἴπω μὴ τὰ σ᾿, ἐκφήνω κακά）。"（行 328—29）在这句话里，τἄμ᾿...［我的…］和τὰ σ᾿...［你的…］修饰"同一个"κακά［不幸］，说明先知和僭主拥有同样的"不幸"；如果先知所谓"你的不幸"，就指俄狄浦斯天赋的形而上学智慧，那么，先知一定也拥有这种"智慧"。先知和僭主的不同，仅仅在于先知永远不会暴露这种"不幸"，所以，先知当初没有挺身而出，为忒拜人解开斯芬克斯之谜。俄狄浦斯的悲剧并不在于他杀死了拉伊俄斯也就是他的父亲，而恰恰肇端于他解开"斯芬克斯之谜"，他因此当上了忒拜城的"僭主"——俄狄浦斯成了"有智慧的僭主"，这才是俄狄浦斯的悲剧。"有智慧的僭主"听起来有

点像"哲人王","哲人王"不常有而"有智慧的僭主"常有。可见,俄狄浦斯说出形而上学的智慧对城邦有益,对拥有形而上学智慧的人有害,或者说,形而上学的智慧一旦"暴露"——"有智慧的人"成了"僭主"——就会导致"不幸",这才是忒瑞西阿斯先知心中的秘密。

<h1 style="text-align:center">三</h1>

　　忒瑞西阿斯先知离去后,歌队唱起了"第一合唱歌",基调仍然是"神正论",但与"进场歌"只祈求诸神不同,忒拜贵族的注意力明显由神转向了人。"第一曲首节"和"第一曲次节"矛头直指杀死老王、玷污城邦的罪犯,但忒拜贵族同样只信赖诸神和神谕,对当今国王俄狄浦斯只字不提:"第一曲首节"第一句话就说"德尔斐石窟传来神谕"(行463):是神谕,而非先知或别的什么人,指出杀害老王的罪犯导致了瘟疫;是"用宙斯的火与电武装起来的阿波罗"(行469)和命运之神,而非当今国王俄狄浦斯,对 φυγᾷ[慌忙逃窜](行468)的罪犯 ἕπονται[紧追不舍](行470)。"第一曲次节"与"第一曲首节"构成"复调",唱出了神的正义和罪犯的命运,可谓动人心弦:"帕尔那索思山发出的神谕,要大家寻找那个隐藏的罪人"(行473—4);ἀεὶ ζῶντα περιποτᾶται[无可逃避]的神谕,让 ἀπονοσφίζων[努力摆脱](行479)的罪犯无处可逃。

　　"第二曲首节"和"第二曲次节"是"第一合唱歌"的重心。"第二曲首节"由关注先知的预言转入对俄狄浦斯的评价(行485—495):歌队首先表示,先知向俄狄浦斯发出的"预言"令人"恐怖",但同时表示,这预言"不可思议也不可反驳"(行485—7),似乎一定程度上肯定了先知的预言,因为,面对当今国王俄狄浦斯和先知的争执,说"参不透",又说对"当前和未来都看不清",差不多站到了先知一边;然而,接下来八行诗却反过来为俄狄浦斯辩护:歌队表示,目前尚无法βασανίζων βασάνῳ[用试金石来检验](行 491)俄狄浦斯的ἐπίδαμον φάτιν[口碑](行 492),也无法"反击尚未揭发的人制造的死亡"(行 492)。

"第二曲次节"与"第二曲首节"同样构成复调,"第二曲次节"一开始就赞美宙斯和阿波罗ξυνετοί[有智慧],"看得清有死之人",进而对先知的智慧表示怀疑:"说凡人中的先知比我懂得更多",并没有κρίσις...ἀλαθής[可靠证据],尽管σοφίᾳ δ᾽ ἂν σοφίαν παραμείψειεν ἀνήρ[人渴望在智慧上出类拔萃](行 502—3)。歌队接着正面评价了俄狄浦斯,认为他面对"长翅膀的妖女"的所作所为就是βασάνῳ[试金石],可以证明他是σοφός[有智慧的人],而且ἁδύπολις[对城邦忠心耿耿](行 506—9)。最后,忒拜贵族说出了自己的"心里话"(ἀπ᾽ ἐμᾶς φρενός):οὔποτ᾽ ὀφλήσει κακίαν[他永远不会受惩罚]。

"第一合唱歌"表明,在"诸神"、"忒瑞西阿斯先知"和"俄狄浦斯僭主"三者之间,忒拜贵族始终将"诸神"放在首位,并最终站到了"俄狄浦斯僭主"一边,对"忒瑞西阿斯先知"的智慧则表示深刻质疑。如前文所述,"第一合唱歌"的重心是"第二曲首节"和"第二曲次节"。我们发现,这两节合唱的关键词是βασάνῳ[试金石]:"第二曲首节"指出,尚没有βασάνῳ[试金石]来评判俄狄浦斯与忒瑞西阿斯先知争执;"第二曲次节"则表示,俄狄浦斯"破解斯芬克斯之谜"就是βασάνῳ[试金石],证明俄狄浦斯"有智慧"而且"对城邦忠心耿耿"。然而,"破解斯芬克斯之谜"作为βασάνῳ[试金石]并不能证明忒瑞西阿斯先知的预言有假。具有讽刺意味的是,俄狄浦斯"永远不会受惩罚",只是忒拜贵族的"一厢情愿"(ἀπ᾽ ἐμᾶς φρενός)。

我们的问题是:诗人在此两次使用βασάνῳ[试金石]这个词,究竟有何用意? 在存世的古希腊古典文本中,《牛津希英辞典》βάσανος[试金石]词条首举伟大的贵族派抒情诗人忒奥格尼斯(Theognis)。《忒奥格尼斯诉歌集》(ΘΕΟΓΝΙΔΟΣ ΕΛΕΓΙΩΝΑ)近 1400

行，①其中第一处使用βάσανος[试金石]这个词的诗句是这样说的：

οὐδέν ὁμοῖον ἐμοὶ δύναμαι διζήμενος εὑρεῖν

πιστὸν ἑταῖρον, ὅτῳ μή τις ἔνεστι δόλος·

ἐς βάσανον δ' ἐλθὼν παρατρίβομαι ὥστε μολύβδῳ

χρυσός, ὑπερτερίης δ' ἄμμιν ἔνεστι λόγος.

我没能找到一个和我一样

可信赖的伙伴，不心怀狡诈；

当我接受试金石的检验，正如用石墨

检验黄金，我等以为理性[比狡诈]更其卓越。（行

415—8）

这里的λόγος[理性]，在有些抄本中写成νοός[心智]，哈里森（E. Harrison）认为两种写法含义并无根本不同（哈里森，前揭书，页148—9）。在行 1164e-h 中，除了 οὐδέν' 变为 οὔτιν'，παρατρίβομαι 变为 παρατριβόμενός，ὥστε 变为 τε，其余字句完全重复了行 415—8 这四行诗。古典学家或认为行 1164e-h 只是行 415—8 的重复，然而，哈里森认为这绝非简单重复，而是别有深意：关键是 παρατρίβομαι 变为 παρατριβόμενος，即由"第一人称"变位变成了"分词"变位，如此一来，"接受检验"的主词就变成了 λόγος[理性]而不再是"我"，故而"黄金"对应的是 λόγος[理性]，而"石墨"对应的是 δόλος[狡诈]。据此，我们可将行 1164e-h 译为：

---

① 哈里森（E. Harrison）编注，《忒奥格尼斯研究》（*Studies in Theognis, together with A Text of the Poems*，Cambridge，1902；亦参哈德逊－威廉姆斯（T. Hudson-Williams）编著，《忒奥格尼斯哀歌集》（*The Elegies of Theognis, and other Elegies included in the Theognidean Sylloge*，London，1910）；亦参盖尔博（Douglas E. Gerber）编译，《希腊哀歌集》（*Greek Elegiac Poetry*，The Loeb Classical Library，Cambridge Mass. -London 1999）。英译本参见弗雷里（John Hookham Frere）译释，《忒奥格尼斯文本复原》（*Theognis Restitutues.*，Malta，1842）。

我没能找到一个和我一样

可信赖的伙伴，不心怀狡诈；

用试金石来检验理性，正如用石墨

检验黄金，我等以为理性［比狡诈］更其卓越。

　　哈里森因而认为，行 1164e-h 强调的是 λόγος［理性］与 δόλος［狡诈］的对立，而行 415—8 强调的是"我"与"他人"的对立（哈里森，前揭书，页 147—9）。然而，问题的关键毋宁在于：诗人忒奥格尼斯为何要反复吟唱 βάσανος［试金石］主题？因为，除行 415—8 和 1164e-h 外，《忒奥格尼斯诉歌集》中还有行 450 和 1105 也使用了 βάσανος［试金石］这个词：

　　　　　εὑρήσεις δέ με πᾶσιν ἐπ᾽ ἔργμασιν ὥσπερ ἄπεφθον

　　　　　χρυσόν, ἐρυθρόν ἰδεῖν τριβόμενον βασάνῳ,

　　　　你会发现，我的每一样作为都像是纯金，

　　　　用试金石摩擦，看上去是红色的，（行 449—50）

　　而行 1105 除了使用 ἐς 的变体 Εἰς，其余字句完全重复了前述行 1164g：

　　　　　Εἰς βάσανον δ᾽ ἐλθὼν παρατριβόμενός τε μολύβδῳ

　　　　　χρυσός ἄπεφθος ἐὼν καλὸς ἅπασιν ἔσῃ.

　　　　经受了试金石检验的人，正如用石墨

　　　　检验后的纯金，对所有人而言，都是都是高贵的人。

　　（行 1105—6）

　　忒奥格尼斯另有多行诗句（如 77—78；119—124；499—500 等）虽未明确使用 βάσανος［试金石］这个词，但与前述诗句一样，均以

χρυσός[黄金]来比喻恪守λόγος[理性]的贵族品格,并强调何以分辨这种品格。诗人忒奥格尼斯如此反复吟唱βάσανος[试金石]和χρυσός[黄金]主题,强调λόγος[理性]与δόλος[狡诈]对立,是在民主时代来临之际,为每况愈下的贵族精神忧心而歌:诗中的"我"(即忒奥格尼斯本人)与"所有人"的对立,其实就是λόγος[理性]与δόλος[狡诈]的对立;也正是在与作为μόλυβδος[石墨]的民众的δόλος[狡诈]的砥砺中,有λόγος[理性]的贵族方显出了其χρυσός[黄金]本色。①

　　如此说来,索福克勒斯在《俄狄浦斯僭主》"第一合唱歌"的核心环节,即"第二曲首节"和"第二曲次节"中,两次使用βασάνῳ[试金石]这个词,并前后呼应,是在借忒拜长老之口重申"贵族品格"。然而,我们旋即发现,忒拜长老口中的"贵族品格",已然与忒奥格尼斯所吟唱的贵族精神大相径庭:忒奥格尼斯的贵族精神的内核是λόγος[理性]或νοός[心智],而忒拜长老口中的"贵族品格"的内核是斯芬克斯之谜式的"形而上学";忒奥格尼斯的贵族精神强调λόγος[理性]与δόλος[狡诈]或贵族与"所有人"的对立,而忒拜长老口中的"贵族品格"强调σοφός[有智慧的人]要ἀδύπολις[对城邦忠心耿耿];忒奥格尼斯的贵族精神体现为χρύσεος[黄金般的]贵族人格,而忒拜长老口中的"贵族品格"体现为俄狄浦斯式的σοφός[有智慧的人]。如前所述,由俄狄浦斯所破解的斯芬克斯之谜表明,人(ἄνθρωπος)只是一样东西(τί),比之于动物和其他自然物,人只是会发"一种"声音,并且从出生到老年,"脚"的数量会发生"四而二、二而三"的变化而已,这样的人无疑是最低级的人,能解开这样的谜语,说明俄狄浦斯只具备关于人的最低级的认识,忒瑞西阿斯先知嘲讽俄狄浦斯"最善于解暗示猜谜语"(行440),就是这个意思。

　　索福克勒斯通过僭主与先知的对峙告诉我们:俄狄浦斯式的僭主只懂得作为一样东西(τί)的人(ἄνθρωπος),而不懂得"真正的

---

① 刘小枫,〈诗风日下〉,见氏著《昭告幽微:古希腊诗品读》,前揭。

人"是χρύσεος[黄金般的]贵族,这就是古希腊民主时代的精神现状。
盲目的忒瑞西阿斯先知临走时撂给俄狄浦斯僭主一句话:

> ……我这些话
>
> 请你深入其中想个透彻(ἰὼν εἴσω λογίζου),如果我
> 说的有错,
>
> 那时再来骂我没有先知预言的本领。(行460—2)

ἰὼν εἴσω λογίζου[请你深入其中想个透彻],这是先知最后的告诫。
然而,民主时代的人们已经来不及"深入其中想个透彻",所以,他
们的命运注定和僭主俄狄浦斯一样:戳瞎自己的双眼,流浪在
异乡。

第四章　以智统情，聪慧而事合度

——索福克勒斯《安提戈涅》中的忒瑞西阿斯先知

肃剧《安提戈涅》和《俄狄浦斯僭主》同为索福克勒斯演绎"先知与僭主"关系主题的典范之作。如果说《俄狄浦斯僭主》展现了僭主与先知所持有的两种关于人的智慧的冲突，那么，《安提戈涅》则告诉我们在"僭主制"下应当如何处身，以及通过转变"僭主"的心智来改良"僭主制"的道理；为了明白这个道理之究竟，我们必须按照《安提戈涅》的文本次第，仔细分疏戏剧的情节发展。

一

《安提戈涅》"开场"一段戏是安提戈涅（Antigone）和伊斯墨涅（Ismene）姐妹的对话。安提戈涅首先发言，开腔第一句话就令人迷惑不解：

    ὦ κοινὸν αὐτάδελφον Ἰσμήνης κάρα

    啊，我同根生的亲姐妹伊斯墨涅的头，（行1）①

---

① 《安提戈涅》文本参照张竹明先生译文，但据原文作了必要的改译，下同。改译的原则是"紧扣原文字句的字义和词序"。张竹明先生《安提戈涅》译文，参《索福克勒斯悲剧》，见《古希腊悲剧喜剧全集》，卷二，南京：译林出版社，2007，页241—328；《安提戈涅》原文参哲布（Sir Richard Jebb）编注，《索福克勒斯肃剧与残篇　（转下页）

伯纳德特（Seth Benardete）在其《神圣的罪业》开篇，用很长的篇幅对这句话作了疏解，他指出：

> 用"普通"（κοινόν, common）一词来修饰的"伊斯墨涅的头"，其实并不普通。安提戈涅称呼伊斯墨涅的这个［身体］部位，是最能使她有别于其他人（参《俄狄浦斯在科罗诺斯》[O. C. 行 320—321；555—556]），也令她自己惹人爱的［身体］部位（参行 746），这同时也强调了伊斯墨涅与安提戈涅本人的亲密。①

伯纳德特取κοινόν之本意，将其译为 common；其实κοινόν就有"同根生"的意思（《牛津希英辞典》，前揭，页 969），索福克勒斯注疏家哲布爵士（Sir Richard Jebb）认为，这个词的意思就是 kindred，κοινόν αὐτάδελφον[同根生的亲姐妹]连用表示强调（哲布，前揭书，页 8，注 1，张竹明先生中译依循哲布英译）。这句话的关键在于κάρα[头]这个词，它是κεφαλή[头]诗体形式，在肃剧中是"人"（person）的迂说法（《牛津希英辞典》，前揭，页 877；亦参伯纳德特，《神圣的罪业》，前揭，页 1，注 4），如伯纳德特所言，在此，κάρα[头]这个词强调了安提戈涅与伊斯墨涅姐妹的"亲密"。其实不难设想，《安提戈涅》"开场"第一幕必定是安提戈涅与伊斯墨涅姐妹的拥抱：安提戈涅拥抱着妹妹伊斯墨涅，抚摸着她的"头"，说出了上面这句话；因为，紧接着，安提戈涅向伊斯墨涅诉说了俄狄浦斯家族的灾难和俩人所遭受的屈辱和苦难（行 2—6），可见，这姐妹俩一定是有些日子没见面了。然而，一对亲姐妹，遭受了如此巨大的家庭变故，却少有机会谋面，尤

（上接注①）校注卷三〈安提戈涅〉》（*Sophocles, the Plays and Fragments*，with critical notes, commentary, and trans. in English prose, part III, The Antigone, 2 ed. Cambridge, 1891）。

① 伯纳德特，《神圣的罪业》，张新樟译、朱振宇校，北京：华夏出版社，2005，页 1—2。

其在两位亲哥哥相互残杀双双死去后,她们见一次面还要偷偷摸
摸约到"宫门外"(行18—9),说明有人不想让她俩见面,这人是谁?
就是她们的舅父克瑞昂(Creon),即当今的忒拜"王",安提戈涅却
称他为στρατηγὸς[将军]:

> 可现在传说(αὖ φασι),将军刚才向全城人民
>
> 颁布了一道命令,那是什么命令?
>
> 你听说没有? 你知道不知道
>
> 我们的亲人被当作敌人受到侮辱? (行7—10)

　　安提戈涅明首先用了αὖ φασι[传说]这样的修辞,说明她对民
众"传说"的消息有兴趣,而"那是什么命令?"显然是明知故问,因
为,随后咄咄逼人的两问表明,她知道"那是什么命令";她称克瑞
昂为στρατηγὸς[将军],意指克瑞昂的统治靠的是"武力"——依靠
"武力"统治的"王"就是"僭主"。可伊斯墨涅说她"再没有听到什
么新消息"(行7),还反问安提戈涅"什么消息?"(行20)看来,伊斯
墨涅的确不知道"那是什么命令":由此不难看出,伊斯墨涅是个实
在人,而安提戈涅是一个有心机的女人,她必定一直在暗中关注着
忒拜城的政事,在她眼里,στρατηγὸς[将军]克瑞昂的"武力"统治
"不合法"。安提戈涅接着直呼"克瑞昂"之名,告诉伊斯墨涅:

> 据说(ὡς λέγουσι)他已遵照法律和习惯的规定
>
> 以应有的礼仪埋葬了埃特奥克勒斯
>
> ……
>
> 但是不幸的死者波吕涅克斯,
>
> 据传说(φασιν),克瑞昂已向忒拜市民宣布,
>
> 不准任何人埋葬和哀悼他,
>
> ……

据传说(φασι)这就是高贵的(ἀγαϑòν)克瑞昂针对你

和我，当然我要说是我(λέγω γὰρ κἀμέ)，宣布的命

令，(行21—32)

单独面对自己κοινòν αὐτάδελφον[同根生的亲姐妹]伊斯墨涅，安提戈涅竟然又三次连用ὡς λέγουσι[据说]、φασιν[据传说]和φασι[据传说]这样的修辞，还说这命令是"高贵的克瑞昂针对你和我"的；她把"你"放在"我"前面，当然是想激起伊斯墨涅的愤怒，这里的ἀγαϑòν[高贵的]，显然是对克瑞昂的讽刺，而她马上又说λέγω γὰρ κἀμέ[当然我要说是我]，则是刻意强调自己在克瑞昂眼里远比伊斯墨涅重要。安提戈涅接着向伊斯墨涅摊牌："但愿你能帮助我这双手抬起死人。"(行43)可伊斯墨涅没有安提戈涅那么重的"血气"，她呼唤"姐姐"，细数家族的悲剧，劝说安提戈涅：

　　……你想想看，

　　我们如果触犯了法律，违抗了僭主(τυράννων)的命令

　　或者说权力(κράτη)，就会死得比他们更惨。(行

58—60)

伊斯墨涅规劝安提戈涅这番话，形式上与"开场"伊始安提戈涅那番话完全一致，表明她的确在设身处地为安提戈涅和自己的命运着想；然而，我们注意到，伊斯墨涅直呼克瑞昂为τύραννος[僭主]，她虽然承认克瑞昂的κράτος[权力]，却并不认为克瑞昂就是合法的βασιλεύς[王]，这表明伊斯墨涅绝非头脑简单的女人，她对克瑞昂的僭主统治的认识之深刻，比起安提戈涅来，实在是有过之而无不及；尤其是她还深深懂得僭主制下的臣民，尤其是"女人"，当持守怎样的本分：

> 我们必须记住，首先，我们生为女人，
> 不是和男人搏斗的；其次
> 我们是在掌权者的统治下，
> 必须服从这命令，甚至更难受的命令。
> 因此我求求地下的鬼神原谅，
> 由于我在这件事情上受到强制压迫，
> 我将服从当权者，因为
> 行事过分等于毫无理智（*τὸ γὰρ περισσὰ πράσσειν οὐκ*

ἔχει νοῦν οὐδένα）。（行 61—68）

按哲布的说法，《安提戈涅》第一句话 *ὦ κοινὸν αὐτάδελφον Ἰσμήνης κάρα*［啊，我同根生的亲姐妹伊斯墨涅的头］，为整部肃剧定下了基调，我们同样可以说，伊斯墨涅最后这句话，同时道出了"统治"与"被统治"的要义："行事过分等于毫无理智"，从而揭示了索福克勒斯这部肃剧的主旨。然而，伊斯墨涅的规劝失败了，安提戈涅说：

> *ἀλλ᾽ οἶδ᾽ ἀρέσκουσ᾽ οἷς μάλισθ᾽ ἁδεῖν με χρή.*
> 可我知道，我是在取悦那些我最应取悦的人。

（行 89）

ἀρέσκουσ᾽（*ἀρέσκω*）和 *ἁδεῖν*（*ἀνδάνω*）这两个词多指"满足公意"或"取悦民众"，有"谄媚"之意（《牛津希英辞典》，前揭，页 238；127），安提戈涅想"取悦"的人，绝不仅止于死去的哥哥波吕涅克斯，她想"取悦民众"（*οἷς*）：按伊斯墨涅的说法，如果她想通过"违抗僭主的命令"来"取悦民众"，就是想在忒拜城制造政治混乱，说到底就是想颠覆"僭主"克瑞昂的统治。但伊斯墨涅强调 *νόος*［理智］，她认为 *ἀρχὴν δὲ θηρᾶν οὐπρέπει τἀμήχανα*［没有希望的事情就不应该有开始］（行

92)，可安提戈涅凭着"血气"一意孤行：

> 就让我和我的愚蠢（δυσβουλίαν）去承担
> 这可怕的后果吧。最坏的命运
> 我相信也不过是光荣的一死（καλῶς θανεῖν）。（行
95—7）

显然，安提戈涅想死得"美"（καλῶς），她想让她的死在民众眼里有"审美价值"，从而感染民众；伊斯墨涅挡不住安提戈涅"光荣一死"的步伐，但她还是叮咛安提戈涅：

> ἄνους μὲν ἔρχει, τοῖς φίλοις δ' ὀρθῶς φίλη.
> 尽管你的做法没有理智，但在爱你的人眼里你真是
可爱的[女孩]。（行 99）

听了伊斯墨涅这句感人肺腑的话，安提戈涅想必会泪流满面：因为这句话充满了"爱"，这句话仍然是"有爱的"亲人（φίλοις）在规劝"可爱的"亲人（φίλη）。就这样，"开场"这一戏段在浓浓的亲情中开始，又在浓浓的亲情中结束。表面上，这一戏段在对比安提戈涅的"刚强"和伊斯墨涅的"懦弱"，实则在借安提戈涅和伊斯墨涅之口，为我们表明克瑞昂统治的僭主制本质及其中潜藏的危机。

随后的"进场歌"是忒拜贵族的政治表态。"第一曲首节"一开始是忒拜长老歌颂初升的ἀκτὶς ἀελίου[阳光]，呼唤它是"升起在狄耳刻流泉上空的金色白昼的眼睛（χρυσέας ἁμέρας βλέφαρον）"（行103—4），一扫"进场"中安提戈涅与伊斯墨涅姐妹偷偷相见时的"幽冥"（伯纳德特，《神圣的罪业》，前揭，页1）。可见，歌队歌唱的起点ἀκτὶς ἀελίου[阳光]是指作为自然物的太阳的光线。接着歌队长点出了"七雄攻忒拜"这场战争的根由——"波吕涅克斯（Πολυνείκης）

争吵不休(νεικέων)却有争议的主张"(行110—1)。我们知道,波吕涅克斯的名字Πολυνείκης意思就是"争吵不休的人"(Πολυ-νείκης),因此,歌队长的话等于说这场战争的根由是"争吵不休的人争吵不休却有争议的主张"。随后,歌队长和歌队相互应和,描述了这场战事的过程和结局,他们将进攻忒拜城的阿尔戈斯人比作ἀετὸς[鹰],进而歌颂"龙的传人"的勇猛(行112—126),又将阿尔戈斯人的灭亡归于宙斯和阿瑞斯神的惩罚,并不具名地咏唱了波吕涅克斯和埃特奥克勒斯的不幸:他们以杀死对方换取了对彼此的胜利(行127—147)。

可见,"第一曲首节"、"第一曲次节"和"第二曲首节"是忒拜贵族对这场战事的整体评价:首先,"阳光"和"金色白昼的眼睛"隐喻出乎自然的理性,他们认为只有按照理性才能看清,波吕涅克斯这个"争吵不休的人争吵不休却有争议的主张"导致了这场战事;其次,"龙的传人"对作为"鹰"的阿尔戈斯人的胜利,强调了忒拜人的神圣传统,从而将忒拜人的胜利与宙斯和阿瑞斯神联系起来;再次,将波吕涅克斯和埃特奥克勒斯排除在"战败者"和"战胜者"之外,认为他们是"两个不幸的人",已然与克瑞昂的禁令相抵触。

"第二曲次节"是"进场歌"的落脚点:忒拜贵族组成的歌队首先歌颂Νίκη[胜利女神],要求忒拜人民"忘掉刚才的战争","到所有的神庙里去举行通宵达旦的歌舞",还要酒神巴库斯来带领(行148—54):贵族们知道,人民通过歌舞狂欢将战争的苦痛抛诸脑后,是建立新的和平繁荣的前提。随后,歌队长代表贵族表态,称克瑞昂为βασιλεὺς χώρας[这地方的王],但暧昧之处在于,歌队长又说"他是新近由神赐的好运(θεῶν ἐπὶ συντυχίαις)造就的新[王]",这"神赐的好运"就是波吕涅克斯和埃特奥克勒斯兄弟双双战死,克瑞昂通过随后的战斗获得了军事指挥权。歌队长问:"他以传唤方式召集这次特殊的长老会议,又有何动议啊(τίνα δὴ μῆτιν ἐρέσσων)?"(行155—161)歌队长的疑问表明,忒拜贵族与他们的"新王"克瑞昂与并非一条心。

二

"第一场"开头，是克瑞昂对忒拜贵族的长篇发言。克瑞昂第一句话说：

> 诸位(ἄνδρες)，我们的城邦经历了许多风浪，
>
> 如今众神(θεοί)使它重新(πάλιν)恢复了稳定和安
>
> 全。(行162—3)

"进场歌"末尾，歌队长告诉我们，克瑞昂召集的是一次特殊的"长老会议"(γερόντων...λέσχην)，可奇怪的是，他一开口竟然用称呼普通公民的ἄνδρες[人]这个词来称呼这些长老，这与《俄狄浦斯僭主》"开场"伊始，俄狄浦斯呼唤卡德摩亚民众为τέκνα[孩子们]，呼唤祭司为γεραιέ[可敬的长者]，形成了强烈对比，从而为克瑞昂与忒拜贵族的关系定下了基调；其次，克瑞昂摆出θεοί[众神]，是强调城邦事务的神圣性，而πάλιν[重新]一语则使得克瑞昂的发言有了"历史感"。他接着告诉忒拜长老们，"派卫兵"(πομποῖσιν)将他们"从全体市民中"(ἐκ πάντων δίχα)挑选出来参加这次会议，是因为他"知道"，长老们"一直忠心耿耿拥护拉伊俄斯的权位"，拥护俄狄浦斯及其子孙的统治(行164—9)。联系克瑞昂一开始将长老们呼为ἄνδρες[人]，他这番话言下之意是：在我眼里，你们都是普通人，我"派卫兵"命令你们来，你们不敢不来，我把你们挑选出来参加会议，你们可要知好歹，要一如拥护俄狄浦斯家族的权位那样维护我的权位——克瑞昂给了忒拜贵族们一个"下马威"。

然后，克瑞昂不点名地同时谴责了波吕涅克斯和埃特奥克勒

斯兄弟,说他们"互相杀死了对方,在自己的手上沾染了兄弟的血",又说"于是我取得了全部的权力和这王位,因为我是死者的近亲。"(行170—4)既然克瑞昂所说的这些情形,忒拜长老们都知道,他的申述显然在为自己"王权"正名,说明他"底气不足"。果然,克瑞昂接着说了这样一番话:

> 每个人在开始表现出他的统治和立法能力之前,
> 是没法充分认识他的灵魂(ψυχήν)、思想(φρόνημα)和
> 见识(γνώμην)的。(行175—6)

克瑞昂所谓"每个人",其实就是他自己:他害怕忒拜贵族们怀疑他的"统治和立法能力",因此,他接下来的发言等于是向忒拜贵族们展示他的"灵魂""思想"和"见识"。首先,就"灵魂"而言,他认为若不按"最好的"(ἀρίστων)计划来治理城邦,若"因恐惧"(ἐκ φόβου του)而不敢说话,这样的人向来是"最坏的人"(κάκιστος)(行178—81)。克瑞昂会"恐惧"谁呢?是忒拜贵族,当然还有安提戈涅和伊斯墨涅姐妹,所以他说:

> 任何人,如果他认为亲爱的人(φίλον)
> 重于祖国,这种人我认为不值得一提。(行182—3)

在此,克瑞昂所谓"认为亲爱的人重于祖国"的人,只可能是安提戈涅和伊斯墨涅姐妹,因为,只有她们俩作为波吕涅克斯在世的亲人,可能违抗克瑞昂的禁令,所以,她们就是潜在的"最坏的人"。克瑞昂凭宙斯神起誓,说他自己的做法与"最坏的人"完全相反,这等于说他自己是"最好的人",他还懂得:

> 它(城邦)是保卫我们的航船(σώζουσα),只有

在城邦安全航行的时候($\check{\epsilon}\pi\iota\ \pi\lambda\acute{\epsilon}o\nu\tau\epsilon\varsigma\ \acute{o}\varrho\vartheta\tilde{\eta}\varsigma$),我们才能交朋友($\varphi\acute{\iota}\lambda o\nu\varsigma\ \pi o\iota o\acute{\nu}\mu\epsilon\vartheta a$)。

这就是我要使城邦强大的原则。(行189—91)

克瑞昂将城邦的"安全航行"作为他与忒拜贵族"构筑友谊"的前提,并以此作为"使城邦强大的原则",言下之意,是要忒拜贵族们事事以城邦为重,否则"我和你们无友谊可言",这就是克瑞昂的"思想"和"见识"。克瑞昂接着将"厚葬埃特奥克勒斯"和"禁止埋葬波吕涅克斯",作为他的"灵魂""思想"和"见识"的具体例证,目的是重申他的"城邦至上"论:

心爱城邦的人,死后
和生前一样,都会受到我的敬重。(行209—10)

克瑞昂的发言表明,安提戈涅的话没说错,克瑞昂禁止埋葬波吕涅克斯的命令,的确是针对安提戈涅和伊斯墨涅姐妹俩的。然而,克瑞昂为何要召集一次特殊的"长老会议",向忒拜贵族颁布这条只可能被一对姐妹所违犯的禁令呢? 这正是僭主的手法:克瑞昂一定了解这姐妹俩的性情,因为,在"第二场"中,克瑞昂痛斥伊斯墨涅说:"你像一条毒蛇潜伏在我的家里,一直偷偷地吸着我的鲜血",又说"我却不知道养着两个害人精,想颠覆我的王位。"(行531—3)我们知道,安提戈涅又是克瑞昂之子海蒙的未婚妻;克瑞昂知道,伊斯墨涅貌似懦弱,实则自有主见;安提戈涅桀骜不驯,必定会铤而走险。克瑞昂借此禁令既可以直接干掉安提戈涅,又可以"同谋"罪名指控伊斯墨涅,从而解除心头大患:因为,安提戈涅和伊斯墨涅姐妹作为忒拜先王真正的嫡系血亲,必定在忒拜贵族和民众中具有重大的政治影响力。通过实施此禁令,克瑞昂既可以向忒拜贵族(当然还有忒拜民众)摆出"大义灭亲"的"公正"姿态,又可以向其展示僭主的强权，使其"因恐惧"($ἐκ\ φόβου$)归顺。

听了"新王"克瑞昂这番话，歌队长的回应道：

> 这些想法符合你的心意($σοὶ\ ταῦτ'\ ἀρέσκει$)，墨诺奥克
> 斯之子，克瑞昂啊，
> 这些是你对待城邦敌人和城邦朋友的想法。
> 你有权($πάρεστί\ σοι$)按照任何法律行事，
> 处置死者和我们所有活着的人。（行211—4）

表面上，歌队长赞同克瑞昂方才的发言，实则充满玄机：首先，歌队长开口就是$σοὶ$[你]字，无疑在强调克瑞昂的说法之武断，说"这些想法符合你的心意"，等于说"这些想法并不符合或不一定符合我们的心意"；其次，我们知道，克瑞昂在发言中把波吕涅克斯和埃特奥克勒斯兄弟分别当成了城邦的"敌人"和"朋友"，歌队长所谓"这些是你对待城邦敌人和城邦朋友的想法"，非但没有肯定克瑞昂对待波吕涅克斯的做法正确，甚至暗含不同意克瑞昂把波吕涅克斯当成"敌人"的意思；因为，在"进场歌·第一曲首节"中，歌队长认为是"波吕涅克斯争吵不休却有争议的主张"（行110—1）引发了战争，这在一定程度上承认了波吕涅克斯的主张有其合理性，因为，这主张毕竟是$ἀμφιλόγων$[有争议的]，而在"进场歌·第二曲首节"中，歌队长又将波吕涅克斯和埃特奥克勒斯排除在"战败者"和"战胜者"之外，认为他们是"两个不幸的人"，可见，歌队长并不认为波吕涅克斯就是"敌人"。

再次，歌队长承认克瑞昂"有权"按任何法律处置死人和活人，这法律当然是由克瑞昂自己制定的；$πάρεστί$[有权]这个词，有"玩弄于股掌之间"或"易如反掌"的意思（《牛津希英词典》，前揭，页1333），因此，歌队长的意思是：你尽可以将死人和我们活人"玩弄于股掌之间"，但你的做法不见得正当或根本不正当，因为，"易如

反掌"的政治手法多数出于统治者的私欲；尤其是歌队长所谓克瑞昂"有权处置死者"的说法，完全是对克瑞昂极权统治的讽刺，因为，正如"开场"中安提戈涅所言，"埋葬死者"是"众神的法律"（行71—8）。

克瑞昂想必听出了歌队长的弦外之音，所以他使出了狠招：

> 既然如此，就由你们来监督这一命令的实施吧！（行215）

克瑞昂想"一箭双雕"：既把忒拜贵族和自己绑在一条战车上，又可借忒拜贵族之手清除心腹大患。歌队长对此心知肚明，也使出了损招：

> 请你启用年轻人来担当此任吧。（行216）

面对克瑞昂的强权，忒拜贵族明哲保身，欲将年轻人推到风口浪尖上。然而，克瑞昂说："看守尸体的人（ἐπίσκοποι）已经配定。"（行217）可见，看守尸体的不止一人，克瑞昂真是做事周密之人：多人看守尸体，可以相互监督。歌队长疑惑不解："那么，你还有什么别的事要吩咐我们？"（行218）克瑞昂说："你们不得向违犯这一命令的人让步（'πιχωρεῖν）。"（行219）'πιχωρεῖν（即ἐπιχωρεῖν）这个词表面意思是"让步"，也有"与某人结盟"的意思（《牛津希英词典》，前揭，页674），这一引申义才是克瑞昂真正想诫忒拜贵族的潜台词。歌队长让克瑞昂放心："没有人愚蠢到想找死（θανεῖν）"（行220）克瑞昂的回复是：

> 违令的代价确实是死（οὗτος）！但恐怕
> 还是常有人让贪钱毁了（διώλεσεν）。（行221—2）

歌队长说出了 ϑανεῖν[死]这个字眼，气氛陡然变得紧张起来；克瑞昂的回复虽然没有直接说出"死"，却巧妙地用 οὗτος[后者]间接重复了"死"，他还委婉地用 διώλεσεν[毁掉]这个词再次重复了"死"；就这样，克瑞昂与忒拜贵族的唇枪舌战达到了白热化的程度，"死"终于成了不可避免的主题，对话无法再进行下去：原来，在克瑞昂与忒拜贵族之间也是"你死我活"的斗争关系，克瑞昂凭借强力统治的僭主制本质暴露无遗。

接下来是恐惧不安的看守人来报告，说了半天却不肯说出究竟有何消息，克瑞昂问道："什么事使你如此焦虑？"(行 237)看守人说："消息可怕使我迟疑不敢说。"(行 243)克瑞昂于是发怒："还不把话说了，然后给我滚开？"(行 244)看守人被迫说出有人举行仪式埋葬了波吕涅克斯(行 245—7)。克瑞昂暴怒：

> 你说什么？哪个男人(τίς ἀνδρῶν)胆敢这样做？(行 248)

克瑞昂这句话再次暴露，他明明知道胆敢这样做的人不是"男人"而是"女人"：安提戈涅或(和)伊斯墨涅。①看守人接着叙述了详情，说"我们准备手握烧红的铁块穿过熊熊烈火，请众神作证：没做过这事情，对这事的谋划和施行也不知情。"(行 264—7)看守人这番话令人毛骨悚然，这就是僭主制下民众的处境。见此情状，经过一段时间情绪调整的歌队长插话说：

> 主上啊，我想，是不是神

---

① 参《索福克勒斯悲剧》，张竹明译，见《古希腊悲剧喜剧全集》，卷二，前揭，页 260，注释 2。

做了这件事,我心里一直有这种想法。(行278—9)

　　贵族的确是城邦的中坚力量,时刻都想发挥稳定政治的作用,他们不顾方才克瑞昂的"死亡威胁",在此摆出"神",是希望找一个借口,也是给克瑞昂台阶下,若克瑞昂真能就此住手,像看守人这样的民众亦可免于折磨。僭主克瑞昂听了歌队长的话,大发雷霆,叫他"住嘴"($\pi\alpha\tilde{\upsilon}\sigma\alpha\iota$),进而斥责歌队长的说法荒诞不经,并对歌队长的说法上纲上线:

　　　　……事实是,一开始这城里

　　　　就有人对此禁令不满,对我口出怨言,

　　　　私下里摇头,不在轭下($\dot{\upsilon}\pi\dot{o}$ $\zeta\upsilon\gamma\tilde{\omega}$)

　　　　好好放上他们的后脑勺($\lambda\acute{o}\varphi o\nu$),从而($\dot{\omega}\varsigma$)向我表示

归顺($\sigma\tau\acute{e}\varrho\gamma\epsilon\iota\nu$)。(行289—92)

　　$\sigma\tau\acute{e}\varrho\gamma\epsilon\iota\nu$这个词的本意是"父母与孩子之间表示亲爱",克瑞昂以为把忒拜民众的$\lambda\acute{o}\varphi o\varsigma$[后脑勺]放到$\dot{\upsilon}\pi\dot{o}$ $\zeta\upsilon\gamma\tilde{\omega}$[轭下],他们就会像孩子爱父母那样爱他自己了,想必只有僭主才会这样看问题。然后,克瑞昂大谈"金钱"如何坏,如何会毁灭城邦、毁灭人,让人变得寡廉鲜耻、不敬神(行293—303),这话是针对忒拜贵族说的;我们知道,克瑞昂第一次提到"金钱"时说"常有人让贪钱($\varkappa\acute{e}\varrho\delta o\varsigma$)毁了"(行222),这里又提到$\mu\iota\sigma\vartheta o\tilde{\iota}\sigma\iota\nu$[报酬](行294)、$\check{\alpha}\varrho\gamma\upsilon\varrho o\varsigma$[银子](行295)、$\mu\iota\sigma\vartheta\alpha\varrho\nuo\tilde{\upsilon}\nu\tau\epsilon\varsigma$[受雇](行302);克瑞昂转而凭宙斯之名起誓,威吓看守人:"只一死对你们还是不够的,我要先把你们活着吊起来"(行307—8),并再次提到$\varkappa\acute{e}\varrho\delta o\varsigma\varkappa$[贪钱](行310)、$\varkappa\epsilon\varrho\delta\alpha\acute{\iota}\nu\epsilon\iota\nu$[牟利](行310)、$\lambda\eta\mu\mu\acute{\alpha}\tau\omega\nu$[钱财](行310)、$\dot{\alpha}\varrho\gamma\acute{\upsilon}\varrho\omega$[银子](行322)、$\varkappa\acute{e}\varrho\delta\eta$[贪钱](行326);但到目前为止,歌队或歌队长还没有一次提过"金钱",说明忒拜贵族至少还没有明确表示出"爱金钱";可我们知道,只有心里

装着"金钱"的人,才会把"金钱"挂在嘴上,只有会为了"金钱"而"受雇"于他人的人,才时刻害怕别人也会为了"金钱"而"受雇"于他人,克瑞昂就是这样的人,这也正是僭主的性情。

然而,正是这个卑微的看守人,情急之下道出了一句真话:

> 啊呀!
> 真可怕($\mathring{\eta}$ $\delta\epsilon\iota\nu\grave{o}\nu$),作判断的人($\mathring{\tilde\omega}$ $\delta\circ\kappa\mathring{\eta}$)竟然判断失误
> ($\psi\epsilon\upsilon\delta\mathring{\eta}$ $\delta\circ\kappa\epsilon\tilde\iota\nu$)。(行 323—4)

在此,$\delta\circ\kappa\mathring{\eta}$ 或 $\delta\circ\kappa\epsilon\tilde\iota\nu$ 的表面意思就是"怀疑",注疏家劳克(Nauck)①认为 $\mathring{\tilde\omega}$ $\delta\circ\kappa\mathring{\eta}$[作判断的人]中隐含着"统治者"(ruler)或"仲裁者"(judge),哲布认为不尽然(哲布,前揭书,页 68,注释 323);但若考虑到看守人的低微身份,则劳克的说法不无道理。如此看来,看守人这句话表达了他对克瑞昂的"判断":"新王"克瑞昂是个不称职的"统治者",因为,他无法做出正确的判断,这一点非常可怕。然而,怎样的人才能做出正确判断呢? 当然是明智的人,因此,克瑞昂不是明智的统治者:看守人这番话可视为《安提戈涅》一剧对僭主克瑞昂统治能力的第一个评价。

看守人接下来一段话应该是他的内心独白:

> 能查出来当然最好:但是无论
> 捉得到捉不到,这得靠运气($\tau\acute\upsilon\chi\eta$),
> 反正你再不会看到我来你这里了。(行 327—9)

既然克瑞昂的目的能否达到,要看"运气",看守人倒希望他

"捉不到"违背禁葬令的人,因为他大概准备逃离忒拜城了:看守人接着自言自语,说这次能全身而退,"的确出乎我的希望和意料之外(γὰϱ ἐκτὸς ἐλπίδος γνώμης τ᾽ ἐμῆς)",因此,他要"多多感谢神明保佑"(行330—1)。看守人这些内心独白,既是对克瑞昂的讽刺,也表明了忒拜民众对克瑞昂的极端不信任,这正是僭主制下民众政治心态的生动写照。

"第一合唱歌"就是所谓"索福克勒斯含混的'人颂'",在现代西方思想史上具有重大意义(刘小枫,《神圣的罪业》"中译本序",前揭,页1—27)。"第一曲首节"、"第一曲次节"和"第二曲首节",从人征服"大海"、"大地",说到人征服"动物",再说到人靠习得"言语"、"思想"、"群居风尚"(ἀστυνόμους ὀϱγὰς)和克服自然,几乎变得"无所不能"(ἄποϱος ἐπ᾽ οὐδὲν ἔϱχεται τὸ μέλλον)(行359)。然而,"第二曲首节"最后说:

> 唯有哈得斯(Ἀΐδα μόνον)人的天性(φεῦξιν)无法摆脱,
> 虽然他们有法子对付难愈的疾病。(行360—1)

歌队委婉地唱出:唯有"死亡"才堪称人的"天性",从而呼应了"第一场"中歌队长的"死亡"陈词:"没有人愚蠢到想找死"(行220)。接着,"第二曲次节"首先对"第一合唱歌"作了总结:

> 真是聪明(σοφόν τι),
> 人拥有难以预料的(ὑπὲϱ ἐλπίδ᾽)机巧,
> 但有时候带来坏(κακόν),
> 有时候带来好(ἐσθλὸν)。(行364—367)

人貌似无所不能,但人的"机巧"造成的结果"好坏参半",而且歌队首先说"坏",其次说"好",说明人的能耐主要导致了"坏"而非

"好"。然而，导致了怎样的"坏"与"好"呢？歌队接着唱道：

> 谁恪守地上的法律
> 尤其是(τ')他凭诸神发誓要履行的义，
> 在城邦中便会德高望重(ὑψίπολις)；
> 谁如果大胆妄为，
> 便会失去城邦(ἄπολις)，
> 这种人我不愿和他为伍，
> 也不愿和他有相同是心思。（行367—372）

　　"恪守地上的法律"是克瑞昂的要求：禁止埋葬波吕涅克斯的尸体，而恪守"凭诸神发誓要履行的义"是安提戈涅的追求：埋葬波吕涅克斯的尸体；看来，这两人都不可能"在城邦中德高望重"，因为，歌队说"尤其是"(τ')要恪守"地上的法律"和"神义"：克瑞昂禁止埋葬波吕涅克斯违背"神义"，无疑是出于僭主的"私欲"；而安提戈涅执意埋葬波吕涅克斯违背"地上的法律"，也是出于个体"爱欲"，这都属于"大胆妄为"之举，都会导致"坏"，他们注定要ἄπολις〔失去城邦〕。对于人而言，"失去城邦"无异于"死"，"第二曲次节"的核心主题仍然是"死亡"。"第一合唱歌"正是以人难以摆脱"死亡"的"天性"(φεῦξιν)，对前三个戏段作了总结，而《安提戈涅》一剧的核心议题，正是关于如何处理一个"死人"的尸体，可见，"死亡"是《安提戈涅》一剧的焦点。

三

　　"第二场"、"第三场"和"第四场"三个戏段，围绕对安提戈涅的判决，具体展现了克瑞昂僭主制下的政治冲突；而"第二合唱歌"、"第三合唱歌"和"第四合唱歌"，则是忒拜贵族对此政治冲突的评价。

"第二场"的核心内容是安提戈涅与克瑞昂的直面交锋,可分为三部分:第一部分(行 376—440)是看守人与克瑞昂的对话,主要通过看守人的两段长篇发言,表明了普通民众的政治德性。在第一段发言中,看守人唱道:

> 我曾承诺(ἐξηύχουν)决不再来这里,
> 那是在受到你的威胁(ἀπειλαῖς)而恐惧不安的时候。
> 但是意外的快乐(παρ' ἐλπίδας χαρὰ)
> 远远胜过任何的享乐(ἡδονῇ),
> 我来了,尽管我曾发誓(δι' ὅρκων)不来了,(行 390—3)

看守人的"轻诺"、动辄"发誓赌咒"、害怕"威胁"、沉溺于"享乐"、无法抵挡"意外的快乐",都是典型的民众德性。克瑞昂揶揄他说:"你脑子清楚(ξυνίης)你在说什么吗?"(行 403)为了表明自己"脑子清楚",看守人又发表了一段长达 34 行的发言,一开始就说,我们"害怕你的威胁"(πρὸς σοῦ τὰ δείν' ἐκεῖν' ἐπηπειλημένοι)(行 407—8),在详细叙述了他们抓住安提戈涅的经过之后,看守人又表示为此"既欢喜又悲伤":

> 因为,这样做使自己摆脱了不幸
> 真高兴,但使朋友(φίλους)陷于不幸
> 真伤心:当然这一切
> 我认为都没有我自己的安危重要。(行 437—40)

看守人还算有点"恻隐之心",他称安提戈涅为"朋友",安提戈涅想必不会这么看,但看守人也直言不讳"自己的安危最重要":只要民众始终认为"自己的安危最重要",另外再有点"恻隐之心",克

瑞昂的统治就永远稳固;因此,看守人的德性完全符合克瑞昂对忒拜贵族说过的"使城邦强大的原则":"只有在城邦安全航行的时候,我们才能交朋友。"(行 189—91)

"第三场"第二部分(行 441—525),是克瑞昂与安提戈涅的交锋。首先,安提戈涅直言不讳:她当然知道克瑞昂的禁葬令,而她之所以敢违犯禁葬令,就因为向她颁布这条法令的人不是宙斯,也不是正义女神狄刻(Δίκη),安提戈涅言下之意是,她只服从"神法"。但按照亚里士多德的说法,ὁ ἄνθρωπος φύσειπολιτικὸν ζῷον[人天生是属于城邦的动物],而维系城邦不仅有赖于"神法"也有赖于"人法",人之为人,既要服从"神法",又必须服从城邦中的"人法",否则就会"失去城邦"(ἄπολις);因此,关键在于如何协调"神法"和"人法",所谓"协调",是"立法"技艺,又是"法的解释"技艺。可见,一方面,安提戈涅只服从"神法",这有违人的"天性"(φύσις),意味着她不复想"在城邦中为人",难怪她说"如果我还没有活足天年就死了,我认为这是得到了好处。"(行 462—3)她还说"我虽这样遭到横死,并没有一点伤心,倒是觉得幸福。"(行 466—7)另一方面,克瑞昂之所以颁布禁葬令,要么他不懂"立法"技艺,要么不谙"法的解释"技艺,因为,听了安提戈涅这番话,克瑞昂竟无言以对。歌队长见状,马上出来打圆场:

> 这姑娘真是野蛮(ὠμοῦ)父亲的野蛮后代(ὠμὸν),
> 不知道向灾祸低头。(行 471—2)

歌队长的话表面上打破了"暴风雨来临前的片刻死寂"(哲布,前揭书,页 93),实则是对安提戈涅的评价:说她ὠμὸν[野蛮],当然指安提戈涅只服从"神法"有违人的"天性"(φύσις);说安提戈涅这种ὠμὸν[野蛮]ἐξ ὠμοῦ πατρὸς[出自野蛮的父亲],指俄狄浦斯初生即遭弃于山林,末了离开忒拜城邦去流浪。克瑞昂缓过神来后发出暴怒,

他要用强力制服安提戈涅这匹"血气上涌的马"（θυμούμενος ἵππος），
但不小心说漏了嘴：

> ······不容许
>
> 成了别人的奴隶（δοῦλός）的人想大事（φρονεῖν μέγ'）。

（行 478—9）

显然，克瑞昂无力回应安提戈涅对他的禁葬令"践踏"
（ὑπερδραμεῖν）了"神法"（θεῶν νόμιμα）的指责，他满脑子只有"不许人
想大事"，"把不服从自己的人变成奴隶"，这是典型的僭主性情。
他转身对歌队长说：

> 真的，我就不是男人（ἀνήρ），她倒是男人（ἀνήρ），
>
> 如果她胜利了，不受惩罚。（行 484—5）

克瑞昂的话有些语无伦次，如果不注意听后半句，这话就是在
骂自己了。[①] 男人永远都是男人，女人永远不会成为男人：克瑞昂
这样说话，既不合常理，又有失"王者"身份。他又告诉歌队长："我
认为伊斯墨涅是埋尸的同谋犯。"（行 490）他吩咐侍从将她带来，说
"我刚才看见在屋里，她疯了，精神失常"，这证明她"暗中干了坏
事"（行 492—4），但从伊斯墨涅后来的表现（行 536—70）看，她的理
智完全清楚，克瑞昂所言不实，这再次证明了克瑞昂的无耻：他的
目的就是要借机一并除掉安提戈涅和伊斯墨涅姐妹俩。

安提戈涅见状，想把事情闹大，他问克瑞昂："除了把我捉来杀
了，你还想干什么？"（行 497）克瑞昂回答："没别的，杀了你，一切

---

① 张竹明先生的译文与原文次序相反，将条件句放在前面，结果句置后，这符合汉语
表述习惯，但有损文本原意。

(ἄπαντ')都解决了。"(行 498)安提戈涅就是想把这ἄπαντ'[一切]
挑明：

> 他们都会承认自己赞成我的行为，
> 如果不是恐惧(φόβος)封住了大家的嘴。
> 可僭主制(τυραννίς)还能做其他很多事，
> 它有可能随心所欲(βούλεται)行事说话。(行 504—
507)

安提戈涅这番话挑明了克瑞昂统治的τυραννίς[僭主制]本质：
出于"恐惧"而"噤若寒蝉"，正是"僭主制"的特征；安提戈涅后两句
话极具政治鼓动力："噤若寒蝉"恐怕还在其次，有朝一日"僭主制"
将会"随心所欲行事说话"。克瑞昂说："忒拜人中只有你有这种看
法。"(行 508)这话听起来很无力，安提戈涅反驳说："他们也有这种
看法，只是在你面前不说。"(行 509)克瑞昂反问："但你的心思与大
家不同，你不觉得羞耻吗？"(行 510)僭主最怕"心思与大家不同"的
人，他要安提戈涅为此感到"羞耻"，想通过"划分敌友"，让众人孤
立安提戈涅："敌人，即使死了，也永远不会成为朋友"(行 522)，可
安提戈涅反戈一击：

> *οὔτοι συνέχθειν, ἀλλὰ συμφιλεῖν ἔφυν*
> 我天生就不会相互仇恨，而是会相爱。(行 523)

安提戈涅这句话两番用到συμ-[相互/共同]，极具政治意味；无
论如何，συμφιλεῖν[相爱]是城邦的粘合剂，安提戈涅意思是说克瑞
昂ἔφυν συνέχθειν[天生会相互仇恨]，他的统治会毁了这种συμ-[相互/
共同]，从而毁了城邦；可见，安提戈涅的"解释"能力远在克瑞昂之
上。听了这话，克瑞昂气急败坏：

……只要我活着，女人就不会掌权($\check{\alpha}\varrho\xi\varepsilon\iota$)。（行525）

$\check{\alpha}\varrho\xi\varepsilon\iota$意思也是"当王"：安提戈涅如此与克瑞昂唇枪舌战，当面揭露克瑞昂的统治是$\tau\upsilon\varrho\alpha\nu\nu\iota\varsigma$[僭主制]，莫非她真想"掌权"（"当王"）？而伊斯墨涅早就说过克瑞昂是"僭主"，克瑞昂最怕的就是安提戈涅和伊斯墨涅姐妹，不管他如何从血缘上拉近与俄狄浦斯家族的关系，甚至说安提戈涅"比任何一个崇拜我家神宙斯的人和我在血统上都近"（行487—8），但一个不争的事实是，只有她们姐妹才是俄狄浦斯家族真正的嫡系血亲。

"第二场"第三部分（行526—581）开始，歌队长歌唱为姐姐哭泣而"楚楚动人的"（$\varepsilon\check{\upsilon}\tilde{\omega}\pi\alpha$）伊斯墨涅，这与克瑞昂对伊斯墨涅的咒骂形成鲜明对比：

你像一条毒蛇潜伏在我的家里，

一直偷偷地吸着我的鲜血，

我却不知道养着两个害人精，想颠覆我的王位。（行531—3）

接着，伊斯墨涅表示愿与安提戈涅"共同承当（$\varkappa\alpha\grave{\iota}\ \xi\upsilon\mu\mu\varepsilon\tau\acute{\iota}\sigma\chi\omega\ \varkappa\alpha\grave{\iota}\ \varphi\acute{\varepsilon}\varrho\omega$）罪责"（行537），这里的$\xi\upsilon\mu\mu\varepsilon\tau\acute{\iota}\sigma\chi\omega$（$\sigma\upsilon\mu\mu\varepsilon\tau\acute{\iota}\sigma\chi\omega$）[共同承担]，呼应了安提戈涅前述$\sigma\upsilon\mu\varphi\iota\lambda\varepsilon\tilde{\iota}\nu$[相爱]，接着是安提戈涅与伊斯墨涅姐妹的第二场对话：安提戈涅的主题词仍然是"死"，但伊斯墨涅的主题词却是"生"，尽管她说要和安提戈涅"一起死（$\vartheta\alpha\nu\varepsilon\tilde{\iota}\nu\ \tau\varepsilon\ \sigma\grave{\upsilon}\nu\ \sigma o\acute{\iota}$）"（行545），实则想努力让安提戈涅活下来，所以克瑞昂说：

我要说，这两个女孩一个刚刚

表现出没脑子（$\check{\alpha}\nu o\upsilon\nu$），另一个则生来就没有。（行

561—2)

这里的 ἄνουν[没脑子/无理智]让我们想起了"开场"中伊斯墨涅说给安提戈涅的话:"行事过分等于毫无理智(οὐκ ἔχει νοῦν οὐδένα)"(行68),这说明伊斯墨涅与克瑞昂有共同的东西,难怪在方才的争论中,安提戈涅对伊斯墨涅说:"你问克瑞昂,因为你和他走得近(κηδεμών)"(行549)。听了克瑞昂的话,伊斯墨涅说:

> 主上啊,没错,因为天生的理智(νοῦς)
> 在人遭难时(κακῶς πράσσουσιν),也会混乱(ἐξίσταται)。
>
> (行563—4)

伊斯墨涅此言附和克瑞昂,是在为自己、尤其是为安提戈涅,向克瑞昂悔过。她说"没有了姐姐,我一个人怎么活?"(行567)这是祈求克瑞昂放过安提戈涅,可克瑞昂说:"别这样说了,她已经不存在了(οὐ γὰρ ἔστ' ἔτι)。"(行568)到了这步田地,伊斯墨涅使出最后一招,要克瑞昂念及安提戈涅是他的儿子海蒙的未婚妻,放过她。这里提到海蒙,也为"第三场"埋下了伏笔。歌队长见状也想劝克瑞昂不要让儿子失去未婚妻,但克瑞昂意已决,歌队长不禁唏嘘:"看来,已判定要她死。"(行576)不料克瑞昂说:

> 是你和我一起判的(καὶ σοί γε κἀμοί)。(行577)

我们知道,在"进场歌"末尾,歌队长提问:"他[克瑞昂]以传唤方式召集这次特殊的长老会议,又有何动议啊(τίνα δὴ μῆτιν ἐρέσσων)?"(行155—161)至此,我们终于明白,克瑞昂召集此次长老会议,就是要迫使忒拜贵族认可禁葬令,从而参与对安提戈涅的死刑判决:尽管 καὶ σοί γε κἀμοί[是你和我一起判的]这句话听起来有些咬牙切齿的味道,但克瑞昂将"你"放在"我"前面,而且说"我"的时候用了 *κἀμοί*,意思是"当然还有我",表明克瑞昂还是有些底气不足,因为他后面还对侍卫们说了这样一句话:

> 因为,即使胆大的人也会逃跑,
>
> 当看见生命逼近哈得斯的时候。(行580—1)

原来,在真正动手杀人的时候,"胆大的"(*θρασεῖς*)僭主们也会往后躲。

如前所述,"第二合唱歌"是对"第一场"的总结。"第一曲首节"是这样开始的:

> 幸运的人(*εὐδαίμονες*),有生之年没有尝过祸事(*κακῶν*),
>
> 因为那些家(*δόμος*)为神(*θεόθεν*)所撼动的人,灾难(*ἄτας*)
>
> 免不了会突然降临到一代又一代人身上。(行583—5)

我们再看"第二曲次节"最后四行诗:

> 祸事(*κακόν*)当时好像是好事,
>
> 神(*θεός*)将其心智(*φρένας*)
>
> 引入灾难的人就这样认为,
>
> 可他只是暂时还没遭到灾难(*ἄτας*)罢了。(行621—5)

我们发现,"第一曲首节"第一个词是*εὐδαίμονες*[幸运的人],而

"第二曲次节"最后一个词ἄτας[灾难]结束;"第一曲首节"开头三行诗的关键词还有"祸事"、"神"和"灾难",而"第二曲次节"最后四行诗的关键词也是"祸事"、"神"和"灾难";可见,"第二合唱歌"的整体结构,精巧地应和了拉布达科斯—俄狄浦斯家族的命运:这个家族的后代都由"幸运"的开端,结局却都是"灾难"。我们还发现,这两个片段中导致"灾难"的动因都是"神",如果将"第二合唱歌"首尾这两个片段连起来,会发现"神"正是通过将人的"心智"引入"灾难"而使人遭遇"祸事"。

不仅如此,"第二合唱歌"四小节所咏唱的支配性力量都是"神":"第一曲首节"提出了一条"普遍法则":家族一旦为神所撼动,"灾难"便会殃及后继世代;"第一曲次节"用拉布达科斯家族的命运来印证"第一曲首节"提出的规律,歌队唱道:

> ……如今最后
> 为俄狄浦斯家族带来亮光(φάος)的根苗(ῥίζας),
> 由于地下神祇(θεῶνκαί)的原因,又要被血污
> 割断,尤其(τ')被言辞的愚蠢(λόγου...ἄνοια)和心智
> 的疯狂(φρενῶν ἐρινύς)。(行599—602)

这一节最后一个词是ἐρινύς[疯狂],呼应了上一节末尾的ἄτας[灾难],告诉我们:"疯狂"就是"灾难"。本来,安提戈涅和伊斯墨涅姐妹作为"最后的根苗",为俄狄浦斯家族带来了"亮光",但克瑞昂禁葬波吕涅克斯导致"血污",得罪了"地下的神祇";我们注意到,歌队强调,ἀμᾷ[割断]了这"最后的根苗"的"尤其"(τ')是"言辞的愚蠢"和"心智的疯狂"。这里的λόγου[言辞]是单数,当指安提戈涅一人的"言辞",而φρενῶν[心智]是复数,同指克瑞昂和安提戈涅的"心智"。

"第二曲首节"首先赞美了宙斯的权能和永恒,但歌队接着

唱道:

> 无论最近还是遥远的将来,
>
> 正如以往那样,不变的是
>
> 这条法则($\nu\acute{o}\mu o\varsigma$):任何潜入
>
> 凡人生命中的过分之物($\pi\acute{a}\mu\pi o\lambda\acute{v}$)都会导致灾难
>
> ($\acute{a}\tau a\varsigma$)。(行611—4)

　　这一节末尾的$\acute{a}\tau a\varsigma$[灾难]呼应着"第一曲次节"末尾的$\grave{e}\varrho\iota\nu\acute{v}\varsigma$[疯狂]和"第二曲首节"末尾的$\acute{a}\tau a\varsigma$[灾难],解释了"第一曲次节"中"言辞的愚蠢"和"心智的疯狂"都是"凡人生命中的过分之物",也应和了"开场"中伊斯墨涅告诫安提戈涅的那句话:"行事过分等于毫无理智"(行68)。尤为重要的是,歌队在此将"任何潜入凡人生命中的过分之物都会导致灾难"这一"法则"的永恒性,与宙斯神的永恒性相提并论。

　　"第二曲次节"是对上述"法则"的进一步解释:人之所以会把"祸事"看成"好事",就是因为这$\pi o\lambda\acute{v}\pi\lambda a\gamma\kappa\tau o\varsigma\ \grave{e}\lambda\pi\acute{\iota}\varsigma$[迷人心智的希望]:

> 那迷人心智的希望,
>
> 对于许多人的确是好事,
>
> 对于许多人却是由轻率的欲望($\kappa o\nu\varphi o\nu\acute{o}\omega\nu\ \grave{e}\varrho\acute{\omega}\tau\omega\nu$)导
>
> 致的骗局($\acute{a}\pi\acute{a}\tau a$)。(行615—7)

　　$\pi\lambda a\gamma\kappa\tau\acute{o}\varsigma$的意思是"神志不清",$\pi o\lambda\acute{v}$-$\pi\lambda a\gamma\kappa\tau\acute{o}\varsigma$就更是"神魂颠倒"了:"希望"何以有如此大的威力? 赫西俄德在《劳作与时日》中说到宙斯神让潘多拉为人类带去灾难:

> 这夫人用手揭开了瓶上的大盖子,
>
> 洒下:为人类带去烦恼和苦难。
>
> 唯有希望(Ἐλπίς)仍在牢不可破的家(ἀρρήκτοισι δόμοισιν)中
>
> 逗留于瓶颈下,没有飞出门;
>
> 因为她事先抓住了瓶盖,
>
> 按照手持埃癸斯招云的宙斯的意志。(行94—9)

赫西俄德没有告诉我们,宙斯何以要潘多拉将"希望"留在瓶中,如果按索福克勒斯的说法,"希望"是一种能叫人"神魂颠倒"的东西,则可以明白,宙斯要潘多拉这样做,完全是为了人类:这说明,其他所有"烦恼和苦难"是人应当或可以承受的,而能叫人"神魂颠倒"的"希望"则是很多人不应当或不能承受的。赫西俄德这里还说到将"希望"留在"牢不可破的家中",说明宙斯所造的"希望之家"牢不可破,或者应该将"希望"留在"牢不可破的家中";而《安提戈涅》"第二合唱歌·第一曲首节"中说,"那些家为神所撼动的人"免不了代代遭遇"灾难",想必因为这人的"家"并非牢不可破,结果让"希望"飞了出去,"希望"飞了出去才有了"希望":拉布达科斯—俄狄浦斯家族的"家",就是这样不牢靠的家。我们知道,拉布达科斯—俄狄浦斯家族的"灾难",起于拉伊俄斯诱拐珀罗普斯(Pelops)的爱子克律西波斯(Chrisyppos):"诱拐"就是越出自己的"家",同时也打破了别人的"家";而珀罗普斯为了娶希波达弥亚(Hippodamia),也曾设诡计杀死了她的父亲皮萨(Pisa)国王俄诺玛厄斯(Oenomaus),从而因为密耳提罗斯(Myltilos)和赫尔墨斯的诅咒,导致阿特柔斯—阿伽门农家族的"灾难":杀死父亲而强娶其女,也是越出自己的"家"去破坏别人的"家",然而"家"为他人所破,想必也难脱"治家无方"或"治家不严"之责。"第二合唱歌·第二曲次节"关于"希望"的教诲,也应和了"第一合唱歌·第二曲次节"关于人的"机巧"所导致的结果"好坏参半"的教诲,其实人正因为受到"希望"的支配而发明了种种"机巧"。

然而,"神"为何要将人的"心智"引入"灾难"呢? 正如"神"撼动某人的"家",是因为此人的"家"本身出了问题,被"神"引入"灾难"的人的"心智",充满了"轻率的欲望"(行617)。可见,"第二合唱歌"尽管是"神义论的",却不是"宿命论的"。

四

"第二合唱歌"末尾关于"神"将其"心智"引入"灾难"的人,会把"祸事"当成"好事"好事的说法,也是针对克瑞昂的;所以,"第三场"开头,歌队长对克瑞昂说:"可是你最小的儿子海蒙来了"(行627)。歌队长希望安提戈涅的生命还有挽回的余地,他接着提醒克瑞昂,海蒙是因他的未婚妻安提戈涅被判死刑而来。但克瑞昂说:

> τάχ᾽ εἰσόμεσϑα μάντεων ὑπέρτερον.
> 马上我们就会知道得比先知更清楚。(行631)

在有关忒拜城邦的叙事语境中,"先知"通常就指忒瑞西阿斯,但克瑞昂此处为何要突兀地提到忒瑞西阿斯先知呢? 我们知道,在"七雄攻忒拜"之际,忒瑞西阿斯先知告诉克瑞昂,只有牺牲他的次子墨诺叩斯(Menoeceos),忒拜一方才能得胜,克瑞昂于心不忍,可墨诺叩斯自愿牺牲,后忒拜果然得胜。① 由此说来,歌队长的话,让克瑞昂想起了牺牲的次子墨诺叩斯,自然也想起了忒瑞西阿

---

① 参《腓尼基妇女》,见《欧里庇得斯悲剧·中)》,张竹明译,见《古希腊悲剧喜剧全集》,卷四,前揭,页329—443。亦参伯纳德特,《神圣的罪业》,前揭,页103—4。

斯先知。克瑞昂接着不安地问小儿子海蒙究竟为何而来，他显然
害怕海蒙重演墨诺叩斯的悲剧，而"马上我们就会知道得比先知更
清楚"这句话，又隐晦地表达了他对先知的不满乃至忿恨。海蒙回
应父亲的一段话可谓不同凡响：

> 父亲啊，我是你的儿子，你用对我有益的智慧
> (γνώμας...χρηστάς)
> 正确地调教我(ἀπορθοῖς)，我当然会遵行(ἐφέψομαι)。
> 我绝不会将哪一桩婚姻看得
> 有重于你的良好教导(καλῶς ἡγουμένου)。（行 635—8）

年轻的海蒙这番话，可谓表明了理想的"父子之道"：父亲当用
对儿子"有益的智慧正确地调教"儿子，儿子应将遵行父亲"良好教
导"放在首位，而将"婚姻"放在次要地位；"父子之道"的关键，在于
父亲要拥有"智慧"，这"智慧"是有益于儿子的"智慧"，也正是"齐
家"的好"智慧"。然而，克瑞昂回应海蒙的话，却与此"智慧"大相
径庭：

> 说的对，小子啊(παῖ)，你应当把这句话牢记心间：
> 凡事服从父亲的智慧(γνώμης)。（行 639—40）

παῖς这个词常指"奴隶"，可见，在克瑞昂眼里连儿子海蒙也是
奴隶(伯纳德特，前揭书，页 104)。克瑞昂接着对海蒙长篇大论他的
"智慧"：首先，他"齐家"的"智慧"，关键是孩子的"顺从"
(κατηκόους)(行 642)，就是要"恶待父亲的仇人，善待父亲的朋友"
(行 643—4)，如今，安提戈涅就是父亲的敌人，所以你要"唾弃她"
(行 653)，

因为我在大庭广众之下抓住了她,

城邦中($πόλεως$)只有她一人违令,

我不会让自己失信于城邦($πόλει$),

而是要杀了她。

……

如果我连自己的血亲

养成了忤逆($ἄκοσμα$)之人,也定会把外人养成这样,

因为在家里有法子的人,

对城邦($πόλει$)也会显出正义来。（行 655—62）

这里明明在谈"家事",却反复出现"城邦",说明克瑞昂口中在谈"家",心里想的却是"城邦"——"齐家"的目的是为了"治邦",克瑞昂转而发表他关于"治邦"的"智慧":

但对城邦所任命的人,必须服从,

不管大事小事、正义与否($καὶ σμικρὰ καὶ δίκαια καὶ$

$τἀναντία$)。

这样的人,我确信,

既会很好地统治($ἄρχειν$),也愿意被统治($ἄρχεσθαι$)。

……

绝不能被一个女人打败,

必要时被男人打败,也要更高,

免得人说我们不及一个女人。（行 666—80）

克瑞昂的长篇大论与海蒙言简意赅的"父子之道"适成对比:克瑞昂所谓"治邦",就是"奴役"和"被奴役",说明他是一个 $καὶ σμικρὰ καὶ τἀναντία$[事无大小]的糊涂虫,是一个不讲$καὶ δίκαια$ $καὶ τἀναντία$[正义与否]的"僭主",这应证了伊斯墨涅和安提戈涅关

于他的统治是"僭主制"是评价。他最终将"统治"的好与坏，归结为对待"女人"的态度；他对"女人"、尤其是对安提戈涅的恐惧，让他失去了理智，表现就像一个 μισογύνης［憎恨女人的人］。克瑞昂的话一定把歌队长惊呆了：

> 对于我们而言，除非老年使我们得了痴呆症，
> 才会觉得你所说的话有道理。（行 681—2）

父亲克瑞昂的胡言乱语和歌队长的讥讽，都没有扰乱年轻的海蒙的心：

> 父亲啊，众神赋予人类理智（φρένας），
> 它在人所拥有的一切事物中最可贵。
> 要说你的话不对，
> 我没资格（δυναίμην）也不会（ἐπισταίμην）措辞，
> 可别人也有可能拥有美好的想法。（行 683—7）

这番话首先表明海蒙有"理智"，同时也暗讽克瑞昂"无理智"；海蒙不说克瑞昂的话不对，只是觉得"没资格"、也"不知该如何说"，这就是"审慎"，但海蒙知道他人也有"众神赋予"的"理智"；他认为民众对安提戈涅的评价"好"（καλῶς）：民众在为安提戈涅鸣不平，认为她"应该得到金子般的褒奖"（行 699）。说到这里，海蒙激动起来：

> 因为，如果有人认为，只有自己有智慧（φρονεῖν），
> 无论言辞（γλῶσσαν）还是灵魂（ψυχήν），别人都不能比，
> 这种人一旦揭开，常被发现头脑空空如也。（行

707—9）

这话等于是在骂克瑞昂了，为了缓和气氛，海蒙马上打了一系列比方，要克瑞昂试着"转变血气"（ϑυμῷ μετάστασιν δίδου），听"我这年轻人"（κἀπ᾽ ἐμοῦ νεωτέρου）一言：

> ……我要说
>
> 天生（φῦναι）全智全能（πάντ᾽ ἐπιστήμης πλέων）当然
> 最好，
>
> 否则，因为情况往往并非如此，
> 从好话中获得教益也是好事。（行720—3）

海蒙这番话堪比赫西俄德《劳作与时日》中的名言：

> 最卓越的人，是独自认识所有事物的人，
> 是指出接下来以及最终怎样更好的人；
> 能够听取善言的人也是很好的人，
> 既不能独自认识事物，又不听取他人善言的人，是无
> 用之人。（行293—97）①

显然，海蒙的话听来太刺激了，歌队长赶紧出来打圆场：如果海蒙说对了，"主上"不妨听听，又要海蒙也听听父亲的，他认为俩人的话都有几分道理。可接下来，克瑞昂与海蒙围绕"年龄与智慧"、"统治者与平民"、"统治者与城邦"、"女人"等等问题展开尖锐交锋表明，克瑞昂对海蒙的发言丝毫不以为然。唇枪舌战中，海蒙也毫不讳言克瑞昂想ἄρχοις μόνος［独裁］，而克瑞昂对海蒙的结论是

---

① 亚里士多德曾在《尼各马可伦理学》(1.4.1095b10—13)中引用过这句名言。

γυναικὸς δούλευμα[女人的奴隶]（行 756），并气急败坏地要当着海蒙
的面处死安提戈涅，海蒙见此，决然离去。

随后，歌队长出来和事，要克瑞昂原谅海蒙："年轻人的心受了
刺激就会这样"（行 767），从而呼应了克瑞昂所谓οἱ τηλικοίδε[我这般
年纪的人]（行 726）的说法。克瑞昂无奈只能拿安提戈涅和伊斯墨
涅姐妹说事，在歌队长的提醒下，克瑞昂豁免了伊斯墨涅，并决定
将安提戈涅"活活关在一个石穴里"（行 774）。这最终表明，克瑞昂
是"既不能独自认识事物，又不听取他人善言的人"，甚至连儿子的
"善言"也不听，可见，克瑞昂正是ἀχρήιος ἀνήρ[无用之人]；然而，"无
用之人"一旦掌握了城邦的统治权，就会成为"僭主"。

当我们一致将"憎恨"指向克瑞昂，将"同情"指向海蒙的时候，
歌队唱起了"第三合唱歌"，主题是能让"诸神"和"凡人"都"疯狂"
（μέμηνεν）的"爱若斯"（Ἔρως）：

> 你使正义者的心智变得不义，
> 你使正义者的心智毁掉。（行 791—2）

歌队认为，克瑞昂与海蒙方才的争斗，就是由"爱若斯"挑起
的，这争斗可谓两败俱伤，"胜利者是美丽的新娘眼中撩人的渴望
（ἵμερος）"（行 795—6）。这"美丽的新娘"就是安提戈涅，"爱若斯"激
起了她眼中的ἵμερος[渴望]，这"渴望"中就有πολύπλαγκτος ἐλπίς[迷人
心智的希望]（行 617），让海蒙正义的心智"变得不义"：在方才与父
亲的对话中，海蒙的发言由理智的劝说变为无理智的争执，由理智
的论证变为无理智的疯狂，证明"爱若斯"已经"毁掉"了他的心智。
歌队就是想告诉我们，政治中由"爱若斯"激起的任何"疯狂"行为
都是"不义"。

五

"第四场"开头，歌队长发言，延续了"第三合唱歌·次节"中关于新娘安提戈涅的咏唱，也回应了"第三场"末尾克瑞昂要将安提戈涅关进"石穴"的命令：

> 如今我自己也已
> 越出了法律的界限（ϑεσμῶν ἔξω φέρομαι），
> 禁不住直流眼泪。（行801—3）

ϑεσμῶν ἔξω φέρομαι[越出法律的界限]是"失去理智"的举动：这"爱若斯"的政治力量是如此强大，它不仅让海蒙μέμηνεν[疯狂]，也使人产生"同情"，从而让歌队长"失去理智"，竟至于要"忤逆法律"。安提戈涅接着唱道：

> 看我啊，
> 祖国土地上的公民们（γᾶς πατρίας πολῖται），
> 看我最后一次上路，
> 看我最后一次看到阳光。（行806—9）

安提戈涅的第一句话，是唱给"祖国土地上的公民们"的：看到歌队长为她流泪，安提戈涅意识到，她的歌唱一定能发挥更大的政治效应，于是她呼唤"祖国土地上的公民们"，她要让他们知道：

> 我没有享受过迎亲歌（ὑμεναίων），
> 也没有人给我唱过洞房歌（ἔγκληρον...ὕμνος），

我将嫁给阿克戎。（行 813—5）

这"迎亲歌"和"洞房歌"中必定充满了"爱欲"(ἔρως)：安提戈
涅想激起所有人的"同情"，让所有人都 ϑεσμῶν ἔξω φέρομαι[越出法律
的界限]。听了安提戈涅动人的歌唱，歌队长稍稍回过神来，他认
为安提戈涅这样去死，固然"光荣"，也"受人称赞"，

但自己主宰自己(αὐτόνομος)，活着

下到哈得斯，凡人中只有你。（行 821—2）

αὐτόνομος[自己主宰自己/自治]是指不服从克瑞昂的禁葬令，"活
着下到哈得斯"是指被关在"石穴"中死去，而非被"刀剑"杀死。歌
队长的话回应了"第一合唱歌"：只有认为自己"无所不能"
(ἄπορος ἐπ' οὐδὲν ἔρχεται τὸ μέλλον)（行 359）的人，才会寻求 αὐτόνομος
[自己主宰自己/自治]；然而，"唯有哈得斯，人的天性无法摆脱"（行
360)，即便是"活着下到哈得斯"，也是"死"。

可安提戈涅对歌队长的话有些不以为然，她接着叙说了"坦塔
罗斯的女儿"尼俄柏(Niobe)变成石头的故事，说"神(δαίμων)赐我
长眠的命运最像(ὁμοιοτάταν)她了。"（行 831)安提戈涅将"自寻的死
路"说成是"神赐的命运"，幻想自己就像神女尼俄柏，显然是将自
己混同于神了，所以，歌队长反驳她说：

ἀλλὰ ϑεός τοι καὶ ϑεογεννής,

ἡμεῖς δὲ βροτοὶ καὶ ϑνητογενεῖς.

但她是神，也是神的后裔，

而我们是凡人，只是凡人所生。（行 832—3）

听了这话，安提戈涅极为不快，她责怪歌队长"讥笑"她，还说：

哦，我受到了讥笑。以祖先之神的名义（πρὸς ϑεῶν πατρῴων），

你为何要当面侮辱我，而不等我死后再说。（行839—40）

说完了这话，安提戈涅又开始向忒拜人哭诉自己的悲惨命运，说自己"无论在活人中还是在死人中都没有容身之地"（行851）。我们发现，原来安提戈涅是一个虚伪的女人，非但如此，为了摆脱窘境，她甚至不惜摆出"祖先之神"：可见，她敬神并不是因为"应当敬神"或"神可敬"，她以神的名义违犯克瑞昂的禁葬令，是在利用神。所以，歌队长说她"太鲁莽了（ἐπ' ἔσχατον ϑράσους）"，竟然"撞到了法律之神的高高的宝座之上"（行852—3）。但为了给安提戈涅台阶下，歌队长说她的不幸"是在赎父亲的罪过"（行856）；安提戈涅"指哪打哪"，她就像抓住救命稻草一样抓住了歌队长的话，开始哭诉拉布达科斯家族的苦难，到头来她抱怨波吕涅克斯：

> ϑανὼν ἔτ' οὖσαν κατήναρές με.
> 你的死好端端地害了我的性命。（行871）

我们终于发现，安提戈涅所谓自愿为埋葬哥哥波吕涅克斯而死是假的。然而，歌队长告诉她：

> σὲ δ' αὐτόγνωτος ὤλεσ' ὀργά.
> 自以为是的性格毁了你。（行875）

听了歌队长的话，安提戈涅没有表示接受，也没有反驳，而只顾流泪，哭诉没有任何人怜悯她的命运。这时，克瑞昂上场了，他

催促侍卫们赶快把安提戈涅押往"石穴"，还为自己开脱说："反正我们没有犯罪，手上没有沾上她的血"（行889）。或许是接受了歌队长此前的一番劝诫，此时的安提戈涅已失去了此前的锋芒，但她仍"怀有极为强烈的希望"（*κάρτ᾽ ἐν ἐλπίσιν τρέφω*）（行897），尤其是她说：

> ……如果我是孩子的母亲，
> 或者如果丈夫死了尸体腐烂了，
> 我不会担这重负以反对城邦的权力（*βίᾳ πολιτῶν*）。
> 我说这话有何依据（*νόμου*）呢？
> 丈夫死了可以再嫁一个，
> 孩子如果失去了可以和另一个男人再生，
> 可如果父母去了哈得斯，
> 永远不可能再有一个兄弟生出来了。（行905—912）

安提戈涅的话表明，她违犯克瑞昂的禁葬令，的确不是出于"敬神"的缘故：因为，如果这次死的是丈夫和孩子，她是不会违犯禁葬令的。然而，正如安提戈涅所言，要死去的父母再生出一个"波吕涅克斯"，那是绝无可能的，正因为如此，安提戈涅要违犯禁葬令，这又说明，安提戈涅所要对抗的是一件不可能的事情：我们不禁怀疑她与波吕涅克斯之间有着"极为特殊"的感情，因为她紧接着呼唤"波吕涅克斯"的名字，再次悲叹：

> 我还没听过婚歌，没上过婚床，
> 没享受过婚姻和养儿育女。（行917—918）

安提戈涅如此反复提到"迎亲歌"、"洞房歌"、"婚歌"、"婚床"、"婚姻"、"生儿育女"，说明她太在意这一切了，然而，这一切所指的对象是海蒙吗？安提戈涅接着毫不掩饰地质问：

> 我犯了什么神律？
> 我这可怜人为什么还要寄希望于神灵？
> 还要祈求什么神的援助？
> 既然我做了敬神的事情却得到了不敬神之名。（行
> 921—4）

安提戈涅此问，堪比约伯(Job)和屈原的"天问"：安提戈涅这样质问的时候，等于已经不信神也不敬神了，也隐隐表明，安提戈涅此时已心生悔意。歌队长不禁感慨：

> 还是那些灵魂风暴的
> 呼啸(ἀνέμων αὗται ψυχῆς ῥιπαὶ)胁裹她。（行 929—30）

歌队长委婉地表明，安提戈涅违犯克瑞昂的禁葬令，究其根由，乃是出于"灵魂风暴的呼啸"。克瑞昂接着催促将安提戈涅押走，安提戈涅说克瑞昂此言是"催命符"(θανάτου...τοῦπος)（行 933—4），尽管依旧嘴硬，但她显然期待命运或有转机，然而克瑞昂打消了她的妄想："我不会鼓励你，让你认为不会如此判决。"（行 935—6）绝望之中，安提戈涅呼告"忒拜土地上父辈的城池"（行 937），呼告"祖先的神"（行 938），呼告"忒拜的长老们"（行 939），要他们"见证"她这"王室唯一的根苗"(βασιλειδᾶν μούνην λοιπήν)受到了怎样的迫害，安提戈涅认为她遭难的原因只有一个，那就是：

> τὴν εὐσεβίαν σεβίσασα.
> 她谨守对神虔敬。（行 943）

这是安提戈涅最后的言辞；然而，我们知道，安提戈涅并非"王室唯一的根苗"，因为还有伊斯墨涅；其次，我们也知道，至少在"违反禁葬令"这个问题上，安提戈涅并非出于"对神的虔敬"；最后，τὴν εὐσεβίαν σεβίσασα直译就是"对虔敬表示虔敬"，我们知道一个"对虔敬表示虔敬"的人，完全可以不信神。

对安提戈涅的呼告，忒拜长老们作了回应，这就是"第四合唱歌"。我们知道，在"第四场"中，歌队长用"我们是凡人，只是凡人所生"（行833）反驳了安提戈涅将自己比作神女尼俄柏的妄想，所以，在"第四合唱歌·第一曲首节"开始，歌队讲述了与安提戈涅真正相像的阿尔戈斯国王阿克里西奥斯（Acrisios）的女儿达那厄（Danae）被囚禁在铜塔中的故事：达那厄也"出身高贵"，却"被囚禁在那坟墓似的闺房里"，这是达那厄与安提戈涅的相像之处；然而，安提戈涅与达那厄又无法比拟，因为她的美丽甚至连宙斯都无法抵挡，从而化作"黄金雨"与他生子（珀尔修斯[Perseus]）。歌队长言下之意显然是说，你安提戈涅的遭遇并非独一无二，与宙斯神爱恋的达那厄的遭遇相比，甚至算不了什么，从而唱出了"第四合唱歌"的主题"命运"：

> 命运的（μοιριδία）力量真可怕，
>
> 财富不能收买，武力不能征服，塔墙（πύργος）阻挡
> 不住，
>
> 破浪的黑船（νᾶες）也逃避不了。（行951—3）

歌队此言，并非一味铺张"命运"之"可怕"，因为这里的"塔墙阻挡不住"，暗指囚禁达那厄的铜塔没能挡住宙斯的"黄金雨"，而"破浪的黑船也逃避不了"，又暗指达那厄和宙斯之子珀尔修斯被阿克里西奥斯装入木箱抛入大海，我们知道，这对母子后来双双获救，而珀尔修斯更是成就了伟业。因此，歌队这番话既是规劝安提

戈涅接受命运，又是对安提戈涅的安慰。

"第一曲次节"不具名地①咏唱了埃多尼国王吕库尔戈斯(Lycurgos)因为侮辱了"酒神"被关进"石牢"的故事：

> 以此方式，他可怕的疯狂（μανίας）和强烈的冲动
> （μένος）逐渐平息，
> 　　终于知道了，他在疯狂中（μανίας）
> 　　辱骂了一位天神。（行959—61）

歌队显然在告诫安提戈涅：她方才对神的"质问"有"辱骂"神的嫌疑，而她的"疯狂"和"冲动"正是她遭此大祸的根由；与"酒神"惩罚吕库尔戈斯一样，将她关进"石穴"，可以"平息"她的"疯狂"和"冲动"。

"第二曲首节"和"第二曲次节"咏唱北风之神玻瑞阿斯(Boreas)的女儿克勒奥帕特拉(Cleopatra)及其两个儿子的命运，说她的两个孩子被后母戳瞎了双眼，"他们是婚姻不幸的母亲所生儿子"（行980），显然在影射伊俄卡斯特不幸的婚姻和她所生的波吕涅克斯和埃特奥克勒斯兄弟（或安提戈涅和伊斯墨涅姊妹），甚至在影射戳瞎自己双眼的俄狄浦斯。"第二曲次节"末尾，歌队告诉安提戈涅：

> ［她是］神的孩子，却也受
> 　　那不死的命运女神（Μοῖραι）的压迫，孩子啊。（行
> 986—7）

既然连"神的孩子"克勒奥帕特拉也难逃"命运"的摆布，那么，

---

① 这里没有唱出国王吕库尔戈斯(Lycurgos)的名字，与"第二曲次节"中不唱出神女克勒奥帕特拉(Cleopatra)的名字一样，暗示安提戈涅与他（她）们不可比拟。

安提戈涅作为凡人的女儿遭此大祸,就没有什么可抱怨的;歌队再次劝慰安提戈涅接受"命运"。

六

如前文所述,"开场"至"第四合唱歌"十个戏段,以安提戈涅违犯克瑞昂的禁葬令为线索,先后围绕"僭主与先王后裔"、"僭主与贵族"、"僭主与民众"和"僭主与亲人"等关系主题,为我们展现了一幅僭主政制的全景图:原来,僭主制下致命的政治冲突,根源于人的"无理智",根源于人的"言辞的愚蠢"和"心智的疯狂",根源于人怀有"迷人心智的希望",根源于人"轻率的欲望",根源于由"爱若斯"所导致的"疯狂";也正是人的"无理智"导致了"人法"对"神法"、"人性"对"神性"的僭越;在僭主制下,面对由人的"无理智"所导致的"灾难",人应当顺服连神都无法超越的"命运"。这十个戏段同时表明,要化解僭主制的内在危机,或者说要改良僭主制,关键在于僭主本人统治方式的转变,说到底,在于僭主本人性情的转变,这就是演绎"僭主与先知"关系主题的"第五场"所描述的内容。

"第五场"开始,忒瑞西阿斯先知上场并首先发言:

> 啊,忒拜的元老们($\Theta\eta\beta\eta\varsigma$ $\check{\alpha}\nu\alpha\kappa\tau\varepsilon\varsigma$),我们一同来此,
>
> 两个人靠一双眼睛,因为瞎子
>
> 走路要靠向导($\pi\rho\omega\gamma\eta\tau o\tilde{\upsilon}$)。(行 987—990)

先知开口第一个字眼就是"忒拜的"($\Theta\eta\beta\eta\varsigma$),其次才是"元老们"($\check{\alpha}\nu\alpha\kappa\tau\varepsilon\varsigma$),显然认为"忒拜城邦"优先于"元老们";其次,他用 $\check{\alpha}\nu\alpha\kappa\tau\varepsilon\varsigma$ 称呼"元老们",这个词的意思就是"主",常指"王",也指"神",当然也是忒瑞西阿斯先知本人的"别称",先知如此称呼忒拜"元老们",显然没把克瑞昂放在眼里,或者顶多把克瑞昂当成了

"元老"之一"。但奇怪的是,他说"瞎子走路要靠向导",不是废话吗? 这里的"瞎子"指谁? 忒拜人可是自古都知道忒瑞西阿斯是瞎子啊! 这些疑问,暂且按下不表。听了先知这番话,克瑞昂迫不及待第一个搭言:

τί δ' ἔστιν, ὦ γεραιὲ Τειρεσία, νέον;
有啥新鲜事,老忒瑞西阿斯? (行 991)

克瑞昂抢先问话,显然是表示自己才配称ἄναξ[主/王],但具有讽刺意味的是,如此一来,等于默认了自己只是众"元老"之一。其次,克瑞昂也拿腔拿调,向先知提了一个"形而上学"问题(τί δ' ἔστιν...;),或许想表现自己有智慧。再次,问"老"忒瑞西阿斯有什么"新鲜事",显然在调侃先知,言下之意是:你老糊涂了,还能有啥新鲜事。先知听了克瑞昂的问话,自然胸有成竹:

ἐγὼ διδάξω, καὶ σὺ τῷ μάντει πιθοῦ.
我会指导你,而你要服从先知。(行 992)

忒瑞西阿斯此言,摆出"老师"的姿态,要"教训"(διδάξω)克瑞昂,还命令克瑞昂"服从"(πιθοῦ),显然没把克瑞昂放在眼里。然而,克瑞昂说:

οὔκουν πάρος γε σῆς ἀπεστάτουν φρενός.
千真万确,过去我从未背离过你的心思。(行 993)

克瑞昂非但不在意忒瑞西阿斯的"教训"姿态,还急于表白自己从来都对先知言听计从。但需要注意的是,φρενός[心思]这个词表明,克瑞昂此时逐渐恢复了"理智"。先知答道:

正因为如此，你才顺利地驾驭着城邦（ἐναυκλήρεις πόλιν）。（行994）

忒瑞西阿斯先知此言从何说起？接下来，克瑞昂的回应更让人迷惑：

我的遭遇（πεπονθώς）证实了［你的］好处（ὀνήσιμα）。（行995）

如前文所言，πεπονθώς（πάσχω）［遭遇/遭受］这个词，既可以指遭受厄运，也可以指遭遇好运：克瑞昂究竟遭受或遭遇了怎样的厄运或好运，以至于对忒瑞西阿斯先知言听计行呢？亦如前文所言，在"七雄攻忒拜"之际，忒瑞西阿斯先知告诉克瑞昂，只有牺牲他的次子墨诺叩斯才能得胜，墨诺叩斯自愿牺牲，后忒拜果然得胜。我们知道，克瑞昂的长子墨伽柔斯（Megareus）也在这次战斗中为保卫忒拜而战死。为了城邦而失去两个儿子，这就是克瑞昂遭受的"厄运"，但不难设想，墨诺叩斯和墨伽柔斯的牺牲，必定为克瑞昂赢得了民意，使他得以掌握兵权，并最终取得忒拜"王位"，这又是克瑞昂遭遇的"好运"。然而，克瑞昂只记得忒瑞西阿斯先知的"好处"，说明在这"厄运"和"好运"之间，他只记得"好运"，这就是"僭主"的性情，因为"僭主"唯"权力"是图：只要能在忒拜"称王"，即使三个儿子都死掉，克瑞昂也在所不惜——我们知道，克瑞昂后来又失去了小儿子海蒙。听了克瑞昂的回答，先知告诉他：

你要明白（φρόνει），如今你又一次站在命运（τύχης）的刀锋上了。（行996）

φρόνει［你要明白］这个命令式表明，先知认为克瑞昂"不明白"；

τύχης[命运]这个词既可以指"好运",也可以指"厄运":这说明,先知认为克瑞昂"不明白"何为"厄运"和"好运"。克瑞昂答道:

> τί δ' ἔστιν; ὡς ἐγὼ τὸ σὸν φρίσσω στόμα.
> 你指的是什么? 你的话我听了发抖。(行997)

克瑞昂又提出了一个"形而上学"问题(τί δ' ἔστιν),然而,忒瑞西阿斯先知并没有正面回答这个"形而上学"问题,而是告诉他:

> γνώσει, τέχνης σημεῖα τῆς ἐμῆς κλύων.
> 你会知道的,如果你听了我卜得的兆头。(行998)

先知的意思是,克瑞昂只有先"听"(κλύων),才能获得知识(γνώσει)。接着,忒瑞西阿斯叙述了他举行"燔祭"的经过,并且告诉克瑞昂:

> 这些我是从这孩子那儿听来(ἐμάνθανον)的,
> 燔祭就这样失败了,没有卜得预兆。
> 这孩子是我的引路人(ἡγεμών),正如我引领别人。

(行1012—4)

连先知也要靠ἐμάνθανον[听来]一个孩子的话,方能知晓燔祭的情形,说"这孩子是我的引路人",等于重提"第五场"开头"瞎子走路要靠向导"(行990)的说法,先知显然在强调自己也需要προηγητής[向导]或ἡγεμών[引路人],若再联系到他方才告诉克瑞昂,只有先"听"才能获得知识那句话(行998),则不难发现:先知这是在告诫克瑞昂,要虚心听取他人的意见;其次,先知在告诫克瑞昂,"你也需要引路人",这个"引路人"就是先知自己,如此一来,先知本人只是肉眼瞎了的瞎子,而克瑞昂则是"心眼"瞎了的"瞎子"。
先知告诉克瑞昂:

> 可因为你的心思($φρενός$),城邦在遭难。(行1015)

这说明克瑞昂的$φρήν$[主意]是坏的:克瑞昂的禁葬令使波吕涅
克斯暴尸街头,鸟和狗吃了腐肉,污染了"所有祭坛和炉灶",方才
导致众神不接受燔祭,所以先知告诫克瑞昂:

> 孩子($τέκνον$),你明白($φρόνησον$)这些道理:人都会犯
> 错误,
> 　犯了错误,并非一定是糊涂人和不幸的人,
> 　如果他能纠正恶行而非顽固不化,
> 　固执己见会被视为愚蠢。(行1023—7)

先知这番话与"第三场"中海蒙劝慰父亲克瑞昂的话完全
一致:

> 　其实,即便是有智慧的人($σοφός$),多多听取
> ($μανθάνεινπόλλ’$),
> 　不固执己见($τείνειν$ $ἄγαν$),并不羞耻。(行710—11)

先知接着告诫克瑞昂:

> 　知道对你好($εὖ$ $σοι$ $φρονήσας$)我才说这番好话,听取
> ($μανθάνειν$)好言
> 　是最美好的事情($ἥδιστον$),如果劝告有益的话。(行
> 1031—2)

不难看出,先知这番话和海蒙的劝慰一样,关键词都是 μανθάνειν[听取/学习],目的是要克瑞昂 φρονεῖν[明白/知道],先知和海蒙都认为,通过"听取"善言而"明白"事理,这是"最美好的事情"。然而,听了先知的话,克瑞昂极为恼怒,他说忒瑞西阿斯是因为贪图钱财,才对他说了这番话,并且表示绝不会收回禁葬令,甚至怒不择言地说了这样一句话:

> ……因为我清楚地知道,
> 没有一个凡人能污染到(μιαίνειν)神。(行 1043—4)

μιαίνειν 这个词的意思也是"不敬",既然凡人"不敬神"对神毫无影响,那么,凡人的"敬神"对神也毫无影响,这等于说凡人的任何作为对神均无影响:克瑞昂此言,明显有"无神论"嫌疑,难怪他会忤逆"神律"而颁布禁葬令。于是,先知告诫克瑞昂:

> 明智(εὐβουλία)是多么有益的财富啊!(行 1050)

忒瑞西阿斯先知这句话,让我们想起了柏拉图的普罗塔戈拉(Protagoras)对苏格拉底说过的一段话:

> 有学识(μάθημά),就是处身明智(εὐβουλία),从而在操持家政和操持城邦事务方面变得极为出色(ἄριστα),行事说话对城邦事务产生重大影响(δυνατώτατος)。(《普罗塔戈拉》318e-319a)

普罗塔戈拉这番话,可以说是对忒瑞西阿斯先知上述全部发言的完美总结:先知正是想让克瑞昂通过 μανθάνειν[听取/学习]成为一个"处身明智"的人,从而在"家政"和"治邦"两方面都成为"出

色"而又具有"重大影响"的人。然而,克瑞昂对忒瑞西阿斯先知
"明智就是财富"的说法不以为然:

> 我倒认为(*οἶμαι*),[明智]像无知(*μὴ φρονεῖν*)一样最有
> 害了。(行1051)

原来,克瑞昂此言仍停留在"意见"的水平(*οἶμαι*)。我们知道,
在《普罗塔戈拉》中,听了普罗塔戈拉的上述言辞,苏格拉底答道:

> 我该附和你的说法吗(*ἆρα...*)? 不过你说的似乎是
> 政治技艺(*πολιτικὴν τέχνην*),这门技艺承诺能把人
> (*ἄνδρας*)变成(*ποιεῖν*)好公民(*ἀγαθοὺς πολίτας*)。(319a)

正如苏格拉底的疑问所表明的那样,他并未完全否定普罗塔
戈拉的说法。在《普罗塔戈拉》末尾,普罗塔戈拉认为美德可教的
观点,与苏格拉底认为美德不可教的观点,都陷入了矛盾;但正如
苏格拉底所言,如果"美德是知识",那么美德就是可教的(361B-
C)。亚里士多德也在《尼各马可伦理学》中从反面论证了苏格拉
底的说法:*οὐδὲ δὴ δόξα ἡ εὐβουλία οὐδεμία*[意见绝不可能是明智]
(1142b6)。可见,忒瑞西阿斯明白苏格拉底所说的道理,他告诉克
瑞昂:"你正是感染了这种无知之病。"(行1052)但克瑞昂脑子里只
有"金钱",凡违逆他意愿的人都是因为"爱钱",这正是"僭主"的性
情,所以,忒瑞西阿斯先知告诉他:

> 出自僭主的(*τυράννων*)一族都爱卑鄙的利益。(行
> 1056)

原来,在先知的眼里,克瑞昂是一个"僭主",这话极大地伤害

了克瑞昂的自尊：

> 你知道吗，你这话是在说你的统治者（ταγούς）。（行
> 1057）

在先知面前，克瑞昂竟不敢以βασιλεύς［王］自居，忒瑞西阿斯
更是直言不讳地告诉他：

> 我很清楚，你是靠我才拯救并控制了城邦。（行
> 1058）

克瑞昂不得不承认忒瑞西阿斯是"有智慧的（σοφός）先知"，但
责怪他"爱行不义（τὰδικεῖν）"（行1059）；承认先知"有智慧"，说明经
过忒瑞西阿斯一番教训，克瑞昂的思想已然有了转变；但说先知
"爱行不义"，又表明克瑞昂判断"义"或"不义"的标准，仍然是自己
的"心思"。先知见状，告诉克瑞昂："你会激我说出心中的秘密
（τἀκίνητα διὰ φρενῶν）。"（行1060）克瑞昂坚持认为忒瑞西阿斯是
"为了利益"（ἐπὶ κέρδεσιν）在故弄玄虚，可先知郑重地告诉他："我这
样做的确是为了你。"（行1062）克瑞昂表示："你甭想通过说服我的
心思（φρένα）而获利。"（行1063）听了这话，忒瑞西阿斯先知毫无保
留地说出了他"心中的秘密"：过不了多久，克瑞昂将失去一个孩
子，只因为禁止埋葬波吕涅克斯，违背了不属于人、甚至也不属于
神的权力；尤为重要的是，"所有敌对城邦也会骚动起来"（行
1080），忒拜城从而将陷入内忧外患之中。最后，先知要童子领他
回家，临了同样为克瑞昂撂下几句话（三行诗）：

> 他或许会向更年轻的人撒（ἀφῇ）气（θυμὸν），
> 他或许能学会（γνῶ）说话（γλῶσσαν）更冷静

($ἡσυχαιτέραν$),

　　尤其（$τ'$）胸中（$φρενῶν$）拥有（$φέρει$）更好的心智
（$νοῦν$ $ἀμείνω$）。（行 1087—9）

　　我们知道,忒瑞西阿斯先知出生于卡德摩斯时代,他的寿命延
续了七代（或十代）,因此,克瑞昂时代的所有忒拜人都比先知"更
年轻"。需要注意的是,第一行诗用了"虚拟语气"（$ἀφῆ$）,显然是讽
刺:克瑞昂大概想对其他所有忒拜人"撒气",而对所有人"撒气",
正是"僭主"的性情;然而,用不了多久,发生在克瑞昂家庭中的"灾
难",会让他尝到"撒气"的苦果。第二和第三行诗则回应了"第二
合唱歌·第一曲次节"中所谓"言辞的愚蠢"和"心智的疯狂"（行
602）:这是割断俄狄浦斯家族"最后根苗"的两大祸根,也即将导致
克瑞昂自己的家庭悲剧。第二和第三行诗在希腊文本中是一句
话,由复合连词$καὶ...τ'...$连接。第二行诗的主干动词$νῶ$[学会]也
用了"虚拟语气",同样是先知的反讽:要克瑞昂改变"说话不冷静"
的"习性"很难,只有经受了即将发生的家庭"灾难",才能让他"学
会说话更冷静"。但第三行诗用了"陈述语气"（$φέρει$）,并由$τ'$[尤
其]表示强调:先知肯定,即将发生在克瑞昂家中的"灾难",必将改
变克瑞昂的$νοῦν$[心智],使他"拥有更好的心智"。先知的最后发言
告诫克瑞昂:既然"僭主"不愿自觉"听取"善言从而"明白"事理,那
么,由他"言辞的愚蠢"和"心智的疯狂"所导致的"灾难",一定能让
"僭主"的心智或性情发生转变。
　　听了先知的告诫,歌队长告诉克瑞昂,先知的预言没有一次不
曾应验,克瑞昂回答说:

　　$ἔγνωκα$ $καὐτὸς$ $καὶ$ $ταράσσομαι$ $φρένας$.
　　这我自己也知道,所以心里很烦乱。（行 1095）

ἔγνωκα[我知道了]表明，克瑞昂并非"一无所知"的"僭主"，而
ταράσσομαι φρένας[心里乱]表明，先知的预言和告诫已经发生作用；
如果"僭主"的φρένες[心思]本来就是乱的，那么，听了先知的告诫后
"心里乱"，恰恰是"心思"开始反正的表现：

> 让步的确非常（τ'...γὰρ）可怕（δεινόν），但若对抗，
> 让灾祸击垮血气（θυμὸν）也太可怕了（ἐν δεινῷ）。（行
1096—7）

克瑞昂连用"可怕"这样的字眼，表明他已经乱了方寸，他知道
"对抗"先知的告诫，会"让灾祸击垮血气"。最后，克瑞昂采纳了歌
队长的建议，决定释放安提戈涅，并且表示：

> 恐怕（δέδοικα γὰρ μὴ）遵从古已有之的法律
> （καθεστῶτας νόμους），
> 终身持守最好。（行1113—4）

可见，先知的预言和告诫已然生效，克瑞昂因为"害怕"而转变
了心意："古已有之的法律"就是"神律"，就是"无条件地埋葬死
者"，克瑞昂由自主颁布"禁葬令"退回到古老的"神律"，就是由"僭
主"心智的转变所带来的对"僭主制"的改良；这同时表明，克瑞昂
不具备"立法能力"（参行175），如此朝令夕改，也表明克瑞昂是名
副其实的"僭主"。

如果说"第五场"向我们表明了转变"僭主"的心智从而改良
"僭主制"的道理，那么，接下来的"第五合唱歌"，则向我们咏唱了
通过"酒神信仰"来抚慰民众的道理。"第一曲首节"伊始，歌队
唱道：

啊，你这多名者，卡德墨亚少妇们（νύμφας）喜爱
的神，

鸣雷闪电的宙斯

之子……

……巴克科斯啊……（行 1115—20）

"卡德墨亚的少妇们"何以会喜爱巴克科斯神呢？我们知道，
酒神巴克科斯是卡德摩斯的女儿塞墨勒为宙斯所生的儿子，想必
"卡德墨亚的少妇们"都想获此殊荣吧，这最初的咏唱将女人与至
高的宙斯神联系在了一起。其次，这里的 νύμφας 既指"已婚少妇"，
也指"待婚女子"，安提戈涅正是这样的"待婚女子"，因此，这最初
的咏唱也是对安提戈涅的声援。

"第一曲首节"和"第二曲次节"反复咏唱酒神的"女信徒"
（Βακχίδες），是她们的"神圣歌声"把酒神送到了忒拜城（行 1135—
6）。"第二曲首节"又祈求酒神为忒拜人民医治严重的"瘟疫"
（νόσον），"第二曲次节"再次呼唤酒神，吁求他带领"酒神的伴侣提
伊亚德们（περιπόλοις Θυίαισιν）"（行 1150—1）：既然在酒神的带领下，
女人们"通宵达旦疯狂歌舞"就能医治"瘟疫"，说明这"瘟疫"其实
是由克瑞昂的禁葬令所导致的民众的"恐怖情绪"。因此，这疯狂
的歌舞就是"升平之歌舞"：既是压抑的宣泄和心理麻醉，同时宣告
了以安提戈涅为代表的女人的胜利，也表明"民主的潮流"已势不
可挡。

尾 声

"退场"是整出戏的"尾声"，也是对克瑞昂的"僭主统治"的总
结。"退场"一开始报信人代表民众发言：

依傍卡德摩斯和安菲翁的家室（*δόμων*）而居的人们

啊（*πάροικοι*），

　　凡人的种种生活（*ὁποῖον …ἀνθρώπου βίον*）悠忽不定，

　　我不愿赞美也不想责难。（行 1155—7）

　　卡德摩斯是卡德墨亚的奠基者，安菲翁是忒拜城的建立之一，报信人认为，我们忒拜民众只是忒拜王室的"依附者"而非"主人翁"，也没有必要褒贬本来就"悠忽不定"的世俗生活：报信人知道，如果民众有了"主人翁责任感"，或喜欢褒贬"生活方式"，换句话说，如果民众如此关心政治，不是好事。接着，报信人又描述了"命运"的不可捉摸。报信人这番话显然是接续"第五合唱歌"的主题，以世俗方式对民众加以劝慰，要他们顺从命运，不要对城邦当前的政治危机心存不满，因为"连先知也说不准凡人的现状究竟将如何变化"（行 1160）。然后，报信人对克瑞昂的"僭主统治"作了总结：

　　我认为克瑞昂曾经是令人羡慕的人（*ζηλωτός*），

　　他击退了敌人，拯救了卡德摩斯的国土，

　　取得了对这地方的全权独裁统治（*παντελῆ*

μοναρχίαν），

　　还幸运地生了几个高贵的孩子。

　　但如今他全失去了。……（行 1160—5）

　　报信人拿克瑞昂的"命运"来佐证他刚才的话，目的还是为了抚慰民众，他说：

　　你可以在家中积累财富，如果你愿意，

　　也可以过僭主（*τύραννον*）的威风生活，但若

　　其中没有乐趣（*χαίρειν*），我不愿拿烟雾中的影子

（*καπνοῦ σκιᾶς*）

　　换取这些东西，我宁可要快乐（*ἡδονήν*）。（行
1167—70）

　　报信人说这番话时，心里装的一定是由克瑞昂所导致的忒拜
城的政治危机，他怕的是民心有变，所以他劝告民众，"积累财富"
和"过僭主的威风生活"不一定"有乐趣"，也不一定"快乐"。接着，
报信人向歌队长报告了海蒙自杀的消息，并向克瑞昂的妻子欧律
狄刻（Eurydice）描述了事情的经过。不久，"僭主"克瑞昂抱着海蒙
的尸体，悲苦地唱道：

啊呀！
这心思愚昧（*φρενῶν δυσφρόνων*）的罪过呀，
这致命固执（*στερεὰ θανατόεντ'*）的罪过呀，
······
怪我糊涂呀，你没有错（*δυσβουλίαις*）。（行 1261—9）

　　由克瑞昂一手制造的"灾难"终于击碎了他"自我认识的偶
像"：如果说"第五场"末尾克瑞昂改变心意是出于对先知预言的
"恐惧"，那么，克瑞昂在此承认自己的"愚昧"和"固执"，则是真正
的"自我认识"。然而，克瑞昂还将面对妻子的自杀这"第二个不
幸"：不久，抱着妻子欧律狄刻的尸体，克瑞昂痛苦至极，只求速死，
从而回应了"第一合唱歌"中唯有"死亡"才堪称人的"天性"的说法
（行 360）。最后，歌队长告诉克瑞昂：

有智慧（*φρονεῖν*）是幸福的（*εὐδαιμονίας*）
首要部分。必须做到
绝不亵渎（*μηδὲν ἀσεπτεῖν*）神明。狂妄

出于傲慢者，必遭报应，

这教人（*ἐδίδαξαν*）老来变得有智慧（*φρονεῖν*）。（行
1348—52）

歌队长的话等于从正面重复了"第五场"中，忒瑞西阿斯先知临走前对克瑞昂的告诫：首先，歌队长摆明"幸福"的首要部分是"有智慧"，说明他也将"有智慧"视为"幸福"的首要条件；如此说来，先知要克瑞昂"尤其胸中拥有更好的心智"，是为了克瑞昂的"幸福"；然而，这一条是先知临走前的最后半句话，说明他十分清醒，要克瑞昂变得"有智慧"，何其难也。其次，歌队长把"绝不亵渎神明"作为"幸福"的次要条件，放在"有智慧"之后，说明对于"幸福"而言，"有智慧"优先于"绝不亵渎神明"；尤其需要注意的是，歌队长这里说的是"绝不亵渎神明"而非"敬神"，我们都知道，"绝不亵渎神明"并不必然意味着"敬神"。

最后，歌队长认为克瑞昂的遭遇是对他"口出狂言"的"报应"；然而，这"报应"又使得克瑞昂"老来变得有智慧"，从而意味着，遭遇了大不幸的克瑞昂反倒获得了"幸福"的"首要部分"，这无疑是对克瑞昂最大的安慰，同时也回复到"第五场"乃至整部肃剧的主题：通过转变"僭主"的心智来改良"僭主制"，这正是忒瑞西阿斯先知通过告诫"僭主"克瑞昂所要告诉我们的道理，歌队长这番话见证了这个道理。

并非没有意义的是，我们注意到，《安提戈涅》全剧第一个词是*ὦ*［啊］，紧接着第二个词是*κοινὸν*［同根生的］，全剧倒数第二个词是*φρονεῖν*［有智慧］，全剧最后一个词是*ἐδίδαξαν*［教育］，把这四个词连起来，词义可以贯通为一句话——"哦，教同根生的人变得有智慧！"《安提戈涅》一剧首先用一声感叹（*ὦ*）唤起了我们所有人的注意，而处在全剧第二个词（*κοινὸν*）和倒数第二个词（*φρονεῖν*）之间的所有内容，即全剧的全部情节，就是全剧最后一个词（*ἐδίδαξαν*）的"主

词"，而"宾词"就是全剧的第二个词*κοινόν*［同根生的］，全剧倒数第
二个词*φρονεῖν*［有智慧］则成了"宾语补足语"，如此一来，《安提戈
涅》全剧的主旨，就是"教育同根生的人"，使其变得"有智慧"，从而
懂得"行事过分等于毫无理智"。

我们知道，任何"共同体"中的人，都是"同根生的人"，但在"僭
主制"下，对包括"僭主"在内的"同根生的人"的"教育"，无疑尤为
迫切也尤为棘手：因为，任何人"毫无理智"地对抗"僭主"就是找
"死"，而"僭主"行事过分也等于"毫无理智"，同样会导致"僭主"的
自我毁灭，都会危及城邦的和平稳定。

第五章 知者不惑,仁者不忧,勇者不惧

——欧里庇得斯《腓尼基少女》中的忒瑞西阿斯先知

在柏拉图的《王制》卷八中,苏格拉底与柏拉图的胞兄弟格劳孔和阿德曼托斯先后探讨了四种败坏的政制,在探讨僭主制下僭主与民众关系话题的时候,苏格拉底对阿德曼托斯说了这样一番话:

> 僭主所亲近的这些新公民赞美他,而正派人则厌恶他,躲着他。……并非没有道理的是,人们普遍认为肃剧是有智慧的,而欧里庇得斯的肃剧尤为出众。因为,在其他一些意味深长的言辞中,他说过"有智慧的僭主与有智慧的人为伍"(σοφοὶ τύραννοί εἰσι τῶν σοφῶν συνουσίᾳ[这样的话]),显然是说僭主交往的这些人是有智慧的人。……既然编肃剧的人这么有智慧,如果我们不容许他们进入我们的政制,他们一定会原谅我们还有与我们政制相近的人,因为他们是为僭主制唱赞歌的人。(568a—b)①

---

① 参柏拉图:《理想国》,郭斌和、张竹明译,北京:商务印书馆,2002 年,页 349。译文据原文有改动,参 Plato. *Respublica*, in Platonis Opera, Vol. IV, ed. John Burnet. Oxford University Press. 1903。

在《泰阿格斯》(*Theages*)中,苏格拉底与年轻的泰阿格斯进一步探讨了欧里庇得斯所谓"有智慧的僭主与有智慧的人为伍"这句话的含义,想搞清楚"这些有智慧的人究竟在什么事情上有智慧",苏格拉底的启发让泰阿格斯明白了:欧里庇得斯所谓"有智慧的人",在"如何让人成为僭主"这件事情上"有智慧"(125b 以下)。如此一来,若果如苏格拉底在《王制》中所言,肃剧家是"为僭主制唱赞歌的人",欧里庇得斯岂不成了"僭主师"? 我们知道,纪元前408 年,年逾古稀的欧里庇得斯应马其顿王阿克劳斯(Archelaus)之邀离开雅典,两年后客死于马其顿宫廷,想必欧里庇得斯此行前已经做好了"有去无回"的打算,这莫非表明欧里庇得斯选择的政治归宿是"君主制"? 七年后,苏格拉底被雅典民众判处死刑,罪状之一是"败坏青年",其中就有"教人成为僭主"的指控;[1]由前述引文可知,正因为欧里庇得斯之流"为僭主制唱赞歌",苏格拉底才不容许肃剧家进入"我们的政制",这说明指控苏格拉底"教人成为僭主",完全是颠倒黑白的诬陷。

然而,更让我们迷惑的是,"有智慧的僭主与有智慧的人为伍"——这句由柏拉图在两篇对话中指名道姓地引述的名言,并不见于传世的十九部欧里庇得斯肃剧;[2]究竟是这句名言所由出的肃剧已失传,还是柏拉图有意托名于欧里庇得斯? 如果是有意托名于欧里庇得斯,柏拉图意欲何为? 如果这句名言所由出的肃剧已失传,等于失去了理解这句名言的上下文,我们究竟该如何理解这句话的内涵? 为了澄清这些疑惑,最好的办法莫过于仔细研究出自同一人之手的十九部传世的欧里庇得斯肃剧文本,特别是其中关于"智慧与僭政"主题的肃剧文本。

---

[1] 参色诺芬:《回忆苏格拉底》,吴永泉译,北京:商务印书馆,1986 年,页 19。

[2] 《瑞索斯》(Rhesus)是否欧里庇得斯的作品,古典学界尚有争议。参张竹明,《腓尼基妇女》"译序",见《欧里庇得斯悲剧·中》,《古希腊悲剧喜剧全集》,卷四,南京:译林出版社,2007,页 2。

《腓尼基少女》(*Phoenissae*)①和《酒神伴侣》(*Bacchae*)是欧里庇得斯演绎"智慧与僭政"主题的两部典范之作，这种典范性首先在于两部肃剧的确切主题是"先知与僭主"：我们知道，这两部肃剧的核心人物之一忒瑞西阿斯先知，是忒拜城"最有智慧的人"。本章的任务是研究《腓尼基少女》中的"先知与僭主"主题。

一

最关注女人的古希腊肃剧诗人，首推欧里庇得斯，在其传世的十九部肃剧作品中，以女人为"题名"或"主角"的就有十三部，《腓尼基少女》即是其一。欧里庇得斯对女人的关注，不仅遭到同时代的诗人阿里斯托芬的讽刺，而且由于这些以女人为主角的肃剧主要描述女人对法律的忤逆，也使得欧里庇得斯被他的同时代人称为μισογύνης[憎恨女人的人]。②

我们首先关注《腓尼基少女》这部肃剧的"题名"。我们知道，"腓尼基少女"都是来自腓尼基的异乡女子，她们构成这部肃剧的"歌队"。尽管肃剧最初的确由"歌队合唱歌"(choral song)发展而来，但到了欧里庇得斯的时代，"歌队"只是肃剧的一个有机部分，正如在《腓尼基少女》中那样，"歌队"并非这部肃剧的主角，既然如此，诗人为何偏要以这群组成"歌队"的异乡女子为这部肃剧命名呢？③ 让我们带着这个疑问，进入这部肃剧情节由以展开的文本

---

① 由于"妇女"在汉语中多指"成年女子"，而欧里庇得斯此剧中"腓尼基女子"都是"未婚少女"，张竹明先生将剧名译为《腓尼基妇女》不完全恰当，故此改译为《腓尼基少女》。

② 参波伦德尔等编译，《刀口上的妇女：欧里庇得斯肃剧四种》(*Women on the edge: four plays by Euripides*, trans. and ed. Ruby Blondell et al., New York, 1999)，页80—3。

③ 古希腊肃剧的"歌队"据信均由男性公民扮演，而扮演"歌队"队员堪比服"兵役"，一旦选中，任何人不得推脱，否则会受到城邦的严厉惩罚。参前揭书，页39。

织体。

"开场"由两部分构成,第一部分是先王拉伊俄斯和"僭主"俄狄浦斯的妻子伊俄卡斯特长达八十七行的独白,她从卡德摩斯由腓尼基来到忒拜地方说起,叙述了拉布达科斯家族的渊源,并详述了她嫁给拉伊俄斯后,发生在拉伊俄斯和俄狄浦斯父子身上的悲剧,以及她和俄狄浦斯的儿子埃特奥克勒斯和波吕涅克斯兄弟的王权之争,最后谈到由此王权之争而起的迫在眉睫的战争。不难想见,尽管伊俄卡斯特贵为"地生人"之后墨诺叩斯(Menoeceos)的女儿,但她先后嫁给拉伊俄斯和俄狄浦斯父子的悲剧所导致的屈辱,使得她绝非讲述忒拜历史的合适人选。因此,《腓尼基少女》一开场就让一个身负屈辱的女人来做这一番独白,无疑是对男人的莫大讽刺:由伊俄卡斯特的讲述我们不难发现,尽管遭受了如此巨大的家庭变故和屈辱,但她仍然头脑清晰而富有胆识,这与俄狄浦斯刺瞎双眼的疯狂举动形成了鲜明对比。因此,我们难免感觉到女人在欧里庇得斯所营造的政治氛围中的"上升",但实际上伊俄卡斯特的独白真正反映出来的是男人在政治生活中"下降",也正是男人的"下降"给了我们女人在"上升"的错觉。导致这种"下降"的原因,表面上看,是拉布达科斯家族的不幸命运,其实,如索福克勒斯的《俄狄浦斯僭主》所表明的那样,正是破解斯芬克斯之谜的"形而上学智慧"直接导致了俄狄浦斯的不幸。

表面上看,伊俄卡斯特这段独白的性质是"神义论的":以呼唤太阳神开始,以呼唤宙斯神结束,实则隐含着对神的怨恨和怀疑:在呼唤太阳神时,伊俄卡斯特说:

> 太阳神啊(Ἥλιε),……
> 你把多么不幸的(ὡς δυστυχῆ)光线射向了忒拜呀!
> 在卡德摩斯离开海边的腓尼基地界,

来到这地方的那一天（行 3—6）[①]

　　最早将太阳神赫利俄斯（῝Ηλιος）与阿波罗视为同一个神的记载，就在欧里庇得斯的肃剧《法厄同》（Phaethon）断章中。[②] 我们知道，卡德摩斯来到忒拜地方是受德尔菲的阿波罗神谕指引（参阿波罗多洛斯，《希腊神话》，前揭，页163），既然如此，在卡德摩斯来到忒拜地方的"那一天"，"太阳神"就不可能同时把"不幸的光线射向忒拜"，因此，要么伊俄卡斯特在隐瞒拉伊俄斯越出自己的"家"诱拐克律西波斯，从而导致拉布达科斯家族不幸命运的事实，要么拉伊俄斯隐瞒了自己的恶行。在这段独白末尾呼唤宙斯神时，伊俄卡斯特又说：

> 可是，住在光明天庭中的
> 宙斯啊，救救我们，让孩子们和解吧！
> 如果你真有过智慧（εἰ σοφὸς πέφυκας），就不该

[①] 《腓尼基少女》文本参照张竹明先生《腓尼基妇女》译文，但依据原文作了必要的改译，改译的原则是"紧扣原文字句的字义和词序"，下同。张竹明先生《腓尼基妇女》译文，见前揭，页329—443；《腓尼基少女》原文参穆雷（Gilbert Murray）编，《欧里庇得斯肃剧集》卷三（Euripidis Fabulae, ed., vol. 3. Oxford. Clarendon Press, 1913）；同时参考佩理（F. A. Paley），《欧里庇得斯笺注》卷三（Euripides, with a English commentary, in 3 Vols. London, 1860）。

　　穆雷（1866—1957），生于澳洲的英国古典学家，英国"功绩勋章"（Order of Merit）获得者，历任格拉斯哥大学和牛津大学希腊语教授，是二十世纪上半叶古希腊语言和文化研究领域的领军人物，在古典学领域的主要建树是校勘并翻译了全部古希腊悲剧，也翻译过阿里斯托芬的喜剧，他校勘的"牛津古典版"欧里庇得斯肃剧文本被引为权威。

　　佩理（1815—1888），英国功利主义哲学家，曾任教于剑桥大学，1874—77 年间任肯辛顿天主教大学古典文学教授，研究涉及荷马、赫西俄德和三大肃剧家，他对19 部欧里庇得斯传世肃剧的注疏被引为权威。

[②] Euripides,《肃剧及断章》（Tragoediae et fragmenta, vol. 9, ed. August Matthiae, Weigel, 1829），页 256—57。

($\chi\varrho\dot{\eta}$ δ'...$o\dot{v}\varkappa$)让有死的($\beta\varrho o\tau\dot{o}\nu$)

　　同一个人永远地遭受不幸。(行 84—7)

　　宙斯神是诸神中最有智慧的诸神之王,他本来就有智慧,因此,说"如果你真有过智慧"就是亵渎神;而伊俄卡斯特说宙斯神"不该……"的说法,则将对宙斯神的"祈求"变成了"命令";至于哪个"有死的人"是否遭受不幸或是否永远遭受不幸,这是宙斯神也无法改变的"命运":伊俄卡斯特的独白表明,她并不顺从命运,她要将不幸的命运归咎于神,还想支配神。

　　值得注意的是,伊俄卡斯特在独白中说到福波斯发布给拉伊俄斯的神谕:

　　　　如果你生了儿子,你所生的人将杀死你,

　　　　你的全家将走在血泊里。(行 19—20)

伊俄卡斯特承认:

　　　　他向快乐让了步($\dot{\eta}\delta o\nu\tilde{\eta}$ $\delta o\dot{v}\varsigma$),喝醉酒后($\check{\varepsilon}\varsigma$ $\tau\varepsilon$ $\beta\alpha\varkappa\chi\varepsilon i\alpha\nu$ $\pi\varepsilon\sigma\dot{\omega}\nu$)

　　　　为我种下了孩子……(行 21—2)

　　由此可见,拉伊俄斯忤逆福波斯神谕是导致悲剧的直接原因,既然拉伊俄斯可以选择"不生子",说明拉伊俄斯的悲剧并非"宿命"。伊俄卡斯特还告诉我们,俄狄浦斯破解斯芬克斯之谜后,当上了忒拜城的"僭主"($\tau\dot{v}\varrho\alpha\nu\nu o\varsigma$,行 51),这是她对俄狄浦斯身份的评价;她进而说到俄狄浦斯刺瞎双眼后,埃特奥克勒斯和波吕涅克斯兄弟为了掩盖屈辱,将父亲"严密禁闭起来",俄狄浦斯因此脾气变坏,"对儿子们发出最邪恶的诅咒",从而导致埃特奥克勒斯和波吕涅克斯兄弟的王权纷争（行 61—9）。可见，尽管伊俄卡斯特讳言拉伊俄斯诱拐克律西波斯的恶行，也或许拉伊俄斯对她隐瞒了自己的恶行，但她的诉说已然表明，拉布达科斯家族的不幸都是自找的。

"开场"第二部分是老保傅与安提戈涅的对话。保傅首先发言：

> ὦ κλεινὸν οἴκοις Ἀντιγόνη θάλος πατρί
> 啊，光宗耀祖的安提戈涅，父亲的幼苗！（行 88）

这句话显然模仿了索福克勒斯《安提戈涅》"开场"第一句话，ὦ κοινὸν αὐτάδελφον Ἰσμήνης κάρα［啊，我同根生的亲姐妹伊斯墨涅的头］。如果安提戈涅呼唤伊斯墨涅这句话表现姐妹情深，我们后来也知道，"伊斯墨涅的头"绝不是"普通的"头，那么，老保傅这句话又表明了什么呢？说安提戈涅是"光宗耀祖的"人，说明在保傅看来，拉布达科斯家族日后就要看安提戈涅的作为了；说安提戈涅是"父亲的幼苗"，说明父亲已然腐朽，安提戈涅才是未来——这一声呼唤的确不同凡响。保傅接着说道：

> 虽然（ἐπεί）母亲放任（μεθῆκε）你离开闺房（παρθενῶνας）
> 登上房屋的最顶层（διῆρες ἔσχατον），
> 观看阿尔戈斯的军队（στράτευμ'），顺应了你不断的
> 请求（ἱκεσίαισι）（89—91）

老保傅此言令人心惊胆颤，让我们想起了海伦（Helen）登上特洛亚的斯开亚城门（Scaeae）楼，引来特洛亚众领袖一片赞叹（《伊利亚特》行 139—60）。[①] 首先，伊俄卡斯特"放任"安提戈涅"离开闺

---

① 参《罗念生全集卷五·荷马叙事诗》，上海人民出版社，2007，页 71—2。

房"，说明这家人已家教尽失，竟至连个女孩子也不能严加管束，拉布达科斯家族果然气数将尽，这与保傅第一句话用"光宗耀祖"来形容安提戈涅形成巨大反差，尽管ἐπεί［虽然］一词也表明，保傅并不认为伊俄卡斯特"放任"自己的女儿"离开闺房"是正确的。其次，伊俄卡斯特"放任"安提戈涅"离开闺房"只是第一步，她还"放任"安提戈涅"登上房屋的最顶层"，这是伊俄卡斯特"放任"的第二步，这里的μελάϑρων［房屋］就是忒拜王宫，如果王宫象征着忒拜王权，那么"放任"安提戈涅"登上王宫的最顶层"，则暗示让安提戈涅登上忒拜王权的巅峰：若联系到伊俄卡斯特正在为化解两个儿子的王权之争而发愁，伊俄卡斯特如此"放任"，莫非真想让安提戈涅"当女王"？

保傅接下来一句话更增加了我们的怀疑：安提戈涅"登上王宫的最顶层"是想"观看阿尔戈斯的军队"，她曾为此不断请求（ἱκεσίαισι）母亲允准，可一个女孩子家，为何对调兵遣将如此感兴趣，而且还是异邦人的军队在调兵遣将？安提戈涅的好奇心是从哪里来的？若回想此前伊俄卡斯特独白中对神的怨恨和怀疑，则不难相见，尽管伊俄卡斯特的话并未表明她本人在政治生活中的地位"上升"，但她的不虔敬直接导致家教失范，再联系到保傅称安提戈涅是"父亲的幼苗"，则想"登上王宫最顶层"的安提戈涅的"上升"指日可待。于是保傅告诉安提戈涅：

> 可是且慢（ἐπίσχες），让我先察看街道，
> 看街上有没有什么公民（πολιτῶν），
> 像我这样的奴隶（δούλῳ）非议（ψόγος）是小事（φαῦλος），
> 但你是一位公主（ἀνάσσῃ）呀！……（行92—5）

保傅这番话表明了城邦中的三个等级及其政治态度："且慢"，就是让安提戈涅不要急于"上升"，因为"公民"会有"非议"，保傅说

"像我这样的奴隶非议是小事",表面上指"奴隶"不怕"非议",实指"奴隶"无权($\varphi\alpha\tilde{\upsilon}\lambda o \varsigma$)"非议"政事,而"公民"的"非议"对"公主"安提戈涅的"上升"而言,就是大事,必须三思而后行($\dot{\epsilon}\pi i\sigma\chi\epsilon\varsigma... \pi\varrho o\upsilon\xi\epsilon\varrho\epsilon\upsilon\nu\dot{\eta}\sigma\omega$)。所以,保傅接着对安提戈涅说:

> ……等我彻底弄清楚了($\dot{\epsilon}\xi\epsilon\iota\delta\dot{\omega}\varsigma\ \varphi\varrho\dot{\alpha}\sigma\omega$),
> 再把我看见和从阿尔戈斯人那儿听到的告诉你,
> 我给你的兄弟传递和约($\sigma\pi o\nu\delta\dot{\alpha}\varsigma$),
> 从这里到了那里,又从那里回到这里。(行95—8)

保傅"弄清楚"$\dot{\epsilon}\nu\ \tau\varrho i\beta\omega$[街上]的情况,等于摸清了"公民"的政治态度,而保傅"从这里到了那里,又从那里回到这里"所"看到"和"听到"的一切,等于目前的国内和国际政治形势,他告诉安提戈涅:

> 现在,没有任何公民($o\tilde{\upsilon}\tau\iota\varsigma\ \dot{\alpha}\sigma\tau\tilde{\omega}\nu$)走近王宫
> ($\chi\varrho i\mu\pi\tau\epsilon\tau\alpha\iota\ \delta\dot{o}\mu o\iota\varsigma$),
> 你登上这松木的古老楼梯($\pi\alpha\lambda\alpha\iota\dot{\alpha}\nu\ \kappa\lambda i\mu\alpha\kappa'$)吧,
> 看看伊斯墨诺斯河岸和狄耳刻泉边的
> 平原上散布着多少敌兵呀!(行99—102)

"没有任何公民走进王宫",等于说"公民"尚未关注忒拜的政事;"古老楼梯"象征登上权位的梯子,因此,保傅让安提戈涅"登上这松木的古老楼梯",便象征着要她踏上通向王权的梯子;至于说到"伊斯墨诺斯河岸和狄耳刻泉边的平原",则是以"空间"置换"时间",让安提戈涅有"历史感",因为"伊斯墨诺斯河"与"狄耳刻泉"乃是古老的忒拜城的象征;最后说到"敌兵",则指明了忒拜城的政治现实:阿尔戈斯人陈兵忒拜城下,埃特奥克勒斯和波吕涅克斯兄

将有一场殊死搏斗。听了保傅这番话,安提戈涅说:

> 你伸出(ὄρεγέ),现在你伸出(ὄρεγε)你老人的手给我
>
> 年轻人,从楼梯上
>
> 拉我爬上来!(行103—5)

　　安提戈涅这句话很有意味,连续两次说"你伸出……手",足见其迫不及待:"年轻的"她迫不及待地需要一只"老手"(γεραιάν...χεῖρ')把她"拉上来"或"推上去"(ἐπαντέλλων)。我们知道,虽然老保傅以"奴隶"自称,可παιδαγωγός[保傅]一词也泛指"领路人"(《牛津希英辞典》,前揭,页1286),《王制》卷八中苏格拉底和阿德曼托斯谈到"僭主"从公民手中释放的"奴隶"(δούλους)会成为对"僭主""最忠实的人(πιστότατοι)"(567e),显然,老保傅是一位极富政治经验的"领路人",安提戈涅是他的女弟子,所以安提戈涅才如此倚重他。保傅见状,对安提戈涅说:

> ἰδοὺ ξύναψον, παρθέν': ἐς καιρὸν δ' ἔβης
>
> 小心抓紧,闺女! 你来得正是时候;(行106)

　　老保傅要安提戈涅"小心抓紧"他的手,乐意为安提戈涅的"上升"效劳,还称安提戈涅为παρθένος,我们知道,παρθένος是雅典娜和阿尔忒弥斯等女神的别号,老保傅以此称呼安提戈涅,显然把她高捧为女神;然而,老保傅所谓"你来的正是时候"究竟是什么意思?我们发现,由这句话直到"开场"戏段结束,老保傅与安提戈涅的对话,全部围绕阿尔戈斯人的调兵遣将:阿尔戈斯人兵临忒拜城下,埃特奥克勒斯和波吕涅克斯兄将有一场殊死搏斗,这就是忒拜城当前的政治现实,这就是καιρός[关键时刻],也正是在此"关键时刻"(ἐς καιρὸν),安提戈涅想靠"老手"的帮助而"上升"。老保傅将安提

戈涅比作女神(παρθένος)是"僭越"，而说安提戈涅"你来的正是时候"，是激励安提戈涅抓住有利的历史机遇，把伊俄卡斯特的"放任"所开启的"上升"事业推向前进：可见，老保傅想要帮助安提戈涅成为"女僭主"。

"开场"末尾，保傅呼唤安提戈涅：

> 孩子啊，进屋躲到屋檐下
> 在你的闺房里待着(μίμνε)，既然你已如愿
> (πόθου ἐς τέρψιν ἦλθες)
> 看到了你渴望的一切(ὧν ἔχρηζες εἰσιδεῖν)。
> 因为，有一群女人，城邦(πόλιν)一片骚乱，
> 她们正朝僭主的(τυραννικούς)官殿走来。（行 193—7）

μίμνε这个词原指战争中搏杀前的"等待"，因此，保傅要安提戈涅"待在闺房里"，既应和了"七雄攻忒拜"一战即将爆发，也暗指安提戈涅应暂且回避，以便做好斗争前的最后准备。"如愿"和"看到了你渴望的一切"，表面上指阿尔戈斯人的调兵遣将，暗指安提戈涅的"希望"，然而，"希望"往往是"妄想"，因为εἰσιδεῖν[看到]的东西有可能是虚幻的，尤其当一个人"看到"的东西是他所"渴望"的东西时，迫切的"渴望"往往会导致"幻觉"，安提戈涅的情形就是如此。然而，在安提戈涅的"渴望"与阿尔戈斯人的调兵遣将，或者说与即将的爆发的战争之间，究竟有何关系？《王制》卷八中，苏格拉底谈到"僭主"在初步消除内乱之后，

> 总是首先挑起战争，好让人民需要领袖。……人民
> 既因负担军费而贫困，成日忙于奔走谋生，便不大可能有
> 功夫去造他的反了，……如果他怀疑有人思想自由，不愿
> 服从他的统治，他便会寻找借口，把他们送到敌人手里，

借刀杀人。由于这一切原因，凡是僭主总是必定要挑起
战争的。（566e—567a，参《理想国》，前揭，页347）

可见，"挑起战争"乃是"僭主"的天性，说明在"战争"手段与
"僭主制"之间有必然联系，既然"僭主"可以用"战争"手段来清除
异己，有雄心的人自然也可以利用"战争"而变成"僭主"，曾追随过
苏格拉底的阿尔喀比亚德就是这样的人：苏格拉底这番话让我们
明白了，安提戈涅何以如此"渴望"观看阿尔戈斯人的调兵遣将。

保傅看到的"一群女人"，就是组成"歌队"的"腓尼基少女"，她
们的到来引起了"城邦的骚乱"，表明忒拜城邦如今已是人心惶惶。
在希腊文本中，行196起首是ὄχλος γάρ［因为，有一群］，到行197才
是χωρεῖ γυναικῶν...［走来女人……］，用ὡς ταραγμὸς εἰσῆλθεν πόλιν［城邦
一片骚乱］将ὄχλος［一群］和γυναικῶν［女人］分隔开来，表明保傅也因
此而慌张不已：一开始他没看清这"一群"是什么人，见到"城邦一
片骚乱"之后，才发现她们是"一群女人"，但仍然不知道她们究竟
是什么人。保傅说她们"正朝僭主的宫殿走来"，一方面，确认了忒
拜当政者埃特奥克勒斯的"僭主"身份，另一方面，若考虑到保傅尚
不明确这些女人的身份，她们的"走向"则象征着想介入城邦政治
的女人不止安提戈涅一人，这也正是让保傅感到慌张的原因，也正
因为如此，才有了他最后关于女人"性情"的一番描述：

> 爱挑刺（φιλόψογον）是女性的（θηλειῶν）天性，
> 如果找到了一点话柄，
> 就会添枝加叶；她们似乎有一种嗜好（ἡδονή），
> 把别的女人说得一无是处（μηδὲν ὑγιὲς）。（行198—
201）

保傅这番话给我们的印象是在讽刺女人，但若果真如此，他不

是连安提戈涅甚至连她的母后伊俄卡斯特也一道讽刺了吗？并非没有意义的是，我们发现，行 197 和 198 两行诗的关键词是γυναιξὶ[女人]、δόμους τυραννικούς[僭主的宫殿]、φιλόψογον[爱挑刺]、θηλειῶν[女性的]：这两行诗中的γυναιξὶ[女人]和θηλειῶν[女性的]是什么关系？行 198 开头的φιλόψογον[爱挑刺]一词紧接着行 197 末尾的τυραννικούς[僭主的]一词，两个词的意思联系来就是“僭主的爱挑刺”或“爱挑刺的僭主”，难道“僭主”与“爱挑刺”这种“性情”也有关联？

我们想起，赫西俄德在《神谱》中是这样描述潘多拉的：“从她产生了女性的女人种族”（ἐκ τῆς γὰρ γένος ἐστὶ γυναικῶν θηλυτεράων）（行 590）。赫西俄德这句话表明，不可将θῆλυς[女性的]和γυνή[女人]两个词中的“女”混为一谈，因为γυνή[女人]与ἀνήρ[男人]相对应，而θῆλυς[女性的]与ἄρσην[男性的]相对应，“男人”和“女人”都有可能是“女性的”或“男性的”，比如，有一类人就是“女性的男人”或“女人气的男人”。可见，行 198 中的θηλειῶν[女性的]并非专指“女人”，如此说来，如果谁“爱挑刺”，他就是“女性的”或“女人气的”。那么，“僭主”是不是这样“爱挑刺”的人呢？

色诺芬的“僭主”希耶罗告诉诗人西摩尼德斯，“僭主”无时不在“畏惧”和“不信任”当中，[①]既如此，毫无安全感可言的“僭主”，必定是“最爱挑刺的人”，而“僭主”罗织罪名清除异己的手段，不正是保傅所谓“找到一点话柄，就会添枝加叶”的最极端方式吗？“僭主”只关注自己的ἡδονή[快乐]而不信任任何人，不正是将所有人都看得“一无是处”吗？因此，保傅这番话表面上是要安提戈涅谨防“爱挑刺”的女人对她说三道四，实则是诗人欧里庇得斯借保傅之口，委婉道出了“僭主”的“性情”。

---

① 施特劳斯、科耶夫，《论僭政——色诺芬〈希耶罗〉义疏》，何地译，观溟校，北京：华夏出版社，2006，页 1—22。

"进场歌"由三曲五个小节构成。"第一曲首节"和"第一曲次节"回应了"进场"末尾保傅看到"一群女人"的说法,歌队两番咏唱她们是"洛克西亚斯的贡品",是从腓尼基选出送往"福波斯神庙"服役的处女,并为此感到骄傲,也充满期待。我们发现,这两节诗提到阿波罗神时,用了他的两个别名洛克西亚斯($Λοξίας$)和福波斯($Φοῖβος$),我们知道,$Λοξίας$意思是"模棱两可",而$Φοῖβος$意思是"光辉灿烂",可见,歌队主要强调了阿波罗神的预言"模棱两可"和阿波罗神以其"光辉灿烂"照亮万物的能力;然而,如果说"福波斯"这个名字强调阿波罗神"能让人看得清楚",而"洛克西亚斯"这个名字强调阿波罗神谕"隐晦难解",那么,歌队用这两个别名来称呼阿波罗神,正是为了表明神性相对于人性的矛盾性,从而表明神性之于人性的超越性。

并非没有意义的是,我们发现,在"第一曲首节"中提到"腓尼基"的行 203,处在分别提到"洛克西亚斯"和"福波斯"的行 202 与 204 之间,"第一曲次节"中提到"卡德摩斯"、"阿革诺尔(Agenor)"和"拉伊俄斯"的行 216、217 和 218,处在分别提到"洛克西亚斯"和"福波斯"的行 215 与 221 之间,这表明在歌队看来,腓尼基人及其后裔三位王者具有神圣的传统,也受神的庇护;歌队在"第一曲次节"中说她们"来到卡德摩斯的国土"和"拉伊俄斯的城堡",说他们都是阿革诺尔的子孙,却没有提到尚在人世的俄狄浦斯,也没有提到当今"王上"埃特奥克勒斯,更不要说波吕涅克斯了,这说明歌队不承认俄狄浦斯或埃特奥克勒斯有腓尼基人和阿革诺尔王族的神圣传承。

"第一曲首节"末尾,歌队咏唱了"西风之神"仄费罗斯($Ζέφυρος$),我们知道,"西风"乃是和煦多雨的祥和之风,还说仄费罗斯"在天上奏出最甜美的音乐"(行 213);"第一曲次节"末尾,少女们咏唱了她们期待在卡斯塔利亚($Κασταλία$)圣泉中沐浴,清洗"引为骄傲的处女的头发"的急切心情。可以说,"第一曲"两节诗充满了神圣、温暖、祥和、喜悦的气氛。

　　然而,"中曲"主题斗转,开始咏唱"酒神狄奥尼索斯",提到"火光闪现的岩石"、"顶峰"、"葡萄藤"、"龙",听了让人心惊胆颤;所以,歌队希望"在不死神的歌队里旋舞"以"摆脱恐惧",期待"离开狄耳刻的泉水",抵达"福波斯的洞窟"(行 227—38)。歌队的咏唱表明,酒神及其伴侣的纵酒狂欢,打破了"第一曲"中温暖祥和的神圣气氛,导致人心的混乱和恐惧。因此,歌队渴望摆脱恣意狂欢的酒神崇拜,回到温暖祥和的日神崇拜。尼采在《悲剧的诞生》中关于欧里庇得斯"遗弃酒神"的说法,想必也是有鉴于此。① 尼采还批评欧里庇得斯说,"由于你遗弃了酒神,所以日神也遗弃了你。"(前揭书,页 43)且不论尼采此言是否有理,接下来"第二曲首节"和"第二曲次节"的咏唱急转直下,再未出现酒神的名字,也没有出现太阳神的名字,倒应和了尼采的说法。"第二曲首节"中出现了战神阿瑞斯(Ἄρης),歌队表示,如今忒拜城面临的不幸是腓尼基人"共同的不幸",她们要与忒拜人"患难与共",因为都是"伊俄的子孙";"第二曲次节"中战神再次出现,还出现了复仇女神(Ἐρινύς),说战神为"俄狄浦斯的儿子们带来了复仇女神的诅咒"(行 253—4),歌队至此才在战争与复仇即将爆发的氛围中提到"俄狄浦斯的儿子们",说"他们很快就会尝到苦头",并再次提到"一个儿子"来争夺家业,但歌队连儿子们的名字也懒得提,说明在歌队看来他们"不值一提";歌队说这个儿子将要投入的争斗"并非无理"(οὐ...ἄδικον)——"并非无理"也并非"有理";然而,歌队不但提到"阿尔戈斯",还说它是"佩拉斯戈斯人的国度",甚至说"我惧怕你的武力"(行 257)。

　　与"开场"中安提戈涅的"上升"形成对照,"进场歌"以多条相互交织的线索,暗示了忒拜政制的"下降":由洛克西亚斯—福波斯

① 尼采,《悲剧的诞生》,周国平译,北京:三联出版社,1996,页 1—108。

神，到酒神狄奥尼索斯，再到战神，最后是复仇女神；由阿革诺尔—卡德摩斯—拉伊俄斯，到俄狄浦斯及其两个儿子；由温暖祥和的神圣氛围，到充满血腥的战争阴云；由被选送做福波斯神庙侍女的美好而又神圣的腓尼基处女，到为争权夺利而来的"并非无理"的儿子。在忒拜政制的"下降"过程中，酒神狄奥尼索斯崇拜是转捩点，如果忒拜政制的"下降"正是由"王政"到"僭政"堕落，那么，酒神与僭主究竟有何关系？

我们知道，酒神崇拜起初是希腊山区农民和穷人的信仰，将此"民间信仰"及其祭拜仪式引入雅典城邦的正是僭主庇西斯特拉图（Peisistratus），此举不但将酒神崇拜发扬光大，而且从酒神祭拜歌（Dithyrambos）中诞生了肃剧。而叙拉古的大、小迪奥尼修斯僭主连名字都取法酒神，想必不是偶然。"开场"中安提戈涅的"上升"，当然并不意味着女人想成为现实的"僭主"，而是就忒拜政制败坏的极端后果提出警告，可见，欧里庇得斯贬抑酒神，正是有鉴于酒神崇拜与僭主制并最终与雅典民主政制的内在关联，尼采为了其"永恒轮回"的新宗教构想而高扬酒神精神，认为"市民的平庸，乃欧里庇得斯的全部政治希望之所在"（尼采，前揭书，页 45），恰恰是无视欧里庇得斯欲以日神精神抵制民主政制的良苦用心。

二

"第一场"分为三个部分：第一部分写伊俄卡斯特和波吕涅克斯母子相见；第二部分写伊俄卡斯特为埃特奥克勒斯和波吕涅克斯兄弟说和；第三部分写埃特奥克勒斯和波吕涅克斯兄弟反目。

接续"进场歌"末尾关于俄狄浦斯的一个儿子来讨公道的说法，"第一场"一开始是波吕涅克斯的独白：他进入忒拜城后的表现警觉而多疑，只有"手里握的剑"给他勇气；他一路走来如惊弓之鸟，连任何一个声响都怕得要命，认为自己进城议和是"冒险"之举;他说相信母亲,但又不相信她会劝他议和,等于还是不相信母亲;他来到"神坛炉灶"跟前,才敢将剑插入鞘中。如此等等表明,回到自己的祖国来讨公道的波吕涅克斯明显底气不足,让人怀疑他所谓讨公道只是"无理取闹",不但毫无"王者"气度,倒像个猥琐小人。

在与歌队报过家门后,伊俄卡斯特上场,母子相见,抱头诉说离别之苦,说到兄弟不和,也说到瞎眼的俄狄浦斯的哭号,在抱怨波吕涅克斯与外邦女子结了不幸的婚姻后,伊俄卡斯特诅咒"刀剑"、"纷争"、"有罪的父亲"和"神灵恶意地(τὸ δαιμόνιον)猛袭俄狄浦斯的家",说这些都该"天诛地灭"(ὄλοιτο),只因她承受了这些"邪恶"(κακῶν)所导致的痛苦。同为女人,伊俄卡斯特如此怨愤地诅咒神明该"天诛地灭",还说神明"邪恶",这与歌队的虔敬和友好形成强烈对比,表明忒拜这一系腓尼基人已然堕落。歌队因此感叹:

> 可怕的(δεινὸν)是经历了分娩苦楚的妇女
>
> 对孩子的爱,每一种雌性(πᾶν γυναικεῖον γένος)总是
>
> 如此。(行355—6)

显然,歌队此言将伊俄卡斯特降到了"动物"的水平,她的舐犊之情的"可怕"之处,在于她竟敢因此而诅咒神明。波吕涅克斯接着发言,诉说他思念祖国思念家人的苦楚,但讽刺的是,这苦楚正是由他的同胞兄弟造成的,以至于他回到祖国,还得时刻提防兄长杀了他。听了波吕涅克斯的诉说,伊俄卡斯特再次发出亵渎神明的言辞:

> 有一位神在邪恶地(κακῶς θεῶν τις)加害俄狄浦斯的
>
> 家族。(行379)

　　然而，哄小孩要用糖果而不能用酒精，伊俄卡斯特的渎神言辞无非是想转移波吕涅克斯对其兄长的怨恨，所以她绕着弯向波吕涅克斯连续提问，想通过这些问题软化波吕涅克斯的心："脱离祖国是什么滋味？""脱离祖国是不是很苦？""什么样的苦？""流亡者的苦楚是什么？"由此引出母子两人的一番倾诉：

　　　　波吕涅克斯　最苦的是没有言论自由（οὐκ ἔχει
　　　　　　　　　　παρρησίαν）。
　　　　伊俄卡斯特　奴隶地位（δούλου τόδ'）就是不能畅说
　　　　　　　　　　欲言。
　　　　波吕涅克斯　必须忍受（φέρειν）掌权者的愚蠢。
　　　　伊俄卡斯特　痛苦的是与不聪明的人一道做蠢事
　　　　　　　　　　（συνασοφεῖν）。（行 391—4）

　　伊俄卡斯特把"没有言论自由"说成是"奴隶地位"，把"忍受当权者的愚蠢"转换成了"与不聪明的人一道做蠢事"，显然是要加重波吕涅克斯对"流亡"之苦楚的感受；随后，母子关于"希望""生活资料""患难无友""贫穷就是厄运"的对话，引出了伊俄卡斯特如此赞叹：

　　　　ἡ πατρίς, ὡς ἔοικε, φίλτατον βροτοῖς.
　　　　祖国看来是有死的人最可爱的东西！（行 406）

　　伊俄卡斯特的谆谆善诱，也终于使波吕涅克斯承认：

　　　　οὐδ' ὀνομάσαι δύναι' ἂν ὡς ἐστὶν φίλον.
　　　　你无法说出它有多可亲！（行 407）

　　接着，伊俄卡斯特询问了波吕涅克斯在阿尔戈斯招婿的经过：

原来，阿德拉斯托斯（Adrastoss）得到神谕，要他把两个女儿嫁给"一头野猪和一头狮子"（行411），正如伊俄卡斯特所言，这是将波吕涅克斯和提丢斯（Tydeus）当成了野兽。最后，波吕涅克斯承认阿尔戈斯人此次兴兵来伐的目的是争夺"钱财"（χρήματ'），并说出了他的心里话：

> ……为稻粱谋者，即便出身高贵也一文不值。（行442）

波吕涅克斯此言重复了他方才关于"贫穷就是厄运"的看法（行405），表明他是无法经受住"贫穷"这种"厄运"考验的人，尽管他"请诸神作证"，说自己与阿尔戈斯人同谋是"出于不得已"，但"为稻粱谋"的波吕涅克斯已然变得"一文不值"。既然如此，已毫无"高贵"可言的波吕涅克斯，又有何资格来争夺王权呢？

随后，歌队引出埃特奥克勒斯，"第一场"戏进入第二部分，伊俄卡斯特要波吕涅克斯先发言，波吕涅克斯开言道：

> ἁπλοῦς ὁ μῦθος τῆς ἀληθείας ἔφυ,
> 直言不讳才是天然的真理之言。（行469）

他一张嘴，就要人们拿他的话当"真理"，但ἁπλοῦς一词也有"头脑简单"的意思，因此，"直言不讳"往往是一个人"愚蠢"乃至"野蛮"的表现。波吕涅克斯接下来的话果然暴露了他的"愚蠢"：

> 我在父亲的官殿里筹划，
> 为我自己（τοὐμόν），特别（τε）也为他……（行473—4）

他接着说到自己当初自愿离开国土，就是想与埃特奥克勒斯

"轮流执政一年"，以避免父亲的诅咒。波吕涅克斯发言的关键词是"正义"（行470：$τἄνδιχ'$；行492 $δίκη,δίκης$），他认为埃特奥克勒斯违背了当初"轮流执政一年"誓言，就是"不义"。然而，正如波吕涅克斯本人所言，这个"轮流执政一年"的方案，是由他自己首先筹划并提议的：我们知道，"国无二主"乃是常理，"嫡长子继承"也是常规，按此，埃特奥克勒斯作为俄狄浦斯长子，是当然的"王位"继承人，而作为次子的波吕涅克斯"为自己筹划"倒也有情可原，但他根本没资格"特别"了为埃特奥克勒斯而提出什么"轮流执政一年"的方案。可见，波吕涅克斯的所作所为乃是"僭越"，他当初自愿首先离开国土，是为了能够顺利实现"轮流执政"，从而实现自己的"僭主"梦想，这样一个心怀鬼胎的人，若真能按"轮流执政一年"的方案执政，难说也会将埃特奥克勒斯拒之于国门之外。因此，波吕涅克斯才是"不义"的始作俑者，他有何脸面在此大谈"正义"或"不义"呢？

对于波吕涅克斯这番表白，埃特奥克勒斯早就听不下去了，见歌队长随后的表态有些模棱两可，埃特奥克勒斯发出惊人之语：

> 如果所有人关于好和智慧理解一致，
> 人们便没有什么争论不和了。
> 人世间本来就没有什么公平或平等，
> 它们无非是名称而已……（行499—502）

埃特奥克勒斯第一句话说的是实情，第二句话则提出了一种关于"公平"和"平等"的"唯名论"，将我们对埃特奥克勒斯的同情一扫而光：原来，埃特奥克勒斯也是个根本不讲"公平"和"平等"的无耻之徒，他远比波吕涅克斯要"卑劣"得多，所以他才会说出下面这种渎神的言辞：

$τὴν ϑεῶν μεγίστην ὥστ' ἔχειν Τυραννίδα.$

　　拥有僭主权力,这诸神赐予的最伟大的东西。(行
506)

非但如此,埃特奥克勒斯还有更可怕的政治表白:

　　如果需要行不义,那么为了僭主权力(τυραννίδος)
　　而行不义是最正当的,在别的事情上则必须敬神。
(行524—5)

　　埃特奥克勒斯此言说了两层意思:其一,为了"僭主权力"需要
"行不义",而且为此"行不义"是"最正当的";其二,除"僭主权力"以
外的事务,"必须敬神"。第一层意思暴露了"僭主制"与"不义"有必
然联系,而让"最正当的"成为"行不义"的谓词,无论如何都是强盗
逻辑,这比柏拉图《王制》中的忒拉绪马霍斯(Thrasymachos)所谓
τὸ τοῦ κρείττονος φὴς συμφέρον δίκαιον εἶναι[强者的利益就是你所说的正
义](338c,见前揭,页18)还要无耻。第二层意思将"敬神"的重要性降
到了"僭主权力"之下,无疑是亵渎神明,而作为"全权"的"僭主权
力"以外的事务,无非是公民的私人事务,僭主都希望公民成为"敬
神"的人,前提是不要把"敬神"和"僭主权力"扯到一起。可见,埃特
奥克勒斯实际上是一个不敬神的"僭主",因此是一个邪恶的"僭
主"。听了埃特奥克勒斯的发言,"虔敬"的歌队长坚决表示反对:

　　不(οὐκ)必粉饰不(μὴ)正当的行径,
　　因为这样做是不(οὐ)正当的,更是对正义的挖苦。
(行526—7)

　　歌队长一句话连用三个否定词,她一定是被卡德摩斯的子孙
的堕落吓坏了。于是,伊俄卡斯特再也坐不住了,她一语道破埃特

奥克勒斯如此德性出于"紧跟'爱荣誉'（Φιλοτιμίας）这最邪恶的灵"，要求他"敬重'平等'（Ἰσότητα）"，"因为'平等'对于人类永恒不变之物"（行 531—8）。她接着从"自然哲学"高度论证了"平等"的永恒性（行 539—46），表明女人与"形而上学"果然有关联。伊俄卡斯特要埃特奥克勒斯在"做僭主"（τυραννεῖν）和"救城邦"（πόλιν σῶσαι）之间做出抉择，指出"做僭主"追求财富会祸害忒拜城邦，并转而告诉波吕涅克斯，若一意孤行，与阿尔戈斯人一道攻打城邦，无论胜负，都将陷入不幸。

听了伊俄卡斯特的劝说，歌队长祈求诸神制止这场灾难，显然对伊俄卡斯特的劝说不抱希望。埃特奥克勒斯果然表示非"当王（ἄνακτ᾽）"不可，要伊俄卡斯特不必再费口舌，并呵斥波吕涅克斯滚出城去，否则就要他的命。谈判就此破裂，劝和归于失败，"第一场"戏转入第三部分：兄弟俩人撕破脸面，一番唇枪舌剑，上演了一出"僭主对僭主"的口水战，可谓斯文扫地，德性尽失。最后，埃特奥克勒斯一句"就让全家都灭亡吧！"，暴露了"僭主"的疯狂；波吕涅克斯则抱有"希望"（ἐλπίδες），竟然自信能凭诸神的帮助"杀了此人，统治忒拜"，也表明他已彻底陷入疯狂。

领略了这残酷而又邪恶的纷争，歌队唱起了"第一合唱歌"。"第一合唱歌·首节"再次从卡德摩斯由腓尼基城市推罗来到忒拜地方开辟家园唱起，歌唱"塞墨勒与宙斯结合生下了布罗弥俄斯（Βρόμιον）"，"为忒拜少女和欢呼的妇女带来了酒神的歌舞"（行 655—6）。我们发现，"第一合唱歌"的咏唱前后有明显的情绪变化："第一合唱歌·首节"前十行诗气氛祥和，充满田园诗意，但后八行诗随着酒神的诞生，出现了"常春藤将他围裹""绿荫将他覆盖"这样的字眼，歌唱渐渐蒙上了阴影，最终，"喧闹的"（Βρόμιος）酒神布罗弥俄斯使忒拜的少女和妇女陷入疯狂歌舞，并由此转入"第一合唱歌·次节"的血腥杀戮（行 657；φόνιος［杀人的］；行 663；ὤλεσε［杀死］；行 664；φόνιον［杀人的］；行 664；ὀλεσίθηρος［斩杀野兽］；行 673；φόνος［屠杀]；行 675，$α\ddot{ι}ματος$[鲜血]）：歌唱卡德摩斯杀死阿瑞斯的龙，并听从帕拉斯女神的指导，将龙齿抛入田野生出"地生人"，"第一合唱歌·次节"末尾又咏唱"地生人"复又相互残杀并复归于土地，这应和了"第一合唱歌·首节"末尾的"酒神歌舞"，也暗示埃特奥克勒斯和波吕涅克斯兄弟即将相互残杀并复归于大地。

"第一合唱歌·末节"，歌队不再祈求神制止这场战争，让这两兄弟和解，因为，她们已见识了埃特奥克勒斯和波吕涅克斯兄弟的"僭主"性情；她们吁求祖先神、伊俄所生的宙斯之子厄帕福斯（$Ἔπαφον$），这是提醒忒拜人不要忘记自己的神圣传统；她们吁求佩尔塞福涅和德墨忒尔，这是希望这一对堕落的兄弟速速死去；她们吁求该亚，是赞颂大地的厚生之德；她们吁请厄帕福斯"派手持火把的女神们来保卫这国土"（行 676—89），表明她们唯一看重的是由卡德摩斯开辟的这一方土地。"第一合唱歌"暗示，酒神歌舞是导致人心疯狂的催化剂，而人一旦堕落，则唯有死亡并复归于土地这一条出路。所以，重要的是大地，因为大地能将新人"送进充满阳光的空气"（行 674）。

三

"第二场"描述埃特奥克勒斯和克瑞昂甥舅协商应敌之策。埃特奥克勒斯只知"僭主权力是诸神赐予的最伟大的东西"，却毫无抵御外敌之策，他唯有依仗舅公克瑞昂。克瑞昂一上场，埃特奥克勒斯就对他撒谎，说波吕涅克斯提出的"和解条件还差得很远"（行 702），目的只有一个，那就是让克瑞昂完全站在他这一边。但克瑞昂不愿多听两兄弟的是非曲直，他要马上与埃特奥克勒斯商议"最紧迫的事情"（行706）。听了舅公的话，埃特奥克勒斯的表现就像一个傻瓜：

　　　什么事？我不明白你的话。（行 707）

大敌当前，身为"僭主"的埃特奥克勒斯竟然不懂得何为"最紧迫的事情"！克瑞昂告诉他，据俘虏招供，阿尔戈斯人准备围攻忒拜城，从而在甥舅间展开了一场关于如何迎敌的对话。埃特奥克勒斯先后提出"越过城壕，立即交战"（行714）"夜袭"（行724）"开饭时间攻打"（行728）"骑兵冲击"（行732）等愚蠢至极方案，都被克瑞昂一一驳回，手足无措的"僭主"竟然问克瑞昂：

> 那怎么办？我把城池送给敌人？（行734）

克瑞昂见状，讽刺道：

> 绝不是；你要动脑筋呀，既然你是聪明的。（行735）

见埃特奥克勒斯实在没有主意，克瑞昂便托出以七员大将守御七个城门的妙策，并提出不仅要派遣副将，而且要挑选智勇双全之将。埃特奥克勒斯满口答应了克瑞昂的御敌之策，又急着要亲自去为七个城门派遣将领，可见他根本不懂得"主帅稳坐军中"的道理，尤为愚蠢的是，此时此刻他竟然一心想着要亲手杀死自己的兄弟波吕涅克斯，可见对"僭主权力"的贪婪已经让他失去了人性。埃特奥克勒斯接着向克瑞昂托付家事，"僭主"的狡诈再次表露出来：批准安提戈涅与海蒙的婚约，本当是父亲俄狄浦斯和母亲伊俄卡斯特的职分，他僭越"父母之命"为妹妹安排婚事，无非是想稳住舅公克瑞昂的心，以便获得他的支持；他要克瑞昂赡养他的母亲，因为克瑞昂是母亲的兄弟，所以他不想多说，还说这是为了克瑞昂，当然他也说这是为了他自己，但显然不准备为此而感激克瑞昂；他将父亲说得一无是处，显然是要克瑞昂随心所欲予以处置，真可谓"狼子野心"。

然后，埃特奥克勒斯说他想听忒瑞西阿斯先知传达神谕，他将派克瑞昂的儿子墨诺叩斯去请先知，只因为他自己批评过先知的预言术，所以他要克瑞昂与先知交谈。听了埃特奥克勒斯这番话，让我们想起了索福克勒斯《俄狄浦斯僭主》，因为，当初忒拜城瘟疫肆虐之际，俄狄浦斯僭主也命令克瑞昂去请忒瑞西阿斯先知，结果我们都知道，克瑞昂落了个与先知"同谋"的罪名——我们不禁倒吸一口冷气：莫非明目张胆想杀死同胞兄弟埃特奥克勒斯"僭主"，也想借此机会杀了克瑞昂和墨诺叩斯父子不成？这是我们的第一个怀疑。但即便情形并非如此，也不难想见，在此城邦危机关头，埃特奥克勒斯不愿父亲俄狄浦斯与先知当初那一场动人心弦的唇枪舌战在他身上重演，只因他心知肚明：自己连父亲的那点英雄气概也没有，他的心根本没有能力承受先知带来的预言。因此，他说先知可能对他心怀芥蒂，乃无能之辈的推诿之辞。

最后，埃特奥克勒斯对克瑞昂发出"训令"：胜利后不许埋葬波吕涅克斯的尸体，违者处死。真正的战斗尚未开始，埃特奥克勒斯就已经想着如何处置波吕涅克斯的尸体，如此违背神律的"训令"表明，"僭主权力"甚至想越出活人的国度而宰制死人，可见"僭主"的贪欲没有限度。埃特奥克勒斯最后的言辞是：

> 向着明智（Εὐλαβεία），这最有用的女神
> （χρησιμωτάτη ϑεῶν），
> 我们祈求她保护我们的城邦。（行 782—3）

我们知道，所谓"明智女神"并不见于古希腊传统神谱，埃特奥克勒斯为何要祈求这样一位名不见经传的"女神"，成为古典学者的一个难题。[1] 其实，关键在于埃特奥克勒斯把"明智"奉为"最有

---

[1] Christiana Sourvinou-Inwood，《悲剧与希腊宗教》（*Tragedy and Greek Religion*，Lexington Books，2003），页 447，注 380。

用的女神",这里的"最有用"所指为何?

如前章所述,柏拉图的普罗塔戈拉认为,"处身明智(εὐβουλία)"便能"在操持家政和操持城邦事务方面变得极为出色,行事说话对城邦事务产生重大影响";苏格拉底评论说,普罗塔戈拉所谓"明智"属于"政治的技艺"(《普罗塔戈拉》318e—319a)。由此可见,埃特奥克勒斯之所以把"明智"奉若神明,只因为"明智"是"最有用的政治技艺",能让他在"家政"和"治邦"两方面都成为"出色"而有"重大影响"的人。埃特奥克勒斯对"明智女神"的崇拜,是"僭主"为谋求全权对传统信仰的颠覆,而且我们注意到,"明智"是一位"女神",这与"第一合唱歌"中歌队吁求宙斯之子厄帕福斯"派手持火把的女神们来保卫这国土",形成了鲜明对照:连来自腓尼基的少女们都知道,宙斯神和宙斯之子厄帕福斯的重要性,远在女神佩尔塞福涅和塞墨勒之上,可身为男人的埃特奥克勒斯竟然堕落到崇拜一位"伪造的女神",可见,在"僭主"看来"有用就是神",而"女人的"就是"有用的",因为"善变"是女人的天性。因此,埃特奥克勒斯最后的言辞,也回应了"开场"中所彰显的女人的"上升"主题。

眼见埃特奥克勒斯披挂上阵,一场血战在所难免,歌队唱起了"第二合唱歌"。"首节"一开始就咏唱"战神"与"喧闹的"(Βρόμιος)酒神布罗弥达斯不同,前者"酷爱流血和死亡"(行784—5),后者配合年轻女孩歌舞,然而"流血"和"死亡"属于"英雄","歌舞"属于"女人";歌队接着咏唱"战神"鼓动阿尔戈斯人"要武装的忒拜人流血",而"酒神"则"挥舞着酒神杖缠着鹿皮去跳舞"(行790—3),可见,歌队的咏唱是在对比两种德性。最后,歌队咏唱了"战神"的姐妹"纷争女神"为拉布达科斯家族的王子带来灾难。我们隐隐觉得,歌队想告诉我们,阿尔戈斯人与忒拜人的这一场争战,与"酒神"和"女人的歌舞"有关。

"次节"咏唱了俄狄浦斯家庭的命运,从俄狄浦斯被弃于基泰戎山,到斯芬克斯祸害忒拜城邦,再到两个儿子的纷争,最后是俄狄浦斯乱伦婚姻的污点。歌队的咏唱让我们感到俄狄浦斯之家的悲剧和污点已无可挽回,非要"流血"和"死亡"才能洗刷干净。由此转入"末节",歌队咏唱了关于忒拜城的几个传说:首先是"大地"生出了"龙齿人";其次是天神参加哈摩尼亚与卡德摩斯的婚礼;再次是安菲翁用琴声建起了忒拜城;最后是伊俄生了卡德墨亚诸王。通过这些传说,歌队骄傲地咏唱了卡德摩斯家族的神圣传统,从而与"次节"中俄狄浦斯之家无以化解的悲剧和污点形成对比,也再次申明,卡德摩斯家族在俄狄浦斯及其两个儿子手中,已然堕落到了极点。因此,歌队最后唱道:

> 无数的好运,这样的
> 还有那样的,城邦都历了,
> 并已然登上了战神
> 荣誉的顶峰。(行 830—3)

既然经过世代英雄的征战,忒拜城已然登上了"战神荣誉的顶峰",那么衰败就不可避免,因为世间本无永恒之物。

四

"开场"中女人的"上升"是"僭政"渐成气候的标志,"第一场"将埃特奥克勒斯和波吕涅克斯兄弟无耻而又邪恶的"僭主"性情暴露无遗,"第二场"则揭露了"僭主"埃特奥克勒斯面对城邦危机的无能。歌队在"进场歌""第一合唱歌""第二合唱歌"中的三番咏唱,表明了忒拜神圣传统的堕落,"酒神"崇拜及其"女人歌舞"乃是堕落的根由,"流血"和"死亡"不可避免。正是在这样的背景下,这部肃剧的核心人物忒瑞西阿斯先知上场了。

　　"第三场"开头是忒瑞西阿斯先知的告白,第一句话呼唤女儿牵引他向前,说盲人需要引路人牵引,正如"水手要靠星座引航"(行835);与索福克勒斯《安提戈涅》中,忒瑞西阿斯先知关于"向导"(行990)和"引路人"(行1014)的说法暗示"僭主"克瑞昂需要指引一样,这些话也是暗示忒拜城邦如今需要指引。他接着对女儿反复提到$\sigma\varphi\alpha\lambda\tilde{\omega}\mu\varepsilon\nu$[摔倒]、$\dot{\alpha}\sigma\vartheta\varepsilon\nu\dot{\eta}\varsigma$[无力]、$\varkappa\dot{\alpha}\mu\nu\varepsilon\iota$ $\gamma\acute{o}\nu\upsilon$[膝盖发软]这些字眼,表明他的肉体已极度衰弱,从而回应了"第二合唱歌"末尾关于忒拜城已然登上了"战神荣誉的顶峰"的说法。我们发现,在这段告白中,先知没有呼唤女儿的名字,在随后的情节中,也没有先知女儿的一句对白,这初步表明了先知对作为女人的女儿的态度。然而,最值得注意的是先知对女儿的"遗言":

　　　　这遗物($\varkappa\lambda\acute{\eta}\varrho o\upsilon\varsigma$),你要用处女的手($\pi\alpha\varrho\vartheta\acute{\varepsilon}\nu\omega$ $\chi\varepsilon\varrho\acute{\iota}$)为
　　我保管好($\mu o\iota$ $\varphi\acute{\upsilon}\lambda\alpha\sigma\sigma\varepsilon$),
　　　　它收录了($\dot{\varepsilon}\lambda\alpha\beta o\nu$)从鸟占中得来的预言,
　　　　[当时我就]在神圣的座位上,……(行838—40)

　　既然先知向女儿托付"遗物",说明他将不久于人世,说"它收录了从鸟占中得来的预言",说明这是一本"占卜书"或"预言书"。然而,先知要女儿用"处女的手为我保管好",说明了三点:第一,他要女儿"为他"保管,而不是为女儿自己或为了其他什么人保管,说明这首先是一部"为己"之书,但既然留下这"遗物",又说明它同时也是一部"为人"之书;第二,既然是用"处女的"手保管,说明女儿必须终身不嫁;第三,既然是"用手"保管,说明他不许女儿"看"这部书的内容。先知的"遗言"进一步表明,汇集了先知智慧的"预言术""女人不宜"。

　　先知到了,克瑞昂亲往迎接,让儿子墨诺叩斯扶先知下了马车,忒瑞西阿斯问他有何急事召见,克瑞昂让先知稍事休息再说不

迟，显然他非常尊重先知。可没等克瑞昂问话，忒瑞西阿斯告诉克瑞昂，"我真的疲倦极了"，"昨天"刚从"雅典人"那里回来，还说因为把"胜利的光荣给了雅典人"，所以获赠一顶"金冠"（行 852—7）。既然先知"昨天"刚回到忒拜，阿尔戈斯人正在围城他不会不知道，因为他必须穿过阿尔戈斯人的营地才能进城，可先知开口就说自己"疲倦极了"，难道他对城邦当前的危机漠不关心？既然他如此疲倦，为何还要不厌其烦地提起从雅典人那儿获赠"金冠"的事情？可见，先知并非不关注忒拜战事，他是要克瑞昂明白，连雅典人也会以"金冠"奖赏他，因此他下面的话并非为了钱财。但从先知这番话中我们也能领悟到，先知和先知的智慧超越了城邦的界限，先知与他碰巧出生于其中的城邦是若即若离的关系，这与波吕涅克斯将祖国视为"最亲爱之物"形成对照。

对先知的说法，克瑞昂没有表示不快，他告诉先知，是埃特奥克勒斯出征前嘱咐他询问先知，如何才能拯救城邦。先知说，如果埃特奥克勒斯亲自来问，他将闭口不言，但他愿意和克瑞昂谈一谈。先知告诉克瑞昂，"这地方的病由来已久"（行 867），并回顾了拉伊俄斯忤逆神意从而导致家族悲剧，以及俄狄浦斯之子的不孝激起父亲的诅咒，从而导致兄弟纷争的悲剧。先知告诉克瑞昂：

> 须知，这里最重要的是，俄狄浦斯的两个儿子
> 不可在此做公民，也不可在此做国王，
> 因为他们有恶鬼附身，会毁了城邦。（行 886—8）

这就是忒瑞西阿斯关于当前城邦政事的态度，对于埃特奥克勒斯和波吕涅克斯兄弟的"僭主"性情和无能，先知一定了如指掌。因此，他方才说到去"雅典"，说不定就是为了躲避埃特奥克勒斯"僭主"的迫害，知道忒拜城起了战火后，先知认为推翻僭主统治的时机已到，所以"昨天"匆匆回到忒拜，而他所有的疲惫，都是因为

这些年在异乡漂泊之故。随后,先知告诉克瑞昂,拯救城邦的办法只有一条,但他不愿说出来,因为他怕给自己带来麻烦,也怕给当事人带来痛苦,所以要求离去。克瑞昂见此,百般阻拦,一定要先知说出"救国的法子",无奈之下先知当着墨诺叩斯的面告诉克瑞昂:

> 牺牲墨诺叩斯,为了祖国你必须
> [杀了]你的儿子,既然你自己吁求这运命。(行913—4)

我们知道,要"救国"得牺牲好多人的孩子,因此,忒瑞西阿斯意思说,既然你要担负"救国"之责任,就必须首先牺牲自己的孩子,而不要光牺牲他人的孩子。听了先知的话,克瑞昂惊呆了,进而说先知说出了"无数祸事"(行917),还要先知"离开忒拜"(行919),直到跪下来求先知收回预言。先知表示这是"真理"(ἀληϑει',行922),不容更改,克瑞昂询问究竟,先知告诉他,牺牲墨诺叩斯即可平息战神的仇恨,而且"战神就会成为你的战友"(行936)。然而为什么? 我们不妨来推断一番:如果克瑞昂肯牺牲墨诺叩斯,那么,他为了城邦安危而奉献亲子生命的壮举,必然激起忒拜人民的无限敬仰,他在忒拜城邦的声望,必然会超过为城邦带来战争灾难的"僭主"埃特奥克勒斯,先知所谓"战神就会成为你的战友"就是掌控忒拜城邦的军事权力,如此一来,克瑞昂即可谋求城邦的至高权力,从而成为忒拜"僭主"。可见,"牺牲墨诺叩斯",与其说是拯救城邦的法子,倒不如说是先知在教克瑞昂如何才能成为"僭主"。然而,先知为何要教克瑞昂做"僭主"呢? 先知接着告诉克瑞昂:

> 你现在是我们龙齿人的种族里剩下的
> 纯种了,无论从母亲方面还是从父亲方面,
> 还有你的两个儿子。……(行942—4)

"龙齿人的种族"就是忒拜贵族，表面上，先知是说，既然如今唯有克瑞昂和他的两个儿子是"纯种的"，那就只有牺牲他们中的一个才能平息战神的怨恨；实际上，先知的意思是，在拉布达科斯家族彻底堕落之后，适合统领忒拜城邦的就只有这父子三人了。但我们的疑问在于，为何非要牺牲墨诺叩斯呢？首先，当然不能、也无法让克瑞昂死，因为他献给埃特奥克勒斯的"应敌之策"，已充分展示了他的"治邦之才"，忒拜日后还得靠他，而且作为"国舅"他必定已然在城邦有相当的威望。至于为何不杀死海蒙，先知也有阐述，他认为海蒙与安提戈涅有了"婚约"，故而已不是童男了，所以必须牺牲墨诺叩斯来拯救城邦。然而无论如何，说尚未完婚的海蒙已不是童男，还是有些牵强，问题的关键恐怕不在于海蒙是不是童男，而在于与公主安提戈涅联姻，将使海蒙在忒拜城邦中拥有较墨诺叩斯更为深厚的政治基础；一旦克瑞昂成为忒拜"僭主"，必然会面临"立储"议题，到时候，究竟立海蒙还是立墨诺叩斯，无疑将成为一个棘手的难题，说到底，眼下为忒拜带来灾难的埃特奥克勒斯和波吕涅克斯兄弟的"王权"纷争，很有可能在海蒙和墨诺叩斯身上重演，因此，以"为国牺牲"的名义杀掉墨诺叩斯，不但可以为克瑞昂当政铺平道路，同时可一劳永逸地免除兄弟争夺"王权"的灾难，这就是忒瑞西阿斯先知要克瑞昂牺牲墨诺叩斯的秘密。

先知的伟大智慧在于，他不仅不失时机地拥立更有利于城邦福祉的"僭主"，而且为谋求忒拜城邦的长治久安，重新解释了关于"龙齿人"的传统神话。在如此隐微地推出自己的政治方案之后，忒瑞西阿斯先知说了这样一番话：

> ……从事占卜技艺说预言的人
> 都是傻子(μάταιος)，如果碰巧卜出厄运，
> 会遭求卜人怨恨，
> 如果出于怜悯对求卜人说假话，

> 又亵渎了神圣职责($τὰ\ τῶν\ ϑεῶν$)。只应由福波斯
>
> 为人发布预言，他谁也不怕($δέδοιχεν\ οὐδένα$）。（行
>
> 954—9）

先知这番话有三重意思：首先，先知本人就是"从事占卜技艺说预言的人"，先知说这样的人是"傻子"，其实是说自己是"傻子"。然而，忒拜人从古到今都知道，忒瑞西阿斯先知是"最有智慧的人"，他怎么会是"傻子"呢？这让我们想起了苏格拉底，德尔菲神谕也说他是"最有智慧的人"，可苏格拉底平生只知道"自己无知"。可见，忒瑞西阿斯先知以"傻子"自居，正如苏格拉底"自知无知"，都是大智慧者的"自我认识"。其次，"直言不讳必然遭人怨恨"，而"出于怜悯说假话必然亵渎神明"——表面上，这是先知摆出的两难选择，但这样的两难，对于以"傻子"自居的先知或"自知无知"的哲人而言，并非不可超越，那么如何超越呢？答案就在先知的第三句话中："只应由福波斯为人发布预言，他谁也不怕"，我们的疑问来了：诸神极少对人直接说话，而是通过"神谕"为人发布预言，要理解"神谕"，就必须有人对其做出解释，可能解释"神谕"的人只有先知，如此一来，终点又回到了起点，先知又将面临上述两难，这说明，为人解释"神谕"，或者说为人"占卜"，是先知无可逃避的职责。所以，关键在于"他谁也不怕"，表面上，先知说"福波斯神不怕任何人"，其实，先知是在说自己：如果"占卜"或解释"神谕"是先知无可逃避的责任，那么，先知必须做到"不怕任何人"。

忒瑞西阿斯先知这番话，完全应和了"君子乐天知命故不忧；审物明辨故不惑；定心致公故不惧"的道理——忒瑞西阿斯先知本人就是这样的人，在索福克勒斯的《俄狄浦斯僭主》中，先知曾当面告诉俄狄浦斯僭主："我要等说完我何以来此再走，我不怕你……"（行447—8）。

第六章　不容然后见君子

——欧里庇得斯《酒神伴侣》中的忒瑞西阿斯先知

《酒神伴侣》(*Bacchae*)据信是欧里庇得斯的最后一部肃剧,著于他在生命的最后时日寄居马其顿宫廷期间,诗人殁后一年在雅典排演。与《腓尼基少女》一样,《酒神伴侣》也是以"一群女人"命名的,但这部肃剧的主角不是女人而是一位"男神"——"酒神"。尼采在《悲剧的诞生》中斩钉截铁地说:

> 在欧里庇得斯之前,酒神一直是悲剧的主角,相反,
> 希腊舞台上一切著名角色普罗米修斯、俄狄浦斯等等,都
> 只是这位最初主角酒神的面具。(尼采,《悲剧的诞生》,前
> 揭,页40)

若尼采此言不假,则《酒神伴侣》非但以"酒神"作为主角,而且让"酒神"摘取了"面具",欧里庇得斯的收官之作岂不成了古希腊肃剧真正的"复古"之作? 既然这部肃剧的主角是"酒神",欧里庇得斯又缘何名之以"酒神伴侣"? 这与此剧的"先知与僭主"主题有何关系? 要澄清这些问题,也为了初步进入欧里庇得斯这部收官之作,让我们按照这部肃剧的文本次第,仔细分疏"开场"、"进场歌"、"第一场"和"第一合唱歌"四个戏段的情节发展。

一

"开场"是狄奥尼索斯的独白,这是"酒神"第一次登上古希腊肃剧的舞台。狄奥尼索斯的第一句话是这样说的:

> ἥκω Διὸς παῖς τήνδε Θηβαίων χϑόνα
> Διόνυσος, ὃν τίκτει ποϑ᾽ ἡ Κάδμου κόρη
> Σεμέλη λοχευϑεῖσ᾽ ἀστραπηφόρῳ πυρί:
> 我来了,是宙斯之子来到这忒拜人的国度,
> 我狄奥尼索斯是卡德摩斯的女儿
> 塞墨勒靠霹雳火生出来的。(行1—2)[①]

酒神开口第一个词ἥκω[我来了]与ἐγώ[我]谐音,听上去很像在说"我",但无论理解为"我"还是"我来了",都足以感受到酒神的自命不凡,酒神这样的言说方式,就是要引起听众的好奇:"你是谁?""你来干什么?"接下来两个字是Διὸς παῖς[宙斯之子],回答了"你是谁?"的问题,酒神不直说"我"叫什么名字,而说自己是"宙斯之子"——众神之王的儿子,有"一人之下万人之上"的意味。但酒神一开口把与ἐγώ[我]谐音的ἥκω[我来了]放在Διὸς παῖς[宙斯之子]前面,又大有"我"比"宙斯"更重要的意味。然后,酒神说出τήνδε Θηβαίων χϑόνα[忒拜人的国度]这个片语,接着才说出自己的

---

① 《酒神伴侣》文本参照张竹明先生《酒神的伴侣》译文,但依据原文作了必要的改译,改译的原则是"紧扣原文字句的字义和词序",下同。张竹明先生《酒神的伴侣》译文,见《欧里庇得斯悲剧·下》,《古希腊悲剧喜剧全集》,卷五,南京:译林出版社,2007,页211—302;《酒神伴侣》原文参穆雷(Gilbert Murray)编,《欧里庇得斯肃剧集》卷三(*Euripidis Fabulae*, ed., vol. 3. Oxford. Clarendon Press, 1913);同时参考佩理(F. A. Paley),《欧里庇得斯笺注》卷二(*Euripides*, with a English commentary, in 3 Vols. London, 1860)。

名字Διόνυσος[狄奥尼索斯]:他将"忒拜人的国度"囊括于"我—狄奥尼索斯"之中,言外之意是"我来是要统治忒拜人的国度",从而回答了"你来干什么?"的问题。然后,酒神告诉我们,他是"卡德摩斯的女儿塞墨勒靠霹雳火生出来的"。关于塞墨勒靠"霹雳火"生出狄奥尼索斯,记录在阿波罗多洛斯的《希腊神话轶闻集》中:

> 宙斯对塞墨勒欲火中烧(ἐρασθείς),瞒过了赫拉与她同床了。宙斯曾经应允她有什么请求都给她做,现在她受了赫拉的骗,请求他像是当初对赫拉求婚的那么样到她这里来,宙斯不能够拒绝(μὴ δυνάμενος ἀνανεῦσαι),乃到她的新房里来,坐在车上,带着雷电,打了一个霹雳。塞墨勒却因了恐怖(φόβον)而死去了,宙斯乃从火里抓起六个月流产的婴儿来,缝在他的大腿里面。……但是在月分满足的时候,宙斯打开所缝的线,生下狄奥尼索斯,交给了赫尔墨斯。……①

原来,宙斯和人间女子塞墨勒的"情事",与当初宙斯追逐卡德摩斯的姐姐、人间女子欧罗巴,都出于宙斯的一时性起(ἐρασθείς),②这显然与宙斯和女神赫拉的"婚配"不可同日而语,据赫西俄德《神谱》记述:

> λοισθοτάτην δ' Ἥρην θαλερὴν ποιήσατ' ἄκοιτιν.
> 最后,他[宙斯]娶风姿绰约的赫拉为妻。(行921)

---

① Apollodorus,《希腊神话轶闻集》,前揭,卷一,页316—319。译文参照周作人先生中译,据原文有改动,参见阿波罗多洛斯,《希腊神话》,前揭,页164。周作人先生将ἐρασθείς译为"爱上",不合原意。

② 宙斯对欧罗巴也是"欲火中烧"(ἐρασθείς),见《希腊神话轶闻集》,同上,页298。亦参《希腊神话》,同上,周作人先生同样将ἐρασθείς译为"爱上",不恰切。

阿波罗多洛斯的《希腊神话轶闻集》中也说"宙斯娶了（γαμεῖ）赫拉"，①可见赫拉乃宙斯明媒正娶的妻子，欧罗巴和塞墨勒无非是与宙斯神偷情的女子。由上述阿波罗多洛斯的记述可见，塞墨勒之死，直接原因是受了赫拉的欺骗，但"请求他像是当初对赫拉求婚的那么样到她这里来"，其实就是要宙斯神娶她为妻，从而与天后赫拉平起平坐——贵为忒拜公主的塞墨勒，应该不会愚蠢到不懂得这个道理：因此，与其说塞墨勒死于上当受骗，还不如说，因为她禁不住诱惑，有了凡人本不该有的非分之想；但究其根由，塞墨勒之死，全在于"宙斯曾经应允她有什么请求都给她做"。值得一提的是，在存世的神话文本中，从未记载过宙斯神对他"风姿绰约"的妻子赫拉有过类似的许诺。可见，如果神（甚或人）答应满足某人的"所有请求"，非但不是大福，反倒必定是大祸。

如此说来，酒神狄奥尼索斯关于自己"出身"的这一番炫耀，非但不令人钦羡，反倒暴露了酒神是宙斯神与凡间女子结下的"恶果"。酒神接着说到忒拜王宫附近的塞墨勒的坟墓，说她"住房的废墟"是赫拉对他母亲"不灭的侮辱"（行7—9），并赞扬卡德摩斯将女儿的坟墓定为"禁地"（ἄβατον）；②可我们不得不说，卡德摩斯此举一定是想通过禁止人们接近塞墨勒的坟墓而忘了塞墨勒，从而为家族隐去一段不光彩的历史，而酒神说他要"用果实累累的葡萄藤把它四面围了起来"（行11—12），恐怕也是想隐藏那一段屈辱吧。

酒神接着叙述了他从吕底亚和弗律基亚向东，到达波斯、巴克特里亚、米底亚，并由阿拉伯转回小亚细亚，进而来到希腊的经历：

---

① 见阿波罗多洛斯，《希腊神话轶闻集》，同上，页14。亦参周作人译《希腊神话》，同上，页24。

② 张竹明先生将ἄβατον译为"圣地"，不确切。

在那些地区我歌舞并制定我的

教仪，我想在那里对凡人表明我是神(*ἵν' εἴην ἐμφανὴς*
δαίμων βροτοῖς)。(行 21—22)

我们知道，赫西俄德《神谱》中诸神纷争都是为了获得其他神
的"承认"，从没听说过哪个神想寻求凡人的承认：难道凡人不承认
狄奥尼索斯是神，他就不是神了吗？ 或者，如果凡人承认狄奥尼索
斯是神，他就一定是神吗？ 酒神的说法反倒让人对他的神性生了
疑心。酒神告诉我们，他来到希腊的第一站就是忒拜，如今他也要
让忒拜人"狂呼作乐"，"腰缠鹿皮手执神杖"(行 23—25)。而他之
所以这样做，就因为他母亲的姐妹们说狄奥尼索斯不是神，而是塞
墨勒和凡人的孩子，卡德摩斯施诡计说他是宙斯的孩子，所以宙斯
用霹雳击杀她是为了报复这谎言；酒神因此已让他母亲的姐妹们
发狂，在基泰戎山上做了酒神伴侣，而且他"还使卡德摩斯族的所
有妇女全都变得疯狂，离开了她们的家"(行 35—36)。原来，酒神
此番来忒拜，是为了"报复"他母亲的姐妹们对塞墨勒的"污蔑"。
然而，常言说"家丑不可外扬"，当初塞墨勒的姐妹们为什么不配合
"卡德摩斯的诡计(*Κάδμου σοφίσμαθ'*)"(行 30)，而非要说狄奥尼索
斯是塞墨勒与凡人偷情所生呢？ 塞墨勒姐妹有三人，为何悲剧偏
偏发生在塞墨勒身上呢？ 若联系前文阿波罗多洛斯的记述，难免
疑窦重重。酒神接着告诉我们：

这城邦(*πόλιν*)必须懂得，尽管不愿意，

但不参加我酒神的狂欢意味着什么，

我必须为我母亲塞墨勒辩白，

让凡人明白，她给宙斯生的是一位神。(行 39—42)

在此，酒神的说法有了微妙的变化，他的关注点由他母亲的姐

妹们和"卡德摩斯族的所有妇女"转向了"城邦",说明他的所作所为已不再是简单的"报复",也不再仅仅寻求"妇女"的承认,而是要强迫忒拜城邦(主体是自然是男人)"从政治上"承认他是一位神。酒神接着直言不讳地告诉我们:

> 卡德摩斯又把荣誉和僭主权力($\tau\nu\varrho\alpha\nu\nu\iota\delta\alpha$)
> 传给了彭透斯,[他另一个]女儿所生的,
> 此人反对敬我为神,奠酒
> 没我的份,祈祷时从不提我的名字,
> 我要向他证明我是神,
> 也要向全体忒拜人($\Theta\eta\beta\alpha\iota o\iota\sigma\iota\nu$)[证明]。……(行
> 43—48)

酒神说卡德摩斯把$\tau\nu\varrho\alpha\nu\nu\iota\delta\alpha$[僭主权力]给了彭透斯($\Pi\epsilon\nu\vartheta\epsilon\iota$),等于说忒拜城当今的统治者彭透斯是"僭主"。我们也注意到,酒神说彭透斯是卡德摩斯的"女儿所生的",说明彭透斯是酒神的堂兄弟。然而,何以见得彭透斯就是"僭主"呢?酒神说了三条理由:"反对敬我为神"、"奠酒没我的份"和"祈祷时从不提我的名字"。假如彭透斯"不反对敬我为神"、"奠酒有我的份"和"祈祷时提我的名字",等于为忒拜城邦引入新的"礼法"。但即便如此,彭透斯就不是"僭主"吗?判断一个统治者是不是"僭主"的标准是"是否敬奉酒神"吗?答案显然是否定的,这说明酒神拿彭透斯当"僭主",乃出于兄弟恩怨。然而问题仍然在于,彭透斯究竟是不是"僭主"呢?

如酒神所言,彭透斯的统治权是卡德摩斯传给他的,我们将在随后的情节中看到,卡德摩斯也承认,是他将忒拜城邦的统治权给了彭透斯(行213),但卡德摩斯为何要将王位传给外孙彭透斯呢?首先,除非卡德摩斯无子嗣,但据赫西俄德记述,哈摩尼亚为卡德

摩斯生有一子波吕多罗斯（Polydoros），①阿波罗多洛斯也记述了彭透斯死后，卡德摩斯和哈摩尼亚唯一的儿子波吕多罗斯继承王位的故事，②说明卡德摩斯有子嗣；③而彭透斯的统治时间很短，既然他死后波吕多罗斯能马上继位，就不存在波吕多罗斯当时年幼或根本无能施行统治的问题。那么，卡德摩斯当初为何不传位给波吕多罗斯？除非卡德摩斯认为波吕多罗斯不如彭透斯贤明，从而自愿传位于外孙彭透斯而不传子波吕多罗斯，但我们将在随后的情节中看到，彭透斯绝非贤明的"君主"，他死于非命就是明证，而据阿波罗多洛斯记述，波吕多罗斯的统治并无闪失。其次，《酒神伴侣》中的卡德摩斯虽口称年迈，但他尚能与忒瑞西阿斯先知一道去基泰戎山中为酒神歌舞；尤其是在"退场"戏段中，狄奥尼索斯还预言卡德摩斯将成为蛮族的领袖，"统领无数大军毁灭许多城邦"（行 1330—43），对此，阿波罗多洛斯也有记述（前揭书），可见，卡德摩斯传位于彭透斯之时，身体还不是一般的好，他根本没必要因为年迈体弱而禅位于彭透斯。

如此一来，我们难免会猜测，卡德摩斯传位于彭透斯有可能是被迫无奈：或有人（比如彭透斯的父亲埃克昂［Echion］）逼迫卡德摩斯让位于彭透斯，或彭透斯本人逼迫卡德摩斯让位于他。但这种猜测既不见于经传，亦无卡德摩斯的证言。在《酒神伴侣》中，卡德摩斯对外孙彭透斯非但无丝毫怨言，反倒表现出异乎寻常的"偏爱"，这最突出地表现在彭透斯死后卡德摩斯伤痛不已的诉歌中：

---

① 赫西俄德，《工作与时日，神谱》，行 975—8，前揭，1997，页 55。

② 见阿波罗多洛斯，《希腊神话轶闻集》，前揭，页 334—5。亦参周作人译《希腊神话》，前揭，页 167。

③ 在《酒神伴侣》"退场"戏段中，卡德摩斯说过这样的话：$\ὅστις\ ἄτεκνος\ ἀρσένων\ παίδων\ γεγώς ...$（行 1305），张竹明先生译为"我自己不曾生有男孩……"（《酒神的伴侣》，见《欧里庇得斯悲剧·下》，前揭，页 296），但这句话中的 $ἀρσένων\ παίδων$［男丁］是"复数属格"，说明卡德摩斯所谓 $ἄτεκνος$ 指其中的"一个"，可见，张先生译文有误，应译为"我失去了这个男丁……"，赫西俄德和阿波罗多洛斯的记述亦可参证。

> 我家族的指望，啊，孩子，
> 你是我家族的顶梁柱，你是我女儿所生的孩子。
> ……
> 啊，最亲爱的人——你虽然不在了，
> 可依旧属于我最亲爱的，孩子——
> 你再不会用手触摸我的胡须，
> 抱着我唤我外公，孩子啊！（行 1308—1319）

我们终于明白，卡德摩斯当初将王权交给彭透斯，乃出于他对彭透斯的"溺爱"，这种"溺爱"竟至于连王权都敢与其交付的地步。然而，"溺爱"必出恶果，我们将在随后的情节中看到，彭透斯既难称"家族的指望"，更不是"家族的顶梁柱"：如果判定彭透斯究竟是"僭主"还是"君主"，唯有"听其言观其行"，那么，我们很快会发现，彭透斯是一位十足的"僭主"。

我们再回到酒神的上述发言。酒神说卡德摩斯把"僭主权力"给了彭透斯，再次表明酒神关注忒拜城邦的"政事"，如果说彭透斯作为"僭主"的政治权力在忒拜城邦已登峰造极，那么，酒神如何才能"从政治上"压倒彭透斯，从而为母亲塞墨勒辩白呢？办法只有一个，那就是"成为神"，酒神自己正是这样说的：他要向彭透斯和"全体忒拜人"证明自己是"神"（$\vartheta\varepsilon\acute{o}\varsigma$）。这说明，酒神在忒拜尚未被接纳为"神"，我们注意到欧里庇得斯在这部肃剧中标明角色时，用的是"酒神"的希腊名字 $\Delta\iota\acute{o}\nu\nu\sigma\sigma\varsigma$［狄奥尼索斯］，而没有用来自外邦的名字 $\beta\acute{\alpha}\varkappa\chi\sigma\varsigma$［巴克科斯］这个酒神的别名。酒神接下来的话按原文语序直译出来就是：

> ……到别的国度（$\ddot{\alpha}\lambda\lambda\eta\nu\ \chi\vartheta\acute{o}\nu\alpha$）去，
> 如果这里的事情办妥了，我会转移脚步，
> 显明我自己。如果忒拜人的城邦（$\Theta\eta\beta\alpha\acute{\iota}\omega\nu\ \pi\acute{o}\lambda\iota\varsigma$）

在愤怒中采取武力把酒神的信徒赶出山，

我将率领狂女们进行战斗。（行 48—52）

我们发现，行 48 前面说的是 Θηβαίοισιν［忒拜人］，后半行却跳到 ἄλλην χϑόνα［别的国度］；行 49 一开始跳又回来说忒拜的事情，后半行复又跳到“转移脚步”，说去“别的国度”的事情；行 50 一开始说的是去“别的国度”以“显明我自己”，后半行又跳回来说“忒拜人的城邦”。酒神这番话有些颠三倒四：口口声声要“到别的国度去”，却舍不下“忒拜人的城邦”，为了让酒神崇拜在“忒拜人的城邦”立住脚跟，他甚至不惜一战，说明他心之所系还是“忒拜人的城邦”。酒神接下来的话进一步表明，他想让忒拜城邦“改弦易调”：酒神呼唤从蛮邦带来的妇女们：

快举起出自弗律基亚（Φρυγῶν）城邦的

手鼓（τύμπανα），瑞亚神母和我自己发现了它，

去王宫绕着彭透斯的居所敲打起来，

让卡德摩斯的城邦看（ὁρᾷ）。（行 58—61）

来自弗律基亚城邦的 τύμπανον［手鼓］是一种在酒神歌舞中敲击以表达“狂热性情”的乐鼓，然而，酒神为何要让他的伴侣们围着彭透斯的居所敲打它？他想让卡德摩斯的城邦“看”什么？亚里士多德在《政治学》卷八末尾，针对苏格拉底在《王制》卷三中关于“弗律基亚乐调（φρυγιστί）”（399A）的讨论，说了这样一番话：

苏格拉底在杜里调外只选取菲里季调（φρυγιστί）是错误的；他在先反对笛声，后来又存录菲里季调，则他的谬误尤为可异。菲里季调之于其它乐调恰恰犹如笛管之于其它乐器；两者都以凄楚激越、动人情感著称。这可以

诗体为证。巴契亚(βακχεία酒神狂热)以及类似的情感冲动[入于诗篇而谱于乐章者,]只有和以笛管最为谐和,如果用其它乐器,便觉失其自然。就乐调说,也与此相似,莩里季调中的音节最能表达这类狂热心境。(1342a33—b7)①

然而,在《王制》中,苏格拉底本人并没有"在杜里调外只选取莩里季调"的说法。在《王制》卷三中,苏格拉底与格劳孔讨论了"乐教"主题,苏格拉底一开始就夸格劳孔是"音乐行家"(σὺ γὰρ μουσικός),格劳孔告诉苏格拉底,"伊奥尼亚调"和"吕底亚调"都是靡靡之音,所以只剩下"多里亚调"和"弗律基亚调"了;苏格拉底对格劳孔说"我不通音律",他只是希望有一种曲调模仿"勇敢的人"(ἀνδρεῖος),另有一种曲调模仿"致力于和平行动和并非强迫而是自愿行动的人"(399a)。格劳孔告诉苏格拉底:"那么,你需要的乐调不是别的,就是我说过的乐调"(399c),格劳孔说的就是"多里亚调"和"弗律基亚调",可苏格拉底对格劳孔的说法没有正面回应。② 我们知道,亚里士多德在《政治学》中没有自谦不通音律的说法,他谈论音乐的口吻说明他精通音律,实际上也的确如此,因为《政治学》卷八自古以来就是"古希腊乐经"的核心文本。亚里士多德也承认,"一般认为杜里调最为庄重,特别适于表现勇毅的性情"(《政治学》1342b13—14,参前揭,页433),说明多里亚调(杜里调)的确适合于模仿苏格拉底所谓"勇敢的人",这一点格劳孔说对了。在《王制》卷八中,苏格拉底和格劳孔谈论了一种介于"贵族

---

① 采用吴寿彭先生译文,参见亚里士多德,《政治学》,北京:商务印书馆,1996,页432。这里的"莩里季调"(φρυγιστί)就是出自弗律基亚(Φρυγία)的曲调。

② 参柏拉图,《理想国》,前揭,页103—4。"杜里调"和"莩里季调"是吴寿彭先生《政治学》译著中的音乐名,张竹明、郭斌和先生《理想国》译著中译为"多利亚调"和"佛里其亚调",张竹明先生的《酒神伴侣》译著中又将φρυγιστί译为"弗律基亚调"。

制"和"寡头制"之间的"荣誉政制"（τιμοκρατία），说在这种制度里，"勇敢"起主导作用，其最突出的特征是"好胜"和"爱荣誉"。听过苏格拉底和格劳孔的讨论，格劳孔的兄长阿德曼托斯对苏格拉底说，这种人在"好胜"这一点上接近格劳孔，苏格拉底表示赞同（545c—548e，参见前揭书，页 315—19）。既然格劳孔是出于"勇敢"而争强好胜的人，他必定喜欢和熟稔多里亚调，或者他就是多里亚调调教出来的，当苏格拉底说他希望有一种乐调模仿"勇敢的人"时，格劳孔自然不假思索就知道苏格拉底需要的是多里亚调。

但亚里士多德认为弗律基亚调最适宜表现"酒神狂热"，说明这种乐调不适于模仿苏格拉底所谓"致力于和平行动和并非强迫而是自愿行动的人"，可见"音乐行家"格劳孔在这一点上搞错了，但错在格劳孔而非苏格拉底。亚里士多德之所以说苏格拉底错了，或许因为苏格拉底对格劳孔的说法不置可否，但这并不能证明苏格拉底就同意格劳孔的说法。我们知道，"酒神崇拜"是由僭主庇西斯特拉图（Peisistratus）在位期间（546—527/8BCE）引入雅典城邦的，苏格拉底不可能不知道以"狂女歌舞"为特征的酒神祭仪有多狂热。因为，《王制》一开篇，苏格拉底就告诉我们，他此次和格劳孔一道下到佩莱坞港，是来参加女神祭仪并观看赛会的，苏格拉底说的女神就是由忒拉克（Thrace）引进的本狄斯（Bendis），在古典时代本狄斯与阿尔忒弥斯（Artemis）是同一个神，她与酒神狄奥尼索斯同为忒拉克当时最受欢迎的神。本狄斯女神的祭仪同样以"狂女歌舞"为特征，刚刚参加过祭仪的苏格拉底一定印象深刻。因此，格劳孔说弗律基亚调适于模仿"致力于和平行动和并非强迫而是自愿行动的人"，他不可能不知道格劳孔说错了。

我们不妨把话题扯远一点：苏格拉底为何对格劳孔的说法不予回应？想必他当时不便回应，因为，就在苏格拉底与格劳孔等人谈话的当夜，本狄斯女神的祭仪庆典还在如火如荼地举行，其间必定充斥着最适于表达狂热情绪的弗律基亚乐调，如果苏格拉底反驳这种乐调不适于模仿"致力于和平行动和并非强迫而是自愿行动的人",等于说本狄斯女神祭仪庆典的坏话,苏格拉底可不敢冒天下之大不韪。

如前所述,当苏格拉底和格劳孔谈到"荣誉政制"最突出的特征是"好胜"和"爱荣誉"时,阿德曼托斯插话说,在"好胜"这一点上,这种人接近格劳孔。苏格拉底告诉阿德曼托斯,在"好胜"这一点上,这种人和格劳孔"一样"($ἴσως$),但在下述方面与格劳孔不同:

> 他必定有些任性和缺乏教养,但还算爱乐($φιλόμουσον$),也爱听谈话和演说,尽管他本人不懂演说;这种人对奴隶态度严厉,但不像无教养的人那样鄙视奴隶;这种人对自由人温和,对长官顺从;这种人爱掌权爱荣誉,但不是靠能说会道和诸如此类的能耐,而是靠自己的战功和军事素质;这种人喜好体操,也喜好狩猎。
>
> (548e—549a,参前揭,页319)

可见,这种人除了"有些任性和缺乏文化",其他德性都堪称良好,但照苏格拉底的说法,格劳孔除了"不任性和有文化",不具备这些堪称良好的德性。值得注意的是,苏格拉底认为格劳孔不具备"爱乐"($φιλόμουσον$)的德性,等于说格劳孔"不懂乐",也隐晦批评了格劳孔关于弗律基亚乐调的看法,可见,他先前说格劳孔是"音乐行家"是反讽。我们知道,格劳孔不仅在《王制》开篇与苏格拉底一同出场,而且他在整篇对话中都是苏格拉底最重要的对话者,由卷九章三末尾插话进来,直到卷十末尾即整篇对话终了,格劳孔甚至是苏格拉底唯一的对话者,这说明格劳孔有太多的话要与苏格拉底理论,苏格拉底也愿意与格劳孔理论。阿德曼托斯插话之后,苏格拉底这番话一定让格劳孔十分难堪,因为格劳孔随即陷入沉默,苏格拉底的对话者变成了阿德曼托斯。在格劳孔保持沉默这一段时间,苏格拉底和阿德曼托斯讨论了以"好胜"和"爱荣誉"为最突出特征的"荣誉政制"蜕变为"寡头政制",进而蜕变为"民主政制",并最终堕落为"僭主政制"的过程,两人的谈话一直持续到卷九章三末尾——在此,苏格拉底谈到"僭主的天性永远体会不到自由和真正的友谊的滋味","最邪恶的人是醒着能干出梦中那种事的人",并进而谈到"天生最适合做僭主的人"($τυραννικώτατος$ $φύσει$ $ὤν$)统治时间越长,"僭主"性情就越强。这时,格劳孔插话进来,附议苏格拉底的说法:"这是必然的($ἀνάγκη$)。"(576a—b,参前揭书,页359)我们的第二个疑问是,格劳孔为什么偏偏在苏格拉底谈到这个话题的时候插话进来? 苏格拉底和阿德曼托斯的辩证表明,"荣誉政制"最终必然会堕落为"僭主政制",原因是"好胜"性情必然会堕落为"僭主"性情,在此过程中,"民主政制"和与之相应的"民主"性情起了关键作用,苏格拉底说"民主政制"就是"僭主政制所由出的可怕而又茁壮的根($ἀρχή…καλή$ $καὶ$ $νεανική$)"(563e)。苏格拉底和阿德曼托斯关于"僭主制"和"僭主性情"的讨论,终于使格劳孔明白,"僭主"就是"最邪恶的人";格劳孔此时插话进来,斩钉截铁地附议苏格拉底,是向苏格拉底表白:他如今知道"好胜"的性情不好,他更厌恶有此性情的"僭主"。

我们回到酒神关于"弗律基亚城邦的手鼓"的说法。来自弗律基亚城邦的$τύμπανον$[手鼓]与"弗律基亚调"同出一源,是一种在酒神歌舞中敲击以表达"狂热心境"的乐鼓,按哲人亚里士多德的说法,选取弗律基亚乐调来培养年轻人的品德是错误的做法,敲击与此乐调同出于弗律基亚城邦的手鼓,只会败坏年轻人的性情。因此,酒神让妇女们围绕彭透斯在王宫中的居所敲打弗律基亚手鼓,是想首先腐蚀彭透斯的"家"($δῶμα$)。其次,酒神要让"让卡德摩斯的城邦看($ὁρᾶ$)":既然是敲打手鼓,应该是让卡德摩斯的城邦"听",酒神怎么说是让"看"呢? 如前所述,敲打弗律基亚手鼓,就是为忒拜城邦"改弦易调";亦如前述,酒神的最终目的是要忒拜人奉他为神,并将酒神祭仪引入城邦,这等于为忒拜建立新的"礼法":可见,酒神此来是要为忒拜城邦"制礼作乐",捎带"从政治上"搞垮彭透斯的"僭主统治"——酒神想要卡德摩斯的城邦"看"的是他为忒拜城邦"制礼作乐"的"政治后果"。

然而,如前所述,僭主庇西斯特拉图将"酒神崇拜"引入雅典并发扬光大,表明"酒神崇拜"与民主政制和僭主政制具有内在关联,方才酒神口口声声要民众承认他是"神"就是明证,因为,只有"民主性情"或"僭主性情"的人(或"神"),才会在意民众对他的"承认":让大多数人"承认"就是"民主性情",酒神有此性情,他用"酒神歌舞"使民众陷入疯狂;而强迫所有人"承认"就是"僭主性情",酒神也有此性情,为了让酒神崇拜在"忒拜人的城邦"立住脚跟,他甚至不惜一战。因此,若酒神最终真搞垮了彭透斯的"僭主统治",如果忒拜在狂热的"酒神精神"的支配下建立了新政,这种新的统治也只可能是"民主政制"或"僭主政制"。

如前所述,彭透斯死后,卡德摩斯出走异邦,卡德摩斯的儿子波吕多罗斯继承了王位。阿波罗多洛斯告诉我们,后来,波吕多罗斯的儿子拉布达科斯后来继承了父位,"他与彭透斯有差不多一样的心思(φϱονῶν παϱαπλήσια),所以步彭透斯的后尘而死",[①]弗雷泽(Sir J. G. Frazer)认为,阿波罗多洛斯此言暗示:拉布达科斯也因为反对酒神而被酒神的伴侣们撕碎了(参前揭书,页335,注释2),这至少可以说明,在拉布达科斯当政时,"酒神崇拜"并未如《酒神伴侣》中的狄奥尼索斯所愿,在忒拜城邦建立起来。然而,我们在索福克勒斯的《俄狄浦斯僭主》和《安提戈涅》中,每每可以读到由忒拜贵族组成的歌队吁求酒神的歌咏,说明在拉布达科斯的孙子俄狄浦

[①] 见阿波罗多洛斯,《希腊神话轶闻集》,前揭,页334—5。亦参周作人译《希腊神话》,前揭,页167。

斯当了"僭主"以后，酒神就在忒拜站稳了脚跟。

　　"进场歌"是酒神伴侣回应"开场"中酒神的呼唤而发出的歌咏。首先，"进场歌"的长度超过"开场"四十余行，说明"进场歌"的重要性至少不亚于"开场"中狄奥尼索斯的独白。"第一曲首节"以第一人称单数唱出，应该是歌队长的咏唱，描述她从"亚细亚"出发，翻越"特摩洛斯山"，一路奔波来此："为布罗弥俄斯(*Βρομίῳ*)奔走，虽苦犹甜(*πόνον ἡδὺν*)，乐此不疲(*κάματόν τ᾽ εὐκάματον*)"(行65—7)，因为这是荣耀巴克科斯。歌队长的咏唱让我们领略了酒神的魅惑力：他竟能鼓舞女人如此不辞辛劳地长途跋涉，把"苦"变成"甜"，把"劳苦"变得"轻省"。"第一曲次节"中，歌队长一反"第一曲首节"中任劳任怨的表白，变得异常凶悍：

　　　　谁(*τίς*)在挡道？谁(*τίς*)在挡道？是谁(*τίς*)？
　　　　让他躲到屋里去，嘴巴
　　　　都给我放干净，
　　　　根据永恒的习俗，
　　　　我要向狄奥尼索斯场颂歌。(行67—71)

　　歌队长对"人"完全是另一副面孔，她不仅要限制人的行动自由，还要剥夺人的自由言谈，酒神信仰暴戾恣睢的"僭主品质"初现端倪。"第二曲首节"的咏唱显然针对"男人"(*ὅστις*，行73)，声称只要全身心投入酒神信仰，就会成为"蒙福的人"(行73)。歌队长接着呼唤"酒神伴侣们前进"(*ἴτε βάκχαι*)：

　　　　布罗弥俄斯(*Βρόμιον*)，神所生的神子(*παῖδα θεὸν θεοῦ*)
　　　　狄奥尼索斯，你们护送他
　　　　从弗律基亚山间
　　　　来到希腊宽阔的大街上，[护送]布罗弥俄斯

(*Βρόμιον*)。（行 84—7）

　　这四行诗以*Βρόμιον*[布罗弥俄斯]开头，又以*Βρόμιον*[布罗弥俄斯]结尾，形成框型结构，称"狄奥尼索斯"是*παῖδα θεὸν θεοῦ*[神所生的神子]，听来有"超神一等"的感觉，并进而将"希腊宽阔的大街"（*Ἑλλάδος…εὐρυχόρους ἀγυιάς*）囊括其中。我们知道，*Βρόμιος*意为"喧闹的"，而"宽阔的大街"指"城邦"，因此，歌队长此言是要酒神伴侣们配合酒神，用"喧闹"淹没"希腊城邦"，以实现酒神的政治企图。"第二曲次节"回应了"开场"中酒神关于自己身世的叙述，但重心发生了变化：首先，歌队说到酒神的"母亲"却不提她的名字，显然是为了淡化酒神由人间女子所生的事实。其次，歌队咏唱"克洛诺斯之子宙斯"把自己"髀肉"作为"子宫"，将未足月的酒神放了进去，从而有了酒神的"二度降生"，这是"开场"中酒神的自述中所没有的内容：强调宙斯是"克洛诺斯之子"，并提出酒神的"二度降生"，无疑都是为了强化酒神的"神圣性"——酒神当初虽为人间女子所生，可如今有了宙斯神的孕育和"二度降生"，他必定是真神了。第三，歌队咏唱宙斯在酒神头上缠上"蛇"，我们知道，"蛇"的特点是生殖力强劲，"两蛇交尾"具有指向"永恒"或"永生"的合目的性（参第一章），歌队以此表明：就"生殖力强劲"而言，酒神符合民众的心愿，就蛇交尾的"合目的性"而言，酒神是"神圣的"。

　　"第三曲首节"歌队召唤"忒拜城"加入酒神的狂欢：在布罗弥俄斯的带领下，"全国马上就会变成一片歌舞的海洋"（行 114）。歌队连连呼唤忒拜人"到山上去！到山上去！"（*εἰς ὄρος εἰς ὄρος*，行 116）说那里有一群女性，她们被狄奥尼索斯"刺激"（*οἰστρηθείς*）而扔下了"机杼和梭子"（行 118）。"到山上去"，表面上是"上升"，实则是由城邦生活"下降"到荒野；*οἰστρηθείς*本意是指"牛虻叮咬"，暗指酒神并不拿这些女性当"人"看；女人一旦扔下"机杼和梭子"，便失了妇道，不仅瓦解了家庭，也必将瓦解城邦，这也正是"开场"末尾酒神对酒神伴侣们的指令。"第三曲次节"咏唱库瑞特斯们（Κουρῆτες）当初发明"手鼓"，以掩盖宙斯降生时的哭声，表明酒神伴侣们敲打的"手鼓"其有神圣的起源，并指出：

> 在狂欢时，他们使鼓声
> 与悦耳的弗律基亚笛音
> 彼此和谐……（行 126—8）

这与亚里士多德《政治学》卷八中的说法完全一致（参见亚里士多德，《政治学》，前揭，页 432），也回应了"开场"末尾酒神的呼唤。歌队进而说科律班特斯（Κορύβαντες）将"手鼓"给了瑞亚，"疯狂的羊人"又从瑞亚那儿接过"手鼓"，用于酒神的歌舞。既然当初库瑞特斯们用敲击"手鼓"的办法蒙蔽了克洛诺斯，说明连当时的诸神之王听了这鼓声也丧失了心智，忒拜民众听了这鼓声必定会陷入疯狂。"第三曲末节"的咏唱了酒神引领信徒在山中狂欢的情景，酒神召唤信女们合着"音色美妙的神圣笛子"吹出的"神圣曲调"（行 160—4）上山去，酒神的伴侣则欢呼跳跃听从酒神的召唤，"就像跟着母亲吃草的马驹"（行 166—9），诗人再次将酒神的伴侣比作"动物"，暗示这些狂女们已然在疯狂歌舞中失去了人性。

二

在酒神率领其伴侣气势汹汹奔来忒拜城邦，"僭主"彭透斯的统治岌岌可危之际，忒拜城的伟大先知忒瑞西阿斯出场了，从而开启了本剧"第一场"。先知开言问道：

> 谁在大门口？去把卡德摩斯从家里叫出来，
> 他是阿革诺尔的儿子，从西顿城邦

离开,建成了这塔楼环绕的忒拜城。(行 170—3)

"谁在大门口?"表面上,先知在呼唤卡德摩斯的看门人,实则一语双关,提醒酒神已来到忒拜城邦的大门口。接着,先知不厌其烦地叙说卡德摩斯的身世,说他是"阿革诺尔之子",还说他离开故乡西顿并建城忒拜:包括卡德摩斯在内的任何一个忒拜人对于这些历史都可谓了如指掌,先知为何要如此老生常谈呢?不难设想,在忒拜城邦再次面临危机的关头,忒瑞西阿斯先知回顾忒拜历史,无非是提请卡德摩斯回顾自己的神圣传统和建城忒拜的丰功伟绩,从而重树政治信念。然而,重树政治信念干什么?更奇怪的是,先知告诉看门人,他和比他更老的卡德摩斯约好了,要"扎起神杖,披上鹿皮,把常春藤缠在头上"(行 177):我们知道,这些都是酒神伴侣的装束,难道先知和卡德摩斯准备接纳酒神?

听到忒瑞西阿斯说话,卡德摩斯应声出来:

> 啊,最亲爱的朋友,我听到你在说话,
> 也明白了一位智者的智慧之言(σοφήν σοφοῦ παρ᾽
> ἀνδρός),就在家里。(行 178—9)

这是一位曾经的王者对一位智者的评价,也说明先知方才的话已经让卡德摩斯受用,从而展示出"智慧"与"权力"的理想关系:然而,此时的卡德摩斯是一位被迫退位的"王者",因此,这种"智慧"与"权力"的理想关系终究还只是一种"理想中的"关系。卡德摩斯接着告诉忒瑞西阿斯:

> 我来已备好了那位神的装束,
> 因为必须抬高(αὔξεσθαι)由我所出的女儿的儿子,
> [狄奥尼索斯已向凡人显示他是一位神,]

尽我们之所能。（行180—3）

αὔξεσθαι本意为"增强"，尤指"增强权力"，若行 182 是衍文，[①]则这三行诗表明，卡德摩斯提请全力"扶植"狄奥尼索斯。接着，卡德摩斯问忒瑞西阿斯：

> 我该去哪里歌舞？该在哪里站稳脚跟
> 再摇我的头？请你指引我，
> 老年人指引老年人，忒瑞西阿斯啊，因为你是有智慧
> 的人。（行184—6）

卡德摩斯请求先知用"智慧"指引他，也就是用先知的"智慧"来"增强狄奥尼索斯的权力"，等于由"智慧"来支配"权力"。卡德摩斯进而表示，为此他会"不分昼夜，不知疲倦"（行187），甚至"在快乐中忘记了我们的老年"（行188—9）。听了卡德摩斯的话，先知表示心有戚戚焉，说自己也想歌舞，表明他答应与卡德摩斯一同"扶植"狄奥尼索斯。随后，两人商定步行上山，以示对酒神的恭敬，卡德摩斯说要为忒瑞西阿斯带路，说这是"老年人指引老年人"（行193）：表面上，这是说眼瞎的先知走路需要人引领，实则表示，在"敬神"事务上，需要"权力"来辅助"智慧"；卡德摩斯两番（行186、193）说出"老年人指引老年人"，则表明：要"增强狄奥尼索斯的权力"，从而建立新的"礼法"，"权力"和"智慧"就必须通力合作；但卡德摩斯如此强调，出于认识到"权力"和"智慧"同样"古老"。卡德摩斯和忒瑞西阿斯随后的对白很有意味：

---

① 丁道夫（W. Dindorf）认为这一行诗是衍文，参佩理（F. A. Paley），《欧里庇得斯笺注》卷二，前揭，页 409，注释 182。

卡德摩斯	城邦中只有我们两人愿为巴克科斯歌舞吗？
忒瑞西阿斯	只有我们两人头脑清楚 ($ε\mathring{v}\ φϱονο\tilde{v}μεν$)，别人心思邪恶 ($κακ\tilde{ω}ς$)。
卡德摩斯	耽搁得太久了，还是抓住 ($\mathring{ε}χου$) 我的手吧。
忒瑞西阿斯	喏，请你握住并拉着 ($ξύναπτε\ καì\ ξυνωϱίζου$) 我的手。
卡德摩斯	我不藐视诸神，因为我是凡人。（行195—9）

如前所述，"开场"中酒神告诉我们，他已让他母亲的姐妹们发狂，在基泰戎山上做了酒神伴侣，而且他"还使卡德摩斯族的所有妇女全都变得疯狂，离开了她们的家"（行35—36），说明忒拜城邦不止一人"愿为巴克科斯歌舞"，卡德摩斯怎么说"只有我们两人"呢？显然，卡德摩斯此言排除了"女人"，他指的是"男人"中只有"我们两人愿为巴克科斯歌舞"，但酒神腐蚀城邦的举措得从低处（女人）开始。然而，卡德摩斯的疑问表明他信心不足，也说明他看中"多少"；而先知的回答则斩钉截铁："只有我们两人头脑清楚"，并直言忒拜民众"心思邪恶"，先知重视的是"好坏"，他让卡德摩斯不要对民众抱有幻想。$\mathring{ε}χου$ 这个词意思是最普通意义上的"抓住"，卡德摩斯急着上路，要先知"抓住"他的手；可先知要卡德摩斯 $ξύναπτε\ καì\ ξυνωϱίζου$［握住并拉着］他的手，$ξύναπτε$ 意指"结合在一起"，而 $ξυνωϱίζου$ 意指"用轭把⋯⋯套在一起"，先知并用这两个词，极言他与卡德摩斯必须通力合作——"权力"和"智慧"必须牢牢结合在一起，因为"只我们两人头脑清楚"。听了先知的话，卡德摩斯表示，自己作为凡人不敢怠慢诸神，在此，自然首先指不敢怠慢酒神，但先知的回答不同凡响：

关于神的事我们毫无智慧可言(οὐδὲν σοφιζόμεσϑα)。

与时间一样古老的祖先信条

我们继承过来，没有任何理论(λόγος)能推翻它们，

不，即使在思想最深处发现了某种智慧(σοφὸν)。(行

200—3)

σοφιζόμεσϑα意指"通过教或学而变得聪明"，先知首先反对人谈论诸神，认为敬神出乎传统，只可"继承"，人的"理论"无法"推翻"传统。先知这里所谓"古老的祖先信条"，就是忒拜人对古老的奥林匹亚诸神的信仰，可见，先知此言是警告卡德摩斯不要因为"抬高"酒神而破坏了传统"礼法"。与此同时，先知委婉地表示，人的确可以发现"智慧"，它就在"思想最深处"(ἄκρων...φρενῶν)，可见，先知始终为"智慧"留有余地，但他强调的是：即使这种"智慧"也无法推翻"古老的祖先信条"。先知接下来的话更为"诡秘"：他说有人或许会责备他不服老而参加歌舞，但"这位神"(ὁ ϑεός，行206)没有规定只有年轻人或老年人可以参加歌舞，没有把任何人排除在外。先知这些骑墙的说法表明，他既不放弃传统信仰，也愿意参与新神崇拜，虽然他认为除了卡德摩斯和他，忒拜人"心思邪恶"，可他愿意和其他人一道为新神歌舞，不管是年轻人还是老年人，显然在批评卡德摩斯口口声声"老年人指引老年人"云云：先知的伟大智慧正在于协调"老传统"和"新信仰"，弥合老年人和年轻人，这说明，先知想"变法"而反对搞"革命"。值得注意的是，忒瑞西阿斯先知至此没有一次提到"狄奥尼索斯"或"巴克科斯"的名字——他佯装不知"这位神"是谁。

　　听过先知的话，卡德摩斯没做任何回应，显然有些不以为然，他接着调侃先知眼瞎"看不见阳光"，还自称"预言家"(προφήτης)——"权力"与"智慧"的永恒分歧可见一斑。卡德摩斯告诉先知：

> 彭透斯急匆匆(*διὰ σπουδῆς*)赶来王宫，
>
> 他是埃克昂的儿子，我把这地方的权力给了他。
>
> 他如此恐惧，又要玩什么更新的花样(*νεώτερον*)？

（行212—4）

卡德摩斯能看见眼前的现实，这一点先知没得比，但或许卡德摩斯只看得见"现实"。卡德摩斯这番话的修辞值得玩味："急匆匆赶来王宫"，表明彭透斯对"权力"的急切；卡德摩斯称彭透斯是"埃克昂的儿子"，与他称狄奥尼索斯是"我女儿的儿子"形成对照，好像彭透斯不是他女儿的儿子似的，卡德摩斯接着强调他给了彭透斯统治权，就好像把统治权给了外人；而他关于"玩什么更新的花样"说法，显然是讽刺彭透斯"花样迭出"，不把他这个"老年人"放在眼里，也隐约透露了他的王权之所以旁落于彭透斯，只因彭透斯"耍花招"，可谓难掩怨忿之情。彭透斯一上场说：

> 我碰巧去国在外，
>
> 听说整个城邦发生了邪恶事变(*νεοχμὰ…κακά*)。（行215—6）

原来，酒神来到忒拜城的时候，"僭主"彭透斯不在国内。彭透斯何以"去国在外"，我们不得而知，很有可能是到别的城邦招募"雇佣兵"去了，因为"僭主更信任异邦人而非本国公民"。[①] 我们知道，"僭主去国"，最容易发生"政变"，*νεοχμὰ*这个词尤指"兵变"，这无疑是"僭主"最担心的事情，因此，彭透斯的"恐惧"(*ἐπτόηται*，行214)就在情理之中了，所以，彭透斯一上场就将酒神来到忒拜这一事件定性为一场"邪恶事变"。

---

① 施特劳斯、科耶夫，《论僭政——色诺芬〈希耶罗〉义疏》，前揭，页12—13。

　　然后,彭透斯从"女人们抛弃我们的家庭"(行217)说起,认为她们"用歌舞崇拜新神狄奥尼索斯"(行219—20),是为了满足男人的肉欲,是"崇拜阿佛洛狄忒而非巴克科斯"(行225)。彭透斯还说他已将其他狂女们都收押在监,除了他的母亲阿高埃(Ἀγαύη)和两位姨母伊诺(Ἰνώ)和奥托诺埃(Αὐτονόη)等人漏网,声言要将她们"用铁链锁住",并认定"巴克科斯教仪"伤风败俗。彭透斯把酒神说成是来自吕底亚的"巫师"(γόης),靠着阿佛洛狄忒赐予的魅力迷惑女人,声言要把他的脑袋砍下来,并揭露狄奥尼索斯与宙斯的关系是他母亲的谎言,又说要将这个"外邦人"处以绞刑。我们的疑问是:既然他起初在国外只是"听说"整个城邦发生了邪恶的事变,回到忒拜后,也未亲自去狂女们歌舞的基泰戎山中勘查,他怎能如此确切地知道女人们的所作所为,对那位"异邦人"的底细又如此了如指掌呢? 彭透斯这番话蛮横而又无理,暴露了"僭主"一贯独断专行的性情。

　　接着,彭透斯把矛头指向忒瑞西阿斯先知和卡德摩斯,耻笑他们装束荒唐,说"你们这么大年纪看上去却没心智(νοῦν οὐκ ἔχον)"(行252)。彭透斯虽然口称卡德摩斯是"我母亲的父亲",却呵斥祖父:"你还不摇落常春藤? 你还不扔掉神杖?"听上去倒像是长辈在呵斥晚生。彭透斯进而斥责先知:

> 这事是你教唆的(ἔπεισας),忒瑞西阿斯,你想再
> 为人们引进新神(δαίμον'...ἐσφέρων νέον),
> 好观察鸟飞,从燔祭中得到酬金。(行255—7)

　　如前所述,彭透斯已将酒神进入忒拜定性为一场"邪恶事变",在此,他又以"引进新神"的罪名,将这场事变归咎于忒瑞西阿斯先知。彭透斯的话让我们想起了苏格拉底被控καινὰ δαιμόνια εἰσφέρων [引进新神](色诺芬,《回忆苏格拉底》,前揭,页1)或νομίζει...δαιμόνια καινά[信仰新神]：①彭透斯说，若非先知的"白发和高龄"，他会让先知"戴上镣铐坐在狂女中间"(行260)。可见，彭透斯在逮捕了大部分酒神信女后，急匆匆赶来卡德摩斯的住所，想必一开始就怀疑卡德摩斯是这场"邪恶事变"的幕后主使，谁知恰好碰见了正准备进山为酒神歌舞的卡德摩斯和忒瑞西阿斯，他因而认定是先知教唆了卡德摩斯，因为通过"耍花招"抢夺了外祖父王权的彭透斯必定知道，先知的智慧远在卡德摩斯之上。我们发现，从抛弃家庭的妇女，到充满肉欲的男人，再到彭透斯发狂的母亲和姨母，再到他"没心智"的外祖父卡德摩斯，最后到"引进新神"的忒瑞西阿斯先知，"僭主"彭透斯在忒拜城中没有一个可信赖的人，也没有一个值得尊敬的人，"僭主"彭透斯把他们统统当成了奴隶。难怪听了这番话，歌队长说彭透斯此言是"渎神"，既不敬神也不尊敬卡德摩斯，作为埃克昂的儿子他有辱家门。

忒瑞西阿斯先知接过歌队长的话头，发表了长篇演说。首先，面对彭透斯方才咄咄逼人的不敬言辞，先知并不急于为自己辩驳，而是批评彭透斯口若悬河却空洞无物，先知心之所系的重大问题是"如何才能成为好公民"，所以他告诉彭透斯：

> 信赖武力(θράσει)又会耍嘴皮子的人，
> 若无心智(νοῦν οὐκ ἔχων)，会成为邪恶公民(κακὸς πολίτης)。(行270—1)

可见，方才威胁要对众人使用武力的彭透斯正是"无心智"的"邪恶公民"，先知此言暗指彭透斯是"僭主"，因为，作为"邪恶公

---

① 参柏拉图，《游叙佛伦、苏格拉底的申辩、克力同》，严群译，北京：商务印书馆，1989，页59。亦参柏拉图，《苏格拉底的申辩》，吴飞译/疏，北京：华夏出版社，2007，页89。

民"的"王"就是"僭主"。先知接着发出"预言"：

> 你所讥笑的这位新神，
> 我没法说出他在全希腊
> 将会有（ἔσται）多么伟大。……（行 272—4）

先知此言，固然是"预言"酒神崇拜将遍及希腊全地，然而，这一"预言"并非来自神示，而来自先知的"心智"判断：先知认为人间最重要的神有两位，一位是德墨忒尔，"她用固体食物养活有死的人类"（行 277）。我们知道，"有死的人类"必须劳作方能从德墨忒尔那儿获得食物，因此劳作之苦不可避免；而且人类也不能光像动物那样活着就行了，他还有"幸福"与"不幸"的问题。所以，继德墨忒尔之后来了"塞墨勒的儿子"——酒神：

> 他发明了葡萄酿酒，
> 带给有死的人类，为悲苦的有死的人类缓解（παύει）
> 苦痛，当他们灌满了酒液，
> 它又送去酣睡，让他们忘了（λήϑην）白日的劳苦，
> 这劳苦别无良药可解除。
> 他可用于敬神，他本身就是神，
> 因此，靠他人会拥有好（τἀγαϑ'）。（行 280）

显然，先知并没有说酒神发明的葡萄酒能一劳永逸地解脱人类的苦痛，而是说它能"缓解"人类的苦痛，也就是说，夜间饮酒后的"酣睡"能让人类暂时"忘了白日的劳苦"，而非让"有死的人"从此酣睡不起，因此，这是为明日的"劳作"做好准备。我们初步理解了，先知何以能"预言"酒神崇拜将遍及希腊全地：酒神的发明可以"缓解"人类的苦痛，让人类更好地投入"劳作"，正因

为如此,先知说靠酒神"人会拥有好"——"好"要靠"劳作"才能
得来。

先知接着告诉彭透斯,所谓狄奥尼索斯被宙斯缝进了髀肉的
说法,只是有死的人"编造的故事($\sigma\upsilon\nu\vartheta\acute{\epsilon}\nu\tau\epsilon\varsigma$ $\lambda\acute{o}\gamma o\nu$)"(行295—7):宙
斯用$\alpha\grave{\iota}\vartheta\acute{\eta}\varrho$[以太]做成一个"狄奥尼索斯"交给赫拉作为"人质",人
们混淆了$\mu\eta\varrho\acute{o}\varsigma$[髀肉]和$\acute{o}\mu\eta\varrho o\varsigma$[人质]这两个词,说宙斯将狄奥尼索
斯缝进了"髀肉"。① "有死的人"对$\mu\eta\varrho\acute{o}\varsigma$[髀肉]和$\acute{o}\mu\eta\varrho o\varsigma$[人质]这两
个词的混淆,表明人类的"心智混乱",也暗示人类对宙斯神的"不
敬"。既然彭透斯宁愿相信"有死的人"出于"心智混乱"和"不敬
神"而编造的故事,说明彭透斯也是这样的人。

先知进而告诉彭透斯,酒神也是"预言之神",还分有一点战神
的权利:我们知道,德尔斐供奉的福波斯乃是传统的"预言之神",
他的光线又使他成为"射神"即"战神",就这两方面而言,酒神勘与
太阳神匹敌。但先知又说,酒神还在德尔斐山的"双峰顶上"举火
歌舞,这说明酒神的"地位"大有盖过太阳神的态势。正因为如此,
先知说"巴克科斯的神杖""甚至在希腊全地都堪称伟大
($\mu\acute{\epsilon}\gamma\alpha\nu$ τ ' $\acute{\alpha}\nu$ ' $E\lambda\lambda\acute{\alpha}\delta\alpha$)"(行308—9),他进而规劝道:

> 听我的话,彭透斯,
>
> 不要以为拥有暴力就能控制世人,
>
> 不,如果你这样想,说明你的思想出问题了,
>
> 以为自己什么都知道($\varphi\varrho o\nu\epsilon\tilde{\iota}\nu$ $\delta\acute{o}\varkappa\epsilon\iota$ $\tau\iota$);且接纳这神
> 进你的国土,
>
> 莫酒,加入酒神的歌舞,头戴上常春藤。(行309—13)

---

① 伟大的荷马的名字也是$\acute{O}\mu\eta\varrho o\varsigma$,有人就认为荷马的身份是一个"人质":不妨臆测,
诗人荷马就是宙斯用$\alpha\grave{\iota}\vartheta\acute{\eta}\varrho$[以太]做成,交给赫拉作"人质"的"狄奥尼索斯"。

"以为拥有暴力就能控制世人",正是"僭主"的性情。先知规劝彭透斯放弃"暴力"和"自负",实施"新政"——"接纳这神进你的国土",建立"新法"——"奠酒,加入酒神的歌舞,头戴上常春藤":暗示放弃"暴力"和"自负"之后,可以由"新法"——酒神崇拜——来约束民众。所以,先知顺理成章地谈到酒神狂欢中女人的贞洁问题,针对的是彭透斯先前关于女人崇拜酒神是伤风败俗的说法,因为"女人的贞洁"是城邦的道德基础:

> 狄奥尼索斯并不强迫
> 女人在爱事($Kύπριν$)上明智($σωφρονεῖν$),
> [明智在任何事情上都有其可能,]
> 明智需要在天性中($ἐν τῇ φύσει$)去寻找;因为甚至在酒神狂欢中,
> 明智的女人也不会堕落。(行314—8)

可见,如果女人在酒神狂欢中堕落,那也是其天性使然,不能怪罪于狄奥尼索斯,而天性明智的女人在任何事情上都不会堕落。先知言下之意,倒像是乐意让天性不明智的女人在酒神狂欢中堕落,因为,不参加酒神狂欢,就看不出谁是不明智的女人,如此一来,酒神狂欢倒成了检验女人是否明智的"试金石"。最后,先知告诉彭透斯:

> 因为你的疯病($μαίνη$)如此严重,想来已无药($φαρμάκοις$)
> 可救,但你病了又不能不用药。(行326—7)

这两行诗颇难理解,赫尔曼(J. G. Hermann)认为先知此言意指彭透斯已无药可救。① 关键是这里的"药"所指为何，而要搞明白这里"药"所指为何，得先搞明白彭透斯得了什么"疯病"，想必指先知所谓彭透斯"无心智"（νοῦν οὐκ ἔχων），因为"无心智"就等于"疯狂"。针对这种"无心智"，先知此前要彭透斯放弃"暴力至上"的僭主性情，接纳酒神崇拜，但按326—7两行诗，先知的两条规劝无非是"死马当作活马医"。听完了先知这番谆谆告诫，"僭主"彭透斯未作任何回应，倒是歌队长出来表态：

> 老人家，你此言不辱没福波斯，
> 崇拜布罗弥俄斯足见你明智（σωφρονεῖς），他是伟大
> 的神。（行328—9）

歌队长首先为先知辩解，说他这番话无妨对太阳神福波斯的传统信仰，其次，说先知崇拜"闹神"布罗弥俄斯是"明智之举"：忒瑞西阿斯先知此番言论的"明智"之处，就在于调和新、旧信仰。可见，作为酒神信徒的歌队长也是一个"明智"女人，若非如此，她如何能看出忒瑞西阿斯先知是"明智"之人呢？从而应证了先知此前的说法："甚至在酒神狂欢中，明智的女人也不会堕落"（行317—8）。

见彭透斯一言不发，卡德摩斯也出来规劝，并附议忒瑞西阿斯先知，但卡德摩斯说话的着眼点是"家族荣誉"，而不像先知那样关注"如何才能成为好公民"，与先知方才的说法形成强烈对比：

> 就算他不是神，如你所言，
> 也应称其为神，撒个漂亮的谎，

---

① 参佩理，《欧里庇得斯笺注》卷二，前揭，页419，注释327。赫尔曼（1772—1848），德国古典语文学家，历任莱比锡大学哲学和雄辩术教授，校勘并注疏过三大肃剧家、阿里斯托芬、亚里士多德和普劳图斯等。

让人们认为塞墨勒生育了神，
给我们整个家族带来荣光。（行333—6）

先知认为人们混淆了μηϱός［髀肉］和ὅμηϱος［人质］这两个词，故而说宙斯将狄奥尼索斯缝进了"髀肉"。先知这个说法，并不见于经传，恐怕也是"谎言"，但即便是先知编造了这个"谎言"，也无伤于传统信仰，甚至可以更好地澄清酒神的身世，从而驳斥世人的"心智混乱"和"不敬神"；然而，卡德摩斯要彭透斯撒谎，却是为"给我们整个家族带来荣光"。看来，逊位的王者卡德摩斯与先知忒瑞西阿斯始终不会是一条心。卡德摩斯接着警告彭透斯，以免像阿克泰翁（Ἀκταίων）那样，因为"傲慢狂言"被疯狗撕成碎片：可见，他无论如何还是很关心彭透斯的生命安危。说着，卡德摩斯拿过常春藤，想戴到彭透斯的头上，招来彭透斯的严厉叱责，而彭透斯对先知的态度就不是口头叱责了，他命令侍卫捣毁忒瑞西阿斯先知"鸟占的座位"，尤其是"把家谱（στέμματ'）扔进风暴"，还说"我这样做最能刺痛他"（行347—9）。然而为什么？这里的στέμματ'（στέμματα）是στέμμα［花环］的复数，当指"家谱"，彭透斯要把先知的"家谱扔进风暴"，就是要摧毁忒拜城的"先知传统"，也就是铲平传承"智慧"的土壤，自然最能刺痛先知了，也足见彭透斯的邪恶："僭主"欲根除"智慧"而后快。他进而命令侍卫追捕狄奥尼索斯，声称要将他"石击而死"（行356—7），表明彭透斯拒绝"维新变法"。

"第一场"末尾是先知的总结性发言，他认定彭透斯的狂言表明"他已然疯狂"（μέμηνας ἤδη，行359），再无必要多费口舌，便召唤卡德摩斯同去祈求酒神——为彭透斯，也为城邦；"为城邦"乃先知向来心之所系，"为彭透斯"则出乎先知的仁者之心：

你试着复原（ἀνοϱϑοῦν）我的身体（σῶμ），我试着复原
你的；

两个老人跌倒是耻辱（αἰσχϱὸν）；不过，由它去吧，

因为我们两人必须侍奉宙斯的巴克科斯。（行
365—6）

先知要卡德摩斯与他"尝试"相互ἀνοϱϑοῦν...σῶμα[复原身体]，暗示重新建立"权力"与"智慧"的联盟，而所谓"两个老人跌倒是耻辱"，则暗示这种联盟的分崩离析乃是"耻辱"。但先知又说，"不过，由它去吧"，暗示"权力"与"智慧"的古老联盟已然分崩离析，导致这种"耻辱"的根源，正是彭透斯的"僭政"，而彭透斯已无药可救，因此，虽然遭受了"耻辱"也只能"由它（他）去了"。先知认为，"我们两人必须侍奉宙斯的巴克科斯（Βαϰχίῳ...Διὸς）"，说明如今当务之急是由我们两人——逊位的先王和智慧的先知——共同推动"变法"，为忒拜城邦创设"新法"。先知所谓Βαϰχίῳ...Διὸς[宙斯的巴克科斯]，指这位"新神"巴克科斯是诸神之王宙斯的儿子，Διὸς这个属格有"旧瓶里装新酒"的意思：暗示"新法"（即"酒神崇拜"）仍然从属于"成法"（即对以宙斯为首的奥林匹亚诸神的信仰）。显而易见，先知是忒拜城邦此次"变法"的主导者，只因先知与酒神狄奥尼索斯不谋而合：酒神要为忒拜城邦"制礼作乐"，而先知要"维新变法"——先知正是要通过酒神的"制礼作乐"来"维新变法"。最后，先知告诉卡德摩斯，"小心彭透斯给你的家族带来悲伤"（行367），暗示彭透斯之死及其"僭主统治"的崩溃。然而，先知悲天悯人，认为彭透斯的下场无论如何都是可悲之事（πένϑος），这是政治本身的悲剧。

三

"第一合唱歌"是歌队回应"第一场"中忒瑞西阿斯先知的长篇发言。"第一曲首节"以一个问题开头：

啊,神圣(Ὁσία),你这诸神中的女王,

啊,神圣(Ὁσία),当你飞过大地,

鼓动着金色的翅膀,

可曾听见彭透斯之所言?(行 370—3)

  歌队连呼Ὁσία[神圣],称她为"诸神中的女王"——这是民众的心声,先知从未有过类似的言辞。歌队接着说到"闹神"布罗弥俄斯位居"幸福众神之首"(πρῶτον μακάρων),又说葡萄酒"在头戴常春藤的节日里"能催人入睡,但先知只是说靠酒神"人会拥有好",并没有说过酒神位居"幸福众神之首",先知也只是说葡萄酒能"缓解"人类白日劳作的苦痛,并没有说过在祭祀酒神的节日里痛饮葡萄酒。显然,关于"神圣",关于"酒神与人的幸福",关于"葡萄酒的功用",先知与民众的看法相去甚远。

  "第一曲次节"提出了由酒神信仰所引出的道德信条。第一,"口无遮拦(ἀχαλίνων),不合礼法的(ἀνόμου)愚蠢,后果是不幸。"(行386—8)ἀχαλίνων原意指"马嘴没有戴马勒",歌队让人"口有遮拦",岂不是不让人说话?既然"不合礼法的愚蠢"会导致"不幸","合乎礼法的愚蠢"就会带来"幸福"吗?因此,尽管忒瑞西阿斯先知批评彭透斯口若悬河却空洞无物,但他从未说过要剥夺人说话的权力。第二,"宁静的生活和不受扰乱的思虑,可保家庭平安和睦。"(行386—8)所谓"宁静的生活和不受扰乱的思虑",就是丧失生活的激情而消极避世,先知从未说过类似的话,他也从未将"家庭平安和睦"放在眼里。第三,"神明看得见人的举止。"(行392—4)这一条也与先知的看法相左。先知曾批评卡德摩斯"关于神的事我们毫无智慧可言",他反对凡人谈论神,神明是否看得见人的行为举止,凡人无从知晓。第四,"聪明不是智慧,人的思虑也不是(τὸ σοφὸν δ' οὐ σοφία τό τε μὴ θνητὰ φρονεῖν)。"(行 386—8)。"聪明"(τὸ σοφὸν)固然不是"智慧"(σοφία)本身,但"智慧"无论如何总出乎人的"思

虑"($\varphi \varrho o \nu \varepsilon \tilde{\iota} \nu$)，人若不"思虑"，人将不复为人。与歌队的说法相反，先知认为人可以发现"智慧"，它就在"思想最深处"($\check{\alpha} \varkappa \varrho \omega \nu \ldots \varphi \varrho \varepsilon \nu \tilde{\omega} \nu$)。第五，"生命苦短，追求高远($\mu \varepsilon \gamma \acute{\alpha} \lambda \alpha \ \delta \iota \acute{\omega} \varkappa \omega \nu$)的人，抓不住当前，在我看来，这是疯子和蠢人的做法。"（行397—9）先知就是作"预言"的人，如果不是大事($\mu \varepsilon \gamma \acute{\alpha} \lambda \alpha$)，先知也没必要去"预言"，如果只关注"当前"，那就不需要先知了，追求智慧的人永远都"好高骛远"。歌队认为"追求高远的人"是"疯子和蠢人"，这是是庸人的道德。这些由酒神信仰所引出的道德信条，无疑是忒拜城邦"新法"的道德基础，但与先知的"智慧"相去甚远——先知与城邦的张力是永恒的。

"第二曲首节"歌队咏唱要去"阿佛洛狄忒的岛屿"塞浦路斯（行402—3），咏唱"魅惑人心的爱若斯($\H{E} \varrho \omega \tau \varepsilon \varsigma$)"（行404—5），咏唱"皮埃里亚缪斯的幽美住所、奥林波斯的神圣山坡"（行409—11），歌队要酒神带领她们到那里去，"那里有美惠女神($X \acute{\alpha} \varrho \iota \tau \varepsilon \varsigma$)，那里有欲望之神($\Pi \acute{o} \vartheta o \varsigma$)"（行414—5）。酒神伴侣们认为诸神的生活充满了"美"和"爱欲"，她们思慕诸神的生活，这是人民心声的表达。"第二曲次节"前半部分咏唱酒神——"这位神，宙斯之子"——究竟是怎样一位神：第一，"喜爱欢宴"（行418），说明他不喜欢独处；第二，"爱好和平女神，她赐予富足，抚育儿童"（行419—20），说明他关注家庭；第三，"对有福之人和卑下的人，一视同仁赐予他们饮酒消愁的快乐"（行421—3），说明他主张民主和平等；第四，"他憎恶($\mu \iota \sigma \varepsilon \tilde{\iota}$)白日和快活的夜晚不想过幸福生活的人，聪明人应该使自己的心神远离卓越非凡之人($\pi \varepsilon \varrho \iota \sigma \sigma \tilde{\omega} \nu \ldots \varphi \omega \tau \tilde{\omega} \nu$)"（行424—8），说明他喜欢庸众而厌恶天才。由酒神的爱憎可以见出，他是一位"民主性情"的神，然而，酒神对"卓越非凡之人"的"憎恶"，又暴露了酒神的"僭主性情"。所以，歌队最后的咏唱可谓唱出了自己的心声，也唱出了酒神的心声：

群众(πλῆϑος)，也就是

更为粗俗的群众(φαυλότερον)，所践行

和采纳的，就是我愿意接受的。(行 430—2)

　　歌队这番咏唱表明，由酒神崇拜而来的民主浪潮已势不可挡。随后，"僭主"彭透斯虽与狄奥尼索斯几番交锋，但终于经不住诱惑穿上了"细麻布长裳"(行 821)——按他自己的说法，由"一个男子汉变成了女人"(行 822)，暗示他尽失最后一丝"贵族风度"。最后，在基泰戎山中，以彭透斯的母亲阿高埃为首的狂女们将他当成"野兽"(ϑήρ)撕成了碎片——"僭主"死于"暴民"之手：在"民主政治"的混流中，母亲阿高埃眼中的儿子彭透斯是"一头小公牛"(行1195)或者"一只幼狮"(行 1197)，"民主政治"对"亲情"的扭曲可谓触目惊心。在"退场"戏段接近尾声时，阿高埃和卡德摩斯有这样的诉歌对唱：

阿高埃	太可怕了，这苦难是
	狄奥尼索斯王为你的
	家带来的。
卡德摩斯	可他也受到你们的可怕伤害，
	他的名字在忒拜城没有受到崇敬。
阿高埃	别了，我的父亲！
卡德摩斯	别了，啊，不幸的
	女儿！你想过得幸福[实在]很难！(行 1374—
	80)

　　阿高埃醒悟到，使她如痴如狂的酒神崇拜为卡德摩斯家族带来了苦难；而卡德摩斯的哀唱表明，酒神崇拜在忒拜城未能建立起来——先知想通过酒神的"制礼作乐"来"变法维新"的举措失败

了。卡德摩斯临了对女儿阿高埃感言:"你想要过得幸福[实在]很难!"(χαλεπῶς ⟨δ'⟩ ἐς τόδ' ἂν ἥκοις) χαλεπῶς 也有"非常危险"的意思,这说明"想过得幸福"(ἥκειν),不仅是一件有"难度"(χαλεπῶς)的事情,而且是一件"非常危险"的事情。所以,阿高埃最终选择了与姐妹们"共同放逐"。

第七章　温柔敦厚，诗教也；广博易良，乐教也

——柏拉图《王制》中的忒瑞西阿斯先知

　　如前文所见，忒瑞西阿斯先知与忒拜僭主的交锋对垒，是古希腊肃剧的核心主题。肃剧诗中的"先知"虽身处忒拜古城，"僭主政制"却是雅典城邦的政治现实：庇西斯特拉图家族的长达 50 年的僭主统治（纪元前 561 年至 510 年），终结了雅典城邦的贵族制，开启了民主制，三大肃剧家就生活在由僭主制所开启的雅典民主制下。索福克勒斯和欧里庇得斯相继去世后，在伯罗奔半岛战争中失败的雅典城邦，更经历了前所未有的"三十僭主"统治。欧里庇得斯客死马其顿阿克劳斯王宫廷后，古希腊肃剧随即走向衰落，可诗人笔下的忒瑞西阿斯先知形象，并未消失于雅典城邦的政治舞台，而是通过哲人柏拉图援引进入了哲学诗。

　　柏拉图借苏格拉底之口引述或直接论及忒瑞西阿斯先知的作品，有对话三篇和书简一封：《王制》、《美诺》、《阿尔喀比亚德第二》（Alcibiades II）和《书简二》（Epistle II）。在《王制》（386d）中，苏格拉底引述荷马《奥德赛》卷十中的诗句（行 495），不具名地提到忒瑞西阿斯先知；在《美诺》（100a）中，苏格拉底重述了他在《王制》（386d）中引述过的诗行，并具名提到忒瑞西阿斯先知；在《阿尔喀比亚德第二》（151b）中，苏格拉底则引述欧里庇得斯《腓尼基少女》中的诗句（行 858—59），具名提到忒瑞西阿斯先知；在《书简二》（311b）中，

柏拉图提到，诗人们将克瑞昂与忒瑞西阿斯先知对举，至少指涉索福克勒斯的《安提戈涅》、欧里庇得斯的《腓尼基少女》两部肃剧。我们发现，与肃剧中的情形不同，柏拉图作品中的忒瑞西阿斯先知，只是哲人所引叙事诗或肃剧中的角色，而非对话的实际参与者。然而，哲人在相应的文本中间接或直接述及忒瑞西阿斯先知形象，却绝非偶然：柏拉图的哲学诗字字珠玑，不存在任何偶然的情节或引述。

　　本章的任务是研究《王制》卷三中，由苏格拉底不具名述及的忒瑞西阿斯先知形象，我们旋即发现，所谓苏格拉底不具名述及忒瑞西阿斯先知的内容，只不过是荷马《奥德赛》卷十中的一行诗：

　　　　唯独让他有生气（οἴῳ πεπνῦσϑαι），其他人则成为飘忽的魂影（σκιαὶ ἀίσσουσιν）。（行 495）

　　苏格拉底所引这行诗，只是他同时引述荷马《伊利亚特》和《奥德赛》中关于"哈得斯"主题的七则诗作中的一则。然而，柏拉图的苏格拉底在此为何偏要引述这一行诗？要回答这个问题，就必须深究苏格拉底引述这行诗的上下文。我们知道，苏格拉底引述荷马关于"哈得斯"的诗行，是为了说明这些描述会妨害城邦卫士养成"勇敢"之"德性"，这只是苏格拉底关于怎样的诗教"内容"有益于教育城邦卫士的讨论之一部分，而关于诗教"内容"的讨论又从属于横跨《王制》二、三两卷书的更大主题——"乐教"。布鲁姆在其《〈王制〉"义疏"》中将苏格拉底讨论"乐教"主题的内容划分成三个部分：第一部分讨论关于"诸神"的诗教"内容"（376e－383c）；第二部分讨论关于"哈得斯"和"英雄"还有"人"，并再次回复到关于"诸神"的诗教"内容"（396a－392c）；第三部分讨论诗的"形式"或

"文体"，并进而讨论的"歌"和"曲调"的"形式"（392c—403c）。① 再如，沃格林（Eric Voegelin）在其《秩序与历史：柏拉图与亚里士多德》一卷第三章专门研究柏拉图的《王制》，并将其中讨论"乐教"和"体育"内容一道从属于"城邦卫士的教育"（Education of the Guardians）主题。②

　　既然哲人将苏格拉底不具名述及忒瑞西阿斯先知的这行诗，放在关于城邦卫士的"乐教"主题下来讨论，必定有鉴于忒瑞西阿斯先知与此主题关系非同寻常，而且哲人让苏格拉底"不具名"述及忒瑞西阿斯先知，也必定有其用意。诚如克莱因（Jacob Klein）所言，"从前，断续在很长时期里，疏解经典是一种阐明真理的方法。想必至今依然如此。"③为了澄清这些疑难，我们必须严格按照《王制》讨论"乐教"主题的内容次第，仔细分疏这一哲学诗片段的情节发展。

一

　　为了我们的解读能够顺利进行，有必要简单回顾《王制》讨论"乐教"主题之前的情节。《王制》"开篇"，苏格拉底向我们回顾了他和格劳孔下到佩莱坞港，参加了本狄斯女神祭仪并观看了赛会，正准备回城时，被克法洛斯之子玻勒马霍斯的家奴扯住，又被随后赶来的玻勒马霍斯一班人强留下来，要他看当晚举行的"马背火炬接力赛"。苏格拉底无奈，只好和这班人来到克法洛斯家。与克法

---

① Allan Bloom，《柏拉图〈王制〉"义疏"》（*The Republic of Plato*，2th. ed. trans. with Notes and an Interpretive Essay，BasicBooks，1991），页351—61

② Eric Voegelin，《秩序与历史：柏拉图与亚里士多德》（*Order and history, v. 3. Plato and Aristotle*，ed. with an introduction by Dante Germino，Columbia and London：University of Missouri Press，2000），页100。

③ Jacob Klein，《柏拉图〈美诺〉注疏》（*A Commentary on Plato's* Meno，Chicago：The University of Chicago Press，1989），页3。

洛斯一番寒暄后,苏格拉底就"老年之苦""老年之幸福与财富""死亡恐惧"等话题请教克法洛斯;简单讨论后,苏格拉底提出了这场对话的主题:"什么是正义?"(331c)①克法洛斯借口"献祭"离去,把话题交给了儿子玻勒马霍斯;后者援引西摩尼德斯,提出了关于"正义"的第一个定义:"欠债还债就是正义"(331d),一番辩驳后,他又提出"正义"就是"把好给予友人,把恶给予敌人"(332d),苏格拉底将其归结为"助敌害友"(336a),并将驳倒了这个定义。这时候,智术师忒拉绪马霍斯"像野兽一样"暴跳出来,提出"正义就是强者的利益"(338c),但苏格拉底随后的论证表明,"强者的利益就是弱者的利益",并最终驳倒了忒拉绪马霍斯所谓"不义比正义更有利"的说法,忒拉绪马霍斯被驯服了,这就是《王制》卷一的情节。

忒拉绪马霍斯服输之后,苏格拉底本想就此打住,可"好胜"的格劳孔又挑起了话头,并"将忒拉绪马霍斯的论证复述一遍"(358b):他提出"正义"源于"契约","正义的本质就是最好与最坏的折衷"(359a),并证明了"正义"之人不过是无能作恶,"不义"比"正义"更有益。此后,格劳孔的兄弟阿德曼托斯插话进来,他引述荷马和赫西俄德的叙事诗以表明,恰恰是传统诗教内容本身,导致年轻人在"正义"与"不义"的问题上思想混乱,并要求苏格拉底彻底澄清"正义"之究竟。苏格拉底尽管认为他已就"正义"优于"不义"做出证明,只是人们不肯接受,但仍然准备"挺身而起保卫正义"(365c)。

随后,苏格拉底提议用"以大见小"的方法来研究"正义"问题,即通过研究"城邦的正义"来看清"人的正义",并与阿德曼托斯共同建构了一个自给自足、朴素幸福的"城邦"。这时候,格劳孔插话

---

① 中译参照张竹明、郭斌和译本(柏拉图,《理想国》,北京:商务印书馆,2002)和王太庆译本(《柏拉图对话集》,北京:商务印书馆,2004),据原文(Plato, *Platonis Opera*, ed. John Burnet, Oxford University Press, 1903)有改动。

进来,要苏格拉底创建一个"猪的城邦"(372d),苏格拉底认为他与阿德曼托斯先前建立的城邦才是"健康的城邦"(372e),而格劳孔需要的城邦是一个"发高烧的城邦"(前揭)。苏格拉底认为城邦卫士应当和狗一样既有"勇敢、刚烈、敏捷、有力"的品质,又有"爱智慧"的性情,这些都是城邦卫士的"天性"。

苏格拉底进而提出城邦卫士的"训练"和"教育"问题,以研究"正义和不义在城邦中是如何产生的"(376c),显然针对城邦卫士的"习性"之养成。苏格拉底说,"让我们的讨论既充分又不至拖得太长"(376d):他知道格劳孔对此问题不感兴趣,但还是希望格劳孔不要放弃讨论。格劳孔果然沉默下来,他的兄弟阿德曼托斯接过话头,说"希望此项研究有助于接近目标"(前揭),苏格拉底说:"宙斯在上($μὰ\ Δία$)!亲爱的阿德曼托斯呵,我们一定不要放弃讨论,即便它相当冗长。"(前揭)这表明,他对阿德曼托斯愿意和他一起讨论非常赞赏,苏格拉底以"宙斯在上"宣誓,也暗示接下来的讨论必须顾及传统信仰。阿德曼托斯表示"一定不放弃!($οὐ\ γὰρ\ οὖν$)"(前揭),《王制》卷二由此转入城邦卫士的"教育"主题。

首先,苏格拉底为谈论城邦卫士的"教育"问题确定"方法"和"目的",为此他说了一句很奇怪的话:

> 好,那么,就像在神话故事中($ἐν\ μύϑῳ$)讲神话故事($μυϑολογοῦντές$)那样,也有闲暇($σχολὴν\ ἄγοντες$),让我们用言辞($λόγῳ$)来教育($παιδεύωμεν$)人吧。(前揭)

苏格拉底认为接下来的谈话"就像讲神话故事":既然苏格拉底和阿德曼托斯讨论的城邦是"言辞中的城邦",那么,谈论此城邦中卫士的"教育"问题,当然就是"虚构"。但苏格拉底又认为接下来的谈话"就像在神话故事中讲神话故事",则意味着将接下来的谈话视为"虚构中的虚构":苏格拉底此言是要阿德曼托斯,当然也是要他本人，扮演一出"神话故事"中的"角色"；那么，这出由苏格拉底和阿德曼托斯扮演的"神话故事"的听众是谁？自然是当时在克法洛斯家与苏格拉底聚谈的那帮人。可见，苏格拉底想让他和阿德曼托斯下面的谈话成为一出"哲学诗"——追求智慧的"戏剧"。既然如此，两人说话就得注意言辞得体，从而保证这出"哲学诗"能够演出成功。我们知道，苏格拉底和阿德曼托斯本来就是柏拉图哲学诗中的"角色"，这意味着柏拉图哲学诗中的苏格拉底知道自己在"演戏"，也意味着柏拉图的苏格拉底的"言辞"是"哲学诗中的哲学诗"，最终意味着柏拉图的哲学诗至少有三重虚构，而柏拉图哲学诗的听众就是柏拉图对话的读者。其次，苏格拉底认为得"有闲暇"，除了提醒阿德曼托斯谈话不要着急，也是告诫他要全身心投入，同时表明即将展开的谈话是一场辩驳（σχολή）。苏格拉底进而请求阿德曼托斯和他一道"用言辞来教育人"，苏格拉底没说"只教育城邦卫士"，说明这番以城邦卫士的"教育"为主题的谈话，"目的"是为了"教育"所有人：既然苏格拉底认为谈话本身就是"哲学诗"（"神话故事"），那么，"用言词来教育"就是"诗教"。

然而，值得问的是："诗"的形式有多种，比如"肃剧"也用"用言辞来教育人"，苏格拉底在此为何偏偏举"神话故事"呢？我们知道，古希腊"神话故事"的源头就是荷马和赫西俄德的叙事诗，据赫西俄德《神谱》（行 75—79）记述，宙斯神的女儿缪斯女神有九位，[①]其中卡利俄佩（Καλλιόπη）[②]掌管叙事诗（Epic poetry）：

> 卡利俄佩，她是所有缪斯的首领，
>
> 因为她总是陪伴着尊贵的王（βασιλεῦσιν）。

---

① 柏拉图视萨福（Sappho of Lesbos）为"第十位缪斯"。参《格言》，见《柏拉图全集》（*Plato: Complete Works*, ed., intro. and notes, J. M. Cooper, D. S. Hutchinson, Indianapolis and Cambridge, 1997），页 1745。

② Καλλιόπη意为"声音美好的"。

> 伟大宙斯的女儿尊重任何一位
>
> 宙斯钟爱的王，看护他出生，
>
> 为他的舌头撒下甘露，
>
> 从他的嘴唇中流出高尚的话语(ἔπε)；人民
>
> 都巴望着他，在他公正地审理
>
> 争端时；他言辞确凿，
>
> 即使大事他也能迅速做出机智裁决。
>
> 因此，王是明智的(ἐχέφρονες)。······（行 79—88）

原来，"王者之制"全赖于这位掌管"叙事诗"的缪斯卡利俄佩的看护，而ἔπε(ἔπος)就是"叙事诗"，说王者"嘴唇中流出高尚的话语"，等于说王者在吟唱"叙事诗"。苏格拉底在此首举"神话故事"，将接下来的谈话比作"在神话故事中讲神话故事"，暗示"用言辞来教育人"，即"教育"城邦卫士，乃是建构"王制"伟业的一个部分；不仅如此，苏格拉底随后表明，这种"教育"必须从小孩子抓起，则进一步说明，"教育"是建构"王制"伟业的根本任务。对于苏格拉底的提议，阿德曼托斯表示赞同。苏格拉底进而发问：

> 那么，何为教育(παιδεία)？要找到比古已有之的教育更好的教育不是很难吗？古已有之的教育是：体操致力于身体(ἐπὶ σώμασι γυμναστική)，乐致力于灵魂(ἐπὶ ψυχῇ μουσική)。（376e）

可见，在"教育"问题上，苏格拉底首先想依循旧制，从而回应了他方才的誓词"宙斯在上"。其次，古希腊的μουσική[乐]指"由缪斯掌管的所有技艺，尤指唱来和乐(music)的诗(poetry)。"(《牛津希英辞典》，页1148)我们知道，古希腊的"诗"最初就是用来传唱的，而且也必须合乎音乐之步调，因此，这个定义前半部分讲μουσική[乐]

的"神话"渊源，后半部分等于说μουσική[乐]就是ποίησις[诗]。如前所述，据赫西俄德《神谱》记载，宙斯神的女儿缪斯女神有九位，后世认为她们分别掌管九种技艺：叙事诗、肃剧、喜剧、颂诗（Choral poetry）、抒情诗（Lyric poetry）、音乐（Music）、纪事（History）、星象学（Astrology）和舞蹈。按此，μουσική[乐]囊括了所有这九种技艺，也说明这九种技艺都属于ποίησις[诗]，而"诗"就是"乐"。因此，苏格拉底所谓"乐致力于灵魂"就是"乐教"，而"乐教"等于"诗教"。我们终于明白，致力于灵魂的"乐"源于"神话故事"，苏格拉底说他和阿德曼托斯的谈话"就像在神话故事中讲神话故事"，说明他要在"乐中论乐"。

苏格拉底接着问阿德曼托斯，是不是也把λόγος[言辞]包括进μουσική[乐]，而且提出"言辞"有ἀληθές[真]ψεῦδος[假]两种εἶδος[形式]，这已经是对传统的"创新"了，因为λόγος[言辞]与μύθος[神话故事]的不同，就因为λόγος[言辞]是"理性"的建构（Bloom，前揭书，页449，注36），"哲学"（φιλοσοφία）就是这样一种λόγος[言辞]：如地理—纪事家斯特拉波（Strabo）所言，"柏拉图，甚至他之前的毕达哥拉斯学派，都称哲学为乐（μουσικήν）"（卷10章3节10）[1]；《斐多》开篇序曲过后不久，柏拉图的苏格拉底提到他一生中多次梦到的一句话："苏格拉底啊，制作并奏乐吧。"（60e）苏格拉底称"哲学就是最伟大的一种乐，我正在做这种工作"（61a，《柏拉图对话集》，前揭，页212）。所以，当苏格拉底问阿德曼托斯，在"教育"中应该先用哪一种λόγος[言辞]时，阿德曼托斯表示不理解苏格拉底的意思。苏格拉底为阿德曼托斯举例，说我们对小孩子先讲μύθος[神话故事]，这"神话故事"总体上是ψεῦδος[假的]，但其中也有ἀληθῆ[真东西]，要在

---

[1] Strabo，《地理志》（*The Geography of Strabo*，ed. and trans. Horace Leonard Jones，The Loeb Classical Library，Cambridge Mass.-London 1961），卷5，页94—95。

教小孩子"体操"前,先教给他们"神话故事",显然,苏格拉底将"神话故事"视为"假言辞"。苏格拉底进而指出,"万事开头最重要"（ἀρχὴ παντὸς ἔργου μέγιστον, 377a）:"教育"不仅要从小孩子抓起,而且不能让小孩子听"随便什么人随便讲什么神话故事"（377b）,要审查"编神话故事的人"（μυθοποιοῖς）,因为,他们所讲的大多数神话故事现在"必须拒斥"（ἐκβλητέον）,荷马和赫西俄德所讲的"假的神话故事"首当其冲,尤其是他们"编来骗人却骗得不妙的"（τις μὴ καλῶς ψεύδηται）假神话故事（377d）。

　　至此,苏格拉底确立了城邦卫士"教育"的宗旨:"教育"是建构"王制"伟业的根本;苏格拉底还确定了这种"教育"的性质:城邦卫士的"教育"就是"乐教"即"诗教";苏格拉底进而规定了"教育"的基本原则:"教育"要从小孩子抓起;为了贯彻"教育"的宗旨和原则,苏格拉底还提出了"教育"的首要任务:损益荷马和赫西俄德的叙事诗,即希腊人传统的"乐"。不难看出,苏格拉底的所作所为就是"改制",然而,诚如苏格拉底所言,这种"改制"是"在神话故事中讲神话故事":苏格拉底的"王制"乃是"言辞中的王者之制"。

二

　　苏格拉底首先针对"乐"或"诗"的"内容",批评了赫西俄德和荷马叙事诗中关于诸神的"错误描写"。他顺理成章地从"最伟大的神"乌拉诺斯、克罗诺斯和克罗诺斯之子说起,认为赫西俄德关于这三位至高神的描述——"乌拉诺斯对克罗诺斯的作为"、"克罗诺斯对乌拉诺斯的报复"、"克罗诺斯的所作所为和他因儿子而遭受的痛苦"——"即便是真的"（377d－378a）,也不应随便讲给单纯的年轻人听,"最好闭口不谈"（378a）,如果要讲,也必须讲给"极少数人"（ὀλιγίστους）,并提出用献上庞大燔祭的方法来限制听取这些故事的人数。这表明,苏格拉底并不认为这些关于至高神的描述完全是"假的",苏格拉底也并不认为这些故事绝对不可讲。

不难看出,与其说苏格拉底这番话是批评赫西俄德和荷马叙事诗中有关至高神的不当言辞,不如说在暗示我们:传统的"乐"即"诗"中有分别用于"外传"与"内传"双重内容,这些内容所针对听众不同:关于至高神的描述,属于"内传"的内容,如苏格拉底所言,"最好闭口不谈",说明不宜在城邦中公开。那么,这些"内传"的"乐"即"诗"讲给什么人听呢? 苏格拉底说,应该讲给那些能献上庞大燔祭的人,这样的人无疑是城邦中的贵族,因为只有贵族对"叙事诗"中关于至高神相互斗争的故事感兴趣,愿意为听取这些故事而花钱献祭,也只有富有的贵族才有财力献出庞大的燔祭。苏格拉底显然认为掌握财富的贵族才是这些故事的合宜听众:因为,乌拉诺斯、克罗诺斯和克罗诺斯之子这三位至高神彼此间的报复行为,实际上是争夺宇宙统治权的斗争,克罗诺斯取代乌拉诺斯、克罗诺斯之子取代克罗诺斯,都是最高统治权的位移,从而隐喻城邦的政权更迭。苏格拉底认为年轻人听了这些故事会产生"大逆不道"的念头,固然有鉴于年轻人会因此而忤逆自己的父亲,但主要是担心有野心的年轻人会因此在城邦中制造颠覆活动,甚至成为"弑君者"。我们注意到,苏格拉底在此只提到"乌拉诺斯对克罗诺斯的作为"、"克罗诺斯对乌拉诺斯的报复"、"克罗诺斯的所作所为和他因儿子而遭受的痛苦",却不提这三位至高神的"作为"、"报复"和"痛苦"具体是什么,显然是自觉践行对此内容"最好闭口不谈"原则;而且,苏格拉底只提克罗诺斯的υἱός[儿子],却不提诸神之王"宙斯"的名字,显然是为了避讳,从而就"最好闭口不谈"原则做出表率。

苏格拉底接着谈到,"绝"(παράπαν)不应让年轻人听到诸神之间明争暗斗的事情,"更"(πολλοῦ)不应该把"巨人之战"(γιγαντομαχίας)、诸神和英雄对亲友的怨恨作为"讲神话故事和刺绣"的主题。我们发现,从先前谈到三位至高神,到这里谈到诸神、巨人和英雄,论涉对象的地位在"下降":"巨人"就是提坦神,他们是乌拉诺斯和该亚的后代,"英雄"则是由神与人所生的"半神";但对有关这些对象的"神话故事"的限制却在"加强":关于三位至上神相互争斗的故事虽然"最好闭口不谈",但可以讲给"极少数人"听;关于"诸神之间的明争暗斗",则"绝"不应该讲;关于"巨人之战"和诸神、英雄的家族争斗,则"更"不应该讲。究其原因,在三位至高神、其他诸神、巨人、英雄中,介入亲族争斗的诸神与凡人非常相像,而英雄与凡人最接近或本来就是凡人,所以,凡人最容易模仿英雄,他们的所作所为对凡人的影响就更大,自然"更"应该禁止讲述关于他们的故事。至于苏格拉底在此提到"刺绣",布鲁姆认为,这或许暗指泛雅典娜节上为女神刺绣的礼袍(布鲁姆,前揭书,页450),我们则认为,既然雅典娜女神的礼袍由妇女绣制而成,苏格拉底在此关注"女红",毋宁是针对女青年的教养问题。

苏格拉底认为应该让年轻人听到"有助于养成美德的最美的神话故事($\varkappa \acute{\alpha} \lambda \lambda \iota \sigma \tau \alpha \ \mu \epsilon \mu \upsilon \vartheta o \lambda o \gamma \eta \mu \acute{\epsilon} \nu \alpha \ \pi \varrho \grave{o} \varsigma \ \acute{\alpha} \varrho \epsilon \tau \acute{\eta} \nu$)"(378e)。阿德曼托斯表示赞同,但他想知道这样的"神话故事"具体有哪些。苏格拉底告诉阿德曼托斯,在此他们不是"诗人"($\pi o \iota \eta \tau \alpha \acute{\iota}$)而是"城邦的缔造者"($o \acute{\iota} \varkappa \iota \sigma \tau \alpha \grave{\iota} \ \pi \acute{o} \lambda \epsilon \omega \varsigma$),因此,只需知道作诗的法度而不必亲自去写诗。可见,苏格拉底让"治邦者"节制"诗人",从而使"诗"($\pi o \acute{\iota} \eta \sigma \iota \varsigma$)从属于"王制"($\pi o \lambda \iota \tau \epsilon \acute{\iota} \alpha$)。由此,苏格拉底提出了关于正确描写神的基本原则:"不管在叙事诗中,还是写抒情诗($\mu \acute{\epsilon} \lambda \epsilon \sigma \iota \nu$),或是在肃剧中,都必须符合神之所是($\vartheta \epsilon \grave{o} \varsigma \ \breve{\omega} \nu$)。"(379a)苏格拉底指出,"好的($\acute{\alpha} \gamma \alpha \vartheta \breve{\omega} \nu$)原因……只能归于神"(379c),因此,不能接受荷马和其他诗人关于诸神的错误说法,他理所当然地首举荷马关于宙斯随意支配"厄运"($\varkappa \tilde{\eta} \varrho \alpha \varsigma$)与"好运"($\acute{\epsilon} \sigma \vartheta \lambda o \acute{\upsilon} \varsigma$)的诗行,并批评了荷马关于宙斯和雅典娜怂恿潘达罗斯($\Pi \acute{\alpha} \nu \delta \alpha \varrho o \varsigma$)违背誓言、破坏停战协定的描述,进而批评了埃斯库洛斯关于诸神为人类带来痛苦的说法,从而规定了"诗艺"关于神的第一条准则:"神并非所

有事物的原因(αἴτιον),而是好的原因。"(380c)

如果城邦卫士"教育"的最终目的是造就"既美又好的人(καλὸς κάγαθός)"(376c),那么,这样的城邦卫士必须首先具有"好的原因"。柏拉图的苏格拉底选取上述出自荷马和埃斯库洛斯的诗作来批评,可谓用意深远:首先,如果年轻人听信荷马,认为人的命运完全受宙斯神的摆布,则会失去生命的热情,变得心志懈怠而无所作为;其次,若年轻人听信荷马,习染了荷马叙事诗中潘达罗斯的多变性情,就会成为背信弃义引发灾难的恶人;再次,若年轻人听信埃斯库洛斯,认为诸神是人类痛苦的根源,则难免认为,伤害他人和制造痛苦并非人所不当为。故此,苏格拉底提出"神是好的原因"作为"诗艺"关于神的第一条准则,以激发年轻人把握自己的"命运",并恪守誓约、维护和平,使自己的一言一行效法"好的原因"。

随后,苏格拉底提出了"神是否是单一的(ἁπλοῦν),是否始终不失其本相(ἰδέας)?"(380d)的问题,并指出任何事物一旦离开"本相"就会发生改变。表面上,苏格拉底在此提出并准备探讨关于神的形而上学问题,但接下来的谈话表明,他实际上想为我们说明"最勇敢和最明智的灵魂(ἀνδρειοτάτην καὶ φρονιμωτάτην),一点也不会因外界的影响而改变。"(381a)苏格拉底进而指出:"每一个尽善尽美的神,都永远绝对地(ἀεὶ ἁπλῶς)停留在自己的形式之中(μορφῇ)。"(381c)苏格拉底这个说法的确是关于神的形而上学:既然每个神都"永远绝对地"停留在自己的形式之中,说明神对于人事不会有任何作为,我们可以恰当地称其为"苏格拉底的自然神论"。

正是由此"自然神论"出发,苏格拉底批评了荷马关于神变换形象来干扰人事的谎言,并区分了"真的谎言(ἀληθῶς ψεῦδος)"和"言辞上的谎言(τὸ ἐν τοῖς λόγοις [ψεῦδος])",表面上在谈论神,实则针对人的灵魂:"真的谎言"会导致"灵魂的无知(ἐν τῇ ψυχῇ ἄγνοια)",必须彻底否弃;"言辞上的谎言"不仅可以用于敌人,也可以作为"药(φάρμακον)"用于朋友："由于我们不知道古代事物的真相"，若能"最巧妙地(μάλιστα)以假乱真"倒可以使"言辞上的谎言"变得"有用(χρήσιμον)"(382a—d)。可见，苏格拉底反对的只是"真的谎言"而非"言辞上的谎言"，对作为"言辞上的谎言"的荷马叙事诗而言，关键在于如何"最巧妙地"利用它们。苏格拉底进而指出，"受神灵鼓舞的事物(τὸ δαιμόνιόν)和神性(τὸ θεῖον)完全诚实无欺"(382e)，并由此确定了"诗艺"关于神的第二条准则：

> 神在行为和言辞方面完全是单一而又真实的，他既不会变形，也不会用言词或送出征兆来误导我们，不管在清醒时还是在睡眠中。(前揭)

苏格拉底根据"诗艺"关于神的第二条准则，批评了荷马关于宙斯托梦给阿伽门农的说法，还有埃斯库洛斯关于忒提斯(Θέτις)诽谤阿波罗神的言词。宙斯托梦给阿伽门农的故事见于《伊里亚特》卷二行 1—34，其中行 5—34 记述宙斯托梦的具体情节，而行 1—4 是这样说的：

> 其他的天神和白日乘车上阵的凡人
>
> 整夜入睡，惟有宙斯不得安眠，
>
> 他心里盘算怎样重视阿喀琉斯，
>
> 在阿开奥斯人的船边毁灭许多人的性命
>
> (ὀλέσῃ ...πολέας)。①

宙斯托梦给阿伽门农的目的是要"毁灭许多人的性命"，而忒

---

① 参照罗念生先生译文，见《伊利亚特》《罗念生全集》卷五·荷马叙事诗），上海人民出版社，2007，页 30—31。

提斯则诽谤阿波罗神是杀死她儿子阿喀琉斯的"凶手(κτανὼν)"（参柏拉图,《理想国》,前揭,页81),这是苏格拉底在讨论"乐教"即"诗教"内容的部分第一次提到"死亡":在批评了诗人关于"上界诸神"的描述后,苏格拉底和阿德曼托斯的讨论顺理成章地转入了关于"下届哈得斯"的主题。

三

如上所述,就传统"乐"或"诗"中关于神的内容,苏格拉底强调"内传"与"外传"之区分:"内传"的内容最好"闭口不言",要传也仅限于"极少数人","必须拒斥"年轻人不宜听取的"假神话故事"。然而,就传统"乐"或"诗"中关于"哈得斯"的内容,苏格拉底则认为必须将妨害城邦卫士养成"勇敢"美德的内容"抹掉"(ἐξαλείψομεν)。ἐξαλείψομεν原意是"涂以灰泥"(plaster)或"用水冲淡"(wash over)（《牛津希英辞典》,前揭书,页583),显然,苏格拉底主张将关于哈得斯的"乐"或"诗"隐藏起来。

苏格拉底同样顺理成章地由荷马的叙事诗说起,依次从《奥德赛》和《伊里亚特》中举出七则诗作。[1] 首先,这七则叙事诗无一例外均未明说在"模仿"谁,苏格拉底通过"断章取义",合乎逻辑地"隐藏"了模仿对象的名字——既然苏格拉底主张"隐藏"关于哈得斯的"乐"或"诗",他自己先得学会如何"隐藏"。其次,我们知道,这七则诗依次描述了阿喀琉斯的灵魂、哈得斯的恐怖、阿喀琉斯梦见亡友的灵魂、忒瑞西阿斯先知的灵魂、赫克托耳和帕特罗克洛斯的灵魂、阿喀琉斯梦见亡友的灵魂、被奥德修斯杀死的求婚人的灵

---

[1] 即《奥德赛》卷11行489—491;《伊里亚特》卷20行63—65;《伊里亚特》卷23行103—4;《奥德赛》卷10行494—495;《伊里亚特》卷16行856—57或卷22行362—63;《伊里亚特》卷23行100—101;《奥德赛》卷24行6—8。

魂："灵魂"就是"失掉肉身的人"，通过了解"灵魂"的状态，可以知晓人的"本真性情"，正因为如此，柏拉图的苏格拉底才选取了七则描述灵魂的诗作。然而，为什么苏格拉底偏偏选取这七则叙事诗？要回答这个问题，必须逐一分析这七则诗作。

我们知道，阿喀琉斯有生之年是最勇敢的希腊英雄，自古就是希腊年轻人效法的模范（布鲁姆，前揭书，页353—57），苏格拉底首先引述《奥德赛》关于阿喀琉斯灵魂的描述再合适不过：

> 我宁愿为他人耕种田地，被雇受役使（θητευέμεν），
>
> 纵然他无祖传地产，家财微薄度日难，
>
> 也不想统治（ἀνάσσειν）所有故去者的亡灵。（卷十一，
>
> 行489—91）

θητευέμεν就是"做奴隶"，而ἀνάσσειν就是"当王"：我们不妨假设，让阿喀琉斯生还，难道他会心甘情愿地"做奴隶"？哈得斯固然没有人世的"浮华"，但在哈得斯"当王"当然也是"当王"，意味着"自由"，也意味着其他灵魂的"福祉"，可阿喀琉斯不愿意，说明他要的不是"自由"，而是人世的"浮华"，为了"活着"，他宁可"做奴隶"：原来，阿喀琉斯是一个本性卑劣的人，只是人世的"浮华"——尤其是他的"勇敢"——掩盖了他的"本性"，这样的人绝不应成为城邦卫士的模范。可见，表面上，苏格拉底批评这则叙事诗会使城邦卫士丧失"勇敢"之"美德"，实则向我们表明，"勇敢"并非真正的"美德"，相反，它会掩盖一个人的卑劣性情——在"勇敢"的外表下，往往隐藏着一个"卑劣的灵魂"。

对于人而言，事大莫过于生死，勇敢的人离死亡距离更近，希腊人亦复如斯，哈得斯是希腊人死后的归宿，他们必定想知道哈得斯究竟是怎样一番景象，所以，紧接着苏格拉底引述了荷马描述哈得斯的诗行：

[他唯恐]……
在有死的人和不死的神面前暴露他的居所：
恐怖而阴森，连神明都感到憎恶。(《伊里亚特》卷二
十,行 64—65)

令人奇怪的是,哈得斯神怕"有死的人"知道冥府的景象倒还
罢了,他为何也怕"不死的神"知道呢？ 如果理解到"恐怖而阴森"
正是哈得斯的"本性",那么,哈得斯唯恐他的"居所"暴露在凡人和
诸神面前,就是唯恐暴露了自己的"本性"。这说明,尽管希腊人想
知道哈得斯究竟如何,但这种"想往"是"非分之想"。

关于身后事,人最关注的无疑是灵魂在哈得斯的处境。《伊里
亚特》描述阿喀琉斯"梦见"哈得斯中的灵魂和幻影"没有心思
(φρένες)"(卷二十三,行 103—4),必定使人感到绝望,阿喀琉斯与帕
特罗克洛斯的"友谊"更加强了这种绝望,因为他们的"友谊"无法
跨越死亡的隔阂。

然而,并非哈得斯中所有的灵魂都"没有心思",如前文所述,
苏格拉底所引述的第四则荷马叙事诗告诉我们,哈得斯中"唯一有
生气"(οἴῳ πεπνῦσθαι)的是忒瑞西阿斯先知的灵魂(《奥德赛》卷十一,
行 495)。布鲁姆指出,关于忒瑞西阿斯先知灵魂的描述处在这七
则叙事诗的中间位置(布鲁姆,前揭书,页 357),我们认为,柏拉图的
苏格拉底将这一则诗作放在全部引述的"核心位置",说明这一则
叙事诗最重要,事实上也正是如此:首先,我们发现,苏格拉底在此
所引述的其它六则叙事诗的描述都是否定性的,唯有这一则诗作
的描述是肯定性——苏格拉底将"肯定"隐藏于"否定"的"核心
位置"。

我们知道,忒瑞西阿斯先知拥有"盲目的洞见",他身前是忒拜
城"最有智慧的人",故而身后成为哈得斯中"唯一有生气的人",这
将我们的目光由哈得斯引向"人世":忒瑞西阿斯先知的名字就指

"如琢如磨、锲而不舍的人"(Τειρεσίας),作为μάντις[先知]他是"奋求不已、刚肠激发、坚韧不拔的人"。可见,他身前之所以是忒拜城"最有智慧的人",就因为他"热爱智慧"并"追求智慧"。柏拉图的苏格拉底这一番引述告诉我们,城邦卫士要想摆脱对哈得斯的恐惧,在身后依然葆有"生气",就必须在身前做"热爱智慧"并"追求智慧"的人。既然阿喀琉斯作为"最勇敢的人",也未能摆脱对哈得斯的厌恶和恐惧,甚至为此而暴露了他卑劣"性情",说明"勇敢"这种"美德"的品质远在"智慧"之下;既然身前"爱智慧的人"死后依然葆有"生气",说明哲学("爱智慧")是"战胜"死亡的技艺,哲人("爱智慧的人")是能够"战胜"死亡的人。因此,可以毫不夸张地说,正是在柏拉图的苏格拉底对荷马《奥德赛》中关于忒瑞西阿斯先知形象的引述中,苏格拉底的"乐教"即"诗教"达到了顶点。

物极必反,苏格拉底从"乐教"即"诗教"之顶点"下降":第五则引述出自《伊里亚特》卷十六行856—57或卷二十二行362—63,以同样的文字描述了希腊"最勇敢的人"阿喀琉斯"最亲密的朋友"帕特罗克洛斯和特洛亚"最勇敢的英雄"赫克托耳之"死",暗示一旦离开"哲学",死亡就不可避免。

第六则引述(《伊里亚特》卷二十三,行100—101)与第二则引述同出于《伊里亚特》卷二十三,而且中间只隔了一行诗(行102),二、六两则引述如此精巧地构成对称关系,再次回到阿喀琉斯与帕特罗克洛斯的"友谊"主题,也暗示,正因为离开"哲学"后"死亡"不可避免,哲人出于"友谊"必须"下降"。

最后一则引述出自《奥德赛》卷二十四行6—8,描述赫尔墨斯引导被奥德修斯杀死的求婚人的灵魂去往哈得斯的情景。首先,我们知道,奥德修斯历尽磨难后回归故土,"杀死"求婚的贵族子弟并"重建"城邦秩序,全赖雅典娜女神指引,而雅典娜女神指引奥德修斯,正是"智慧"的"下降",从而接续了哲人和哲学的"下降"主题。其次,苏格拉底在《斐多》中说过,"那些真正献身哲学的人所学的无非是赴死和死亡"（61a，见《柏拉图对话集》，前揭，页216），求婚人的灵魂需要由赫尔墨斯神引导才能进入哈得斯，说明他们有生之年不"爱智慧"，根本没有学会如何"赴死"，更未习得关于死亡的"知识"。再次，这些求婚人同样是年轻的贵族子弟，他们经年在奥德修斯家中宴饮逼婚，甚至图谋杀死奥德修斯父子，无疑是伊塔卡王国的败类，苏格拉底引述这则叙事诗，也是警醒年轻的城邦卫士引以为戒。

随后，苏格拉底做出总结，请荷马和其他诗人不要怪罪他"删诗"，他这样做并非这些诗不好，而是因为"小孩子和成年人应该有自由，应该怕做奴隶而非怕死亡"（387b）。然而，我们知道，这些关于哈得斯和死亡的"乐"即"诗"，希腊人已是耳熟能详，要想通过"删诗"来隐瞒这些内容，恐怕是不可能的。柏拉图的苏格拉底正是想通过制造这种悖论，将我们引向"哲学"：如前所述，只有哲学才是"习死之术"，只有哲学才能战胜死亡，只有哲人才不怕死亡。

四

至此，关于传统"乐"即"诗"的"内容"，苏格拉底和阿德曼托斯谈论了"天上的诸神"，并进而谈论了"哈得斯中的灵魂"，接下来的谈话便顺理成章地转入"人事"。对于年轻的城邦卫士而言，全部人类事物无非两类：或令其"悲"，或令其"喜"；因此，苏格拉底与阿德曼托斯开始谈论传统"乐"即"诗"中关于"哭"和"笑"的内容。

首先，苏格拉底和阿德曼托斯用相当大的篇幅引述荷马的《伊里亚特》，谈论了何以要删除描述英雄人物因悼亡而痛哭的诗，认为即使对于"优秀的妇女"，这样的诗作也不适宜。我们知道，荷马两部叙事诗中，《伊里亚特》如其题名所指，核心关注"城邦"主题，苏格拉底如此大篇幅地引述《伊里亚特》，自然也是想将我们的目光引向"城邦"主题，关注城邦中英雄人物之间的"友谊"：我们知道，"友谊"是城邦的粘合剂，作为贵族的英雄人物之间的"友谊"就更是如此。

毫无疑问，在述及"友谊"和"悼亡"主题时，尽管柏拉图让苏格拉底大篇幅地引述荷马，但柏拉图心中必定无时无刻不装着"苏格拉底之死"，必定无时无刻不装着他与苏格拉底的"友谊"。然而，柏拉图的斐多（Φαίδων）告诉我们，苏格拉底饮毒酒而亡的当天，他最钟爱的弟子柏拉图不在场："我想柏拉图是病了。"（59b，见《柏拉图对话集》，前揭，页209）有人因此怀疑柏拉图与苏格拉底的友谊，甚至怀疑柏拉图是个"伪君子"，我们认为，这些怀疑都是妇人之见。柏拉图的斐多告诉我们，苏格拉底饮下毒酒后，在场的人都忍不住流下眼泪，克力同（Κρίτων）因为不能制止泪水而走出了牢房，阿波罗多洛斯（Ἀπολλόδωρος）更是"放声大哭"（ἀναβρυχησάμενος κλάων），最后"大家都哀痛欲绝"。但只有苏格拉底例外，他对众人说了这样一番话：

> 这是什么举动，你们这些怪人（θαυμάσιοι）！我把女人送走，主要是为了不让她们把事情搞砸（πλημμελοῖεν）；因为我听说应当在祈祷前的那种宁静中（ἐν εὐφημίᾳ）死去。请你们保持平静、举止坚定（ἀλλ᾽ ἡσυχίαν τε ἄγετε καὶ καρτερεῖτε）。（117d—e，《柏拉图对话集》，前揭，页286）

见在场的弟子和众人一道哀痛欲绝，苏格拉底开玩笑说"你们这些怪人"，实则视这帮弟子如女人：明明是男子汉，却像女人一样痛哭流涕，不是"怪人"是什么？苏格拉底在此用到πλημμελοῖεν这个词，意味深长，这个词原意指"奏乐时弹错音调"，也是苏格拉底临终的一个玩笑，回应了苏格拉底饮下毒酒前所作的"乐"，也回应了《斐多》开场不久，苏格拉底提到他一生中多次梦到的一句话"苏格拉底啊，制作并奏乐吧"（60e），更回应了苏格拉底所谓"哲学就是最伟大的一种乐,我正在做这种工作"(61a)。苏格拉底言下之意是:这帮弟子像女人一样哀痛欲绝,等于将老师方才所作的"乐"πλημμελοῖεν[弹错了调],究其原因,当然是他们未能真正领会苏格拉底的"乐"。所以,"应当在祈祷前的那种宁静中死去"这句话,是苏格拉底再次将"习死之术"的精髓告白于众弟子。最后,苏格拉底告诫弟子们要"保持平静"(指涉"灵魂"),还要"举止坚定"(指涉"行为"):这是弥留之际的苏格拉底再次为众弟子阐述如何践行"习死之术"。

如前所述,苏格拉底死时,柏拉图甚至不在场,柏拉图借斐多之口说"他病了",众人以为这是柏拉图在借斐多之口为自己辩解,我们认为,柏拉图那天毋宁在"装病",因为,只有柏拉图故意"装病"不去为老师苏格拉底"送死",方能表明柏拉图对老师的"友谊"绝非"妇人之仁",更遑论像女人一样为老师的死而"流泪"或"哀痛欲绝"了。《斐多》中的苏格拉底至死也没有提起柏拉图的名字,苏格拉底知道,柏拉图不是"怪人"而是"哲人",柏拉图不在场就是明证;他也知道,柏拉图一定懂得灵魂"保持平静"和"举止坚定"的道理。苏格拉底死后,柏拉图以其哲学行动证明了这一点:他的"哲学诗"没有把苏格拉底的"乐"πλημμελεῖ[弹错调],而是为苏格拉底的"乐"树立了丰碑。可见,《王制》中的苏格拉底只是批评荷马的悼亡诗,《斐多》中的苏格拉底却回答了应当用怎样"诗"即"乐",来培养面对死亡保持"灵魂平静"和"举止坚定",并告诉我们,只有这样的性情才算"真正的"英雄品格:苏格拉底有这样的品格,柏拉图也有这样的品格。我们发现,《王制》中苏格拉底和阿德曼托斯关于"因悼亡而痛哭"的讨论,将我们的目光引向了《斐多》中的"苏格拉底之死",从而回应了此前关于"哈得斯"讨论,让我们认识到"苏格拉底在雅典"恰如"忒瑞西阿斯先知在忒拜":如果在"旧乐"中,忒瑞西阿斯先知因其身前所拥有的"智慧"而在身后成为哈得斯"唯一有生气的人",那么在"新乐"中,苏格拉底也必将因他身前所拥有的"智慧"而在身后成为哈得斯"唯一有生气的人"。

苏格拉底接着谈到"笑",认为"笑"会使人感情激动,而描述神发笑的诗作都是"假的",但苏格拉底认为这些描述"笑"的"假"诗可以作为"药"。是"药",就必须由"医生"掌管,"治邦者"是"城邦医生",故而有资格用这些"假"诗来对付敌人,迷惑民众,而"假"诗作为"药"之所以有功效,正因为这些诗作通过引人发笑能控制人的情感。在《斐多》"开场"戏段中,斐多向埃赫克拉底(Ἐχεκράτης)总体描述了苏格拉底临终前他们一帮弟子的情态:

> 我们这些在场的人都有同样的感受,时而欢笑,时而悲泣,特别是我们中间的那位阿波罗多洛斯,你知道他的为人。⋯⋯他整个人激动极了,我和其他人也都非常激动。(59a,《柏拉图对话集》,前揭,页209)

如斐多所言,苏格拉底临终前,弟子们有"笑"亦有"哭",但实际上,弟子们的表情主要是"笑",《斐多》这篇对话可谓通篇充满了"笑",只是在苏格拉底饮下毒酒后,弟子们才"哭"了:刻贝斯(Κέβης)的"赞许的微笑"(ἠρέμα ἐπιγελάσας ἐγέλασέν τε ἠρέμα)(62a);希米亚斯(Σιμμίας)"笑着"说他本来不想"笑",可苏格拉底教他"发笑"(64a—b);开贝斯"赞许的笑"(77e);苏格拉底"温和地笑着说"(ἐγέλασέν τε ἠρέμα καί φησιν)(84d);开贝斯的"笑"(101b);苏格拉底"温和地笑着,关切地看着我们说"(γελάσας δὲ ἅμα ἡσυχῇ καί πρὸς ἡμᾶς ἀποβλέψας εἶπεν)(115c),这是《斐多》最后一次说到"笑",苏格拉底正是带着这样的表情,回答了克力同关于"我们应当怎样埋葬你?"(115e)的问题。苏格拉底"温和地笑着,关切地看着我们说":

> ⋯⋯ 最好的 (ἄριστε) 克力同啊, 说话不美

（μὴ καλῶς λέγειν），不仅等于本身弹错了调（πλημμελές），而且对灵魂有害。应当无所畏惧（θαρρεῖν）地说：埋葬（θάπτειν）我的身体（σῶμα）；埋葬（θάπτειν）身体这种说法对你而言是合宜的（φίλον），这样行事也最符合礼法（μάλιστα...νόμιμον）。（115e—116a）

不难看出，苏格拉底饮下毒酒后，见弟子们像女人一样嚎啕大哭所说的那一番话，是对他"温和地笑着，关切地看着我们说"出的这一番话推进。既然这些话是苏格拉底"关切地看着我们说"的，那么，他将克力同呼为"最好的"，其实是期望我们都成为"最好的"，如何才能成为"最好的"？苏格拉底告诉我们：第一，说话要"美"而不能"弹错调"，要达成这一点，就必须学习并真正领会美好的"乐"；第二，苏格拉底所谓"无所畏惧"地说"埋葬身体"，暗指要勇敢地让灵魂摆脱肉身的束缚。柏拉图的克力同要"埋葬苏格拉底"的说法，显然暗示：这帮在牢房里为苏格拉底"送死"的弟子，只会彻底断送（"埋葬"）苏格拉底的事业，因为，他们不懂得，应当只"埋葬"苏格拉底的"身体"，而非连苏格拉底的"灵魂"也一起"埋葬"；第三，应当"爱"（φίλον）"只埋葬身体"这种勇敢的行动，但必须"完全符合礼法"，也说明"灵魂"超越了"礼法"。可见，苏格拉底"温和地笑着，关切地看着我们说"出的这番话，概括了"哲学"的精髓。

《斐多》虽不是最多述及"笑"的柏拉图对话，[①]却因为"笑"这种表情与笼罩在这篇对话中的"死亡"主题构成强烈反差而尤显独特。如苏格拉底所言，"那些真正献身哲学的人所学的无非是赴死和死亡"，可见，"哲学诗"是"肃剧"；然而，在这篇阐明"那些真正献身哲学的人所学的无非是赴死和死亡"的对话中，"笑"比"哭"多，

---

① 柏拉图描述"笑"最多的对话是《王制》，《欧绪德谟》（*Euthydemus*）次之。

说明《斐多》又是一出"谐剧",尤其是"哲人"苏格拉底临终前开了两个玩笑:哭泣的弟子们是"怪人";他们哭泣就像女人一样"弹错音调"——说明"哲学诗"最终是"谐剧"。

苏格拉底紧接着谈到"自制"($\sigma\omega\varphi\varrho\acute{o}\sigma\upsilon\nu\sigma\varsigma$):"对于民众而言,最大的自制是服从统治者;对于统治者而言,最大的自制是控制肉欲和口腹之乐。"(389d—e)同样,我们发现,《斐多》中的"笑"都是"赞许或温和"的"笑",因为这种"笑"与哲学最为合宜;但苏格拉底饮下毒酒后,弟子们的哭泣难以自制,阿波罗多洛斯更是"放声大哭",以至于最后"大家都哀痛欲绝"。可见,将临的"死亡"让在场的苏格拉底弟子们完全失去了"自制"。然而,苏格拉底说完那两个玩笑后,斐多说"我们感到羞愧,止住了自己的泪水。"(117e)所谓"知耻近乎勇",弟子们因为羞愧而止住了哭泣,说明苏格拉底要弟子们灵魂"保持平静"和"举止坚定"的告诫生效了。

关于"乐"即"诗"的内容,苏格拉底和阿德曼托斯最后谈论了关于"人"的说法。苏格拉底指出:"不义之人"快乐而"正义之人"痛苦,"不义"有利可图而"正义"有害,这些说法都是错误的;这等于再次否定了此前忒拉绪马霍斯和格劳孔等人关于"正义"与"不义"的说法,从而回复到这篇对话的核心议题:"何为正义?"据柏拉图的斐多叙述,苏格拉底的最后言辞是:"克力同,我们还欠阿斯克莱庇厄斯一只公鸡。还了这个愿,别忘了。"(118a)苏格拉底要克力同为医神献上一只公鸡,回应了《王制》中关于"假"诗是"药"、只有医生才能掌管的说法。同样,柏拉图的斐多关于苏格拉底的最后评价,回应了《王制》的主题:"在当时我们所认识的人中间,他是最好($\dot{\alpha}\varrho\acute{\iota}\sigma\tau\sigma\upsilon$)也最明智($\kappa\alpha\grave{\iota}\ \ddot{\alpha}\lambda\lambda\omega\varsigma\ \varphi\varrho\sigma\nu\iota\mu\omega\tau\acute{\alpha}\tau\sigma\upsilon$)和最正义的($\delta\iota\kappa\alpha\iota\sigma\tau\acute{\alpha}\tau\sigma\upsilon$)"(前揭)——斐多告诉我们,苏格拉底就是"正义的化身"。

在讨论了传统"乐"即"诗"的"内容"之后,苏格拉底和阿德曼托斯转向其"文体"($\lambda\acute{\epsilon}\xi\iota\varsigma$)主题。苏格拉底指出,传统"乐"即"诗"

的"文体"有二：一是"叙述"（διήγησις），二是"模仿"（μίμησις），并首举荷马的《伊里亚特》和《奥德赛》加以说明。苏格拉底进而指出，"肃剧和谐剧"（τραγῳδία τε καὶ κωμῳ）只运用"模仿"，而"酒神赞美歌"（διαδιϑύραμβος）只运用"叙述"，"叙事诗"（ἔπος）则兼用"模仿"和"叙述"两种文体。如苏格拉底所言，如此关于"乐"即"诗"的文体划分，并不像阿德曼托斯认为的那样，目的在于澄清要不要将肃剧和谐剧引进城邦，苏格拉底认为如此划分的意义更为重大。两人随后的谈话表明，苏格拉底最关注"模仿"这种文体，尤其是肃剧和谐剧的"模仿"，因为，如果受肃剧和谐剧的影响，让城邦卫士"模仿"了本不该"模仿"的对象，会败坏城邦卫士的"性情"。苏格拉底认为荷马叙事诗兼用"模仿"和"叙述"两种文体，而且"叙述"的分量超过了"模仿"，正是在这个意义上，"叙事诗"优于肃剧和谐剧。

就苏格拉底提出城邦应当采用何种文体的问题，阿德曼托斯表示赞成"单纯模仿得体行为"（ἐπιεικοῦς μιμητὴν ἄκρατον）的文体，苏格拉底则指出，大多数人喜欢"混合"文体，这"与我们的政制（ἡμετέρᾳ πολιτείᾳ）"（397d）不相符合，原因是"我们的城邦"是"唯一这样一个城邦（μόνῃ τῇ τοιαύτῃ πόλει）"（397e）；各色人等各司其职的"正义"的城邦。这表明，阿德曼托斯理想中"单纯模仿得体行为"的城邦政制在现实中并不存在，现实的城邦政制是由"混合"文体调教出来的。尽管苏格拉底对现实的城邦政制有清醒的认识，但他坚持不让"会模仿一切"的诗人进入城邦：

> 我们自己要任用较为严肃较为正派的诗人和讲神话故事的人，这对我们有利，他将模仿正派人的言辞，按照一开始建立的规范说唱故事以教育城邦卫士。（398a—b）

苏格拉底与阿德曼托斯一样维护理想城邦的纯洁性，由此完成了关于"乐"即"诗"的"言辞"和"神话故事"部分的讨论。

五

当谈话转入"歌"(ὠδή)①和"曲调"(μέλος)的"形式"(τρόπος)主题之后,苏格拉底认为,"每个人"都可以就此做出与此前关于"乐"的讨论相一致的正确回答,意味着,在"乐"中,相较于"言辞"和"神话故事","歌"和"曲调"的"形式"问题居于次要地位。这时候,格劳孔插话进来,"赞许地笑着"(ἐπιγελάσας)说,苏格拉底所谓"每个人"恐怕不包括他,但他对此还"真是有点见解的"(ὑποπτεύω μέντοι)——格劳孔的"好胜"性情跃然纸上(参见第六章)。

苏格拉底鼓励说,格劳孔肯定有能力说出"歌"的三个组成部分:"歌词"(λόγος)、"和声"(ἁρμονία)和"韵律"(ῥυθμός)。格劳孔表示他知道这三个部分。苏格拉底进而提出了关于"歌"的三个组成部分的相互关系原则:第一,"歌词"必须符合关于"言辞"和"神话故事"的内容与形式的原则,第二,"和声"与"韵律"又必须符合"歌词"。按此原则,必须排除"挽歌体的和声"(θρηνώδεις ἁρμονίαι),其中"混合吕底亚调"(μειξολυδιστί)和"高音吕底亚调"(συντονολυδιστί)首当其冲;其次,"伊奥尼亚调"是靡靡之音,也必须排除。格劳孔说,既然"伊奥尼亚调"和"吕底亚调"都是靡靡之音,那就只剩下"多里亚调"和"弗律基亚调"了;苏格拉底说"我不通音律",只是希望有一种曲调模仿"勇敢的人"(ἀνδρεῖος),另有一种曲调模仿"致力于和平行动和并非强迫而是自愿行动的人"(399a)。格劳孔告诉苏格拉底:"那么,你需要的乐调不是别的,就是我说过的乐调"(399c),格劳孔说的就是"多里亚调"和"弗律基亚调",可苏格拉底对格劳孔的说法有意未作回应(详见第六章)。相应于对"曲调"的

---

① ὠδή包括"哀歌"、"颂歌"和其他咏唱,也指动物比如鸟或公鸡的"鸣唱",张竹明、郭斌和先生译为"诗歌",外延较窄,故改译为"歌"。

评判,苏格拉底认为城邦应排除制作"三角琴"(τρίγων)、"竖琴"(πηκτίς)这类"多弦乐器"(πολύχορδα)和"多调乐器"(πολυαρμόνια)的人,也要排除"长笛制作者或长笛演奏者"(αὐλοποιοὺς ἢ αὐλητάς);只留下"七弦琴"和"七弦竖琴"在城里,也留下乡下牧人吹的"短笛"。

苏格拉底如此不厌其烦地列举种种"曲调"和"乐器",用意显然不在"曲调"和"乐器"本身,他进而指出:"赞成阿波罗神及其乐器,舍弃马叙阿斯(Μαρσύας)及其乐器,这并非我们的新发明"(399e)。我们知道,马叙阿斯是酒神狄奥尼索斯的伴侣,相传,他捡到被雅典娜女神抛弃的长笛,与阿波罗比赛音乐,狄奥尼索斯的支持者、弗律基亚国王米达斯(Midas)判马叙阿斯获胜,阿波罗让他长出了驴耳朵。苏格拉底的话暗示,他维护传统日神信仰,反对酒神信仰。听了苏格拉底这番话,格劳孔凭"宙斯神"发誓没有违背传统信仰,可苏格拉底说:"凭狗(κύνα)发誓,我们无意间已经在净化这个城邦了,方才我们说它太奢侈了"(前揭)。凭"狗"发誓是古希腊的"拉达曼提斯宣誓法"(Rhadamanthine oath),因其委婉而避免了渎神之嫌,这与格劳孔一股脑地凭"宙斯神"发誓形成鲜明对比,表明苏格拉底对神的"虔敬"远超过格劳孔。

苏格拉底进而邀格劳孔继续净化城邦,讨论"韵律"问题,并提请向达蒙(Δάμων)请教。但奇怪的是,苏格拉底首先说到要请教达蒙"哪些韵律适合于粗鄙(ἀνελευθερίας)、无理(ὕβρεως)或疯狂(μανίας)和其它邪恶(ἄλλης κακίας)"(400B),又认为达蒙关于"韵律"的说法模棱两可:既然如此,请教这样人又有何益呢?达蒙究竟是怎样的人?亚里士多德《雅典政制》中说过这样一段话:

较之于[克蒙]如此奢华,伯里克利的家产相形见绌,他接受了俄厄亚的达蒙尼德的劝告(此人被认为是伯里克

利大多数措施的主谋,因此后来遭陶片放逐):既然他在私产方
面一无所长,就应给予众人他们自己的东西,他给评审员
们设定了薪饷,依某些批评者所言,这使得评审员们被败
坏了,因为抽签以任此职的更多地总是寻常之辈而非贤
能之人。(章 27 节 4)①

古典学者大都认为,这里的"达蒙尼德"(Δαμωνίδου)乃"达蒙
尼德之子达蒙"(Δάμωνος τοῦ Δαμωνίδου)之笔误。② 我们认为,古典
学者的这一看法可以采信。因为,苏格拉底提到达蒙时,首先提到
向他请教符合那些"恶德"的"韵律",这无疑暗示达蒙是"粗鄙、无
理、疯狂甚至邪恶的人",至于达蒙关于"韵律"的说法模糊不清,则
说明他本无真才实学,或故意在"韵律"问题上制造混乱,这都符合
他的"民主"性情。我们知道,伯里克利是将雅典民主制推向极端
的人,若苏格拉底提到的这位音乐家达蒙就是伯里克利的幕后主
使,那么,达蒙就是雅典极端民主制的始作俑者,苏格拉底对这样
的人必定嗤之以鼻。

苏格拉底紧接着指出,虽然"韵律"问题不容易弄清楚,但有一
点是肯定的:"优雅(εὐσχημοσύνης)和下流(ἀσχημοσύνης)总是伴随着
好韵律(εὐρύθμῳ)和坏韵律(ἀρρύθμῳ)"(400c),从而将"韵律"与人的
"德性"联系起来,回应了向达蒙请教哪些"韵律"符合"恶德"的说
法,暗示达蒙根本不懂"优雅"和"下流"之分野,进一步批评了其
"民主"性情——"民主"就是无所谓"优雅",也无所谓"下流"。苏
格拉底进而重复了关于"歌"的三个组成部分之相互关系的两个基
本原则,并将这些部分与人的"性情"联系起来:

---

① 中译参《雅典政制》,颜一译,见《亚里士多德全集》卷十,前揭,页 30。
② P. Rhodes,《亚里士多德〈雅典政制〉注疏》(*Commentary on the Aristotelian Athe-
naion Politeia*, Oxford, 1993),页 341。

　　所以，好歌词、好和声、优雅和好韵律，都伴随着好性情（εὐηϑεία），这并非委婉地称呼没头脑的那种好性情，而是指养成真正又好又美的性情（ἀληϑῶς εὖ τε καὶ καλῶς τὸ ἦϑος）的那种精神能力（διάνοιαν）。（400e）

　　苏格拉底认为，必须强迫诗人们在其诗作中刻画"具有好性情的形象（ἀγαϑοῦ εἰκόνα ἤϑους）"（401b），必须阻止"匠人"（δημιουργοί）在绘画和雕刻中塑造相反的"坏性情"，只因为对于养成真正美好的"性情"，"乐教至为关键（κυριωτάτη ἐν μουσικῇ τροφή）"。苏格拉底认为只有认识了"明智、勇敢、慷慨、大方之型（εἴδη καὶ ἀνδρείας καὶ ἐλευϑεριότητος καὶ μεγαλοπρεπείας）"，也能够辨别其"本身"与其"影像"（εἰκόνας），才算是"有乐教的人"（μουσικοί）（402b-c）。如果一个人通过"乐教"而兼有了灵魂中的"美好性情"（καλὰ ἤϑη）和"形式上"（εἴδει）的"一致与和谐"（ὁμολογοῦντα...συμφωνοῦντα），对于能够看到他的人而言，这个人将成为"最美好的景观"（κάλλιστον ϑέαμα）（402d），而"最美的事物"总是"最值得追求的"（ἐρασμιώτατον）。苏格拉底指出，"有乐教的人"最爱同类，而不爱相反类型的人。格劳孔则认为，"有乐教的人"可以爱"身体"有缺陷的人，表明格劳孔始终不忘"身体"而不能完全专注于"灵魂"。苏格拉底表示理解，因为他知道格劳孔有这样的朋友，但苏格拉底马上问格劳孔："明智与放纵能够并行不悖吗？"这个问题显然针对格劳孔对"身体"的关注，苏格拉底进一步问格劳孔："你能说出比性快感更大更强的快乐吗？"（403a）格劳孔表示不能。然而，苏格拉底为何要提出这样的问题？

　　柏拉图没有告诉我们，格劳孔所谓"灵魂美好"而"身体不美"的人是谁，我们猜测这个人就是苏格拉底。在柏拉图的《泰阿泰德》（143e）中，泰奥多罗斯（Theodorus）提到一个雅典男孩，说他长得一点也不美,非常像苏格拉底,塌鼻子、暴眼睛;①在柏拉图的《会饮》(215a)中,阿尔喀比亚德也说苏格拉底像一个西勒诺斯($\Sigma\varepsilon\iota\lambda\eta\nu\delta\varsigma$):显然,苏格拉底就是"身体不美"的人。在《会饮》的同一文本处境中,阿尔喀比亚德还谈到自己如何几番"追求"苏格拉底均未能得逞,他将因此而遭受的挫折称为"被哲学言论咬伤"(218A)。"听到这番话,苏格拉底用他惯有的那副装傻口气说":

> 亲爱的阿尔喀比亚德,你倒真不傻呢,要是你说我的那番话是真的,要是我确有一种力量能使你变得更好的话。你一定看到我身上有一种神奇得很的美,你那让人迷恋的标致模样简直望尘莫及的美。(218d—e)②

苏格拉底身上这种"神奇得很的美"、这种"望尘莫及的美",想必正是通过"乐教"所能达到的那种"最美好的景观"。阿尔喀比亚德告诉我们,他随后钻进了苏格拉底破旧的大衣,可苏格拉底"对美貌简直猖狂到了极点"(219c),以至于阿尔喀比亚德和他睡了一夜,却"没做别的事,简直就像跟父亲或哥哥睡了一夜"(219d,见前揭书,页109—110)。让我们回到《王制》中苏格拉底和格劳孔关于"美"的讨论,我们旋即发现,两人接下来的谈话正好抵达了上述阿尔喀比亚德和苏格拉底的关系主题:苏格拉底告诉格劳孔,要为城邦建立一条法律——有情人爱抚情人必须像父亲爱抚儿子一样,必须出于正当目的,否则就算不上"有乐教的人"。如此说来,苏格拉底就是"有乐教的人"的完美典范:阿尔喀比亚德抱着苏格拉底,"就像跟父亲或哥哥睡了一夜"。

---

① 《柏拉图全集》(*Plato: Complete Works*, ed., intro. and notes, J. M. Cooper, D. S. Hutchinson, Indianapolis and Cambridge, 1997),页160。
② 《柏拉图的〈会饮〉》,刘小枫译注,前揭,页108。

在征得格劳孔同意后，苏格拉底用这样一句话结束了关于"乐教"的讨论："应当说乐教的最终目的就是对美的爱欲（δεῖ δέ που τελευτᾶν τὰ μουσικὰ εἰς τὰ τοῦ καλοῦ ἐρωτικά）。"在柏拉图的《会饮》（201d—212c）中，苏格拉底借第俄提玛之口，向我们展示了"对美的爱欲"，这种"对美的爱欲"就是"哲学"即"爱智慧"。正如苏格拉底是"有乐教的人"的完美典范，"哲人"苏格拉底同时也是"爱欲的化身"。第俄提玛问苏格拉底：

> 谁要是生育、抚养真实的美德，从而成为受神宠爱的人，不管这个人是谁，不都会是不死的吗？（212a）

苏格拉底就是"生育、抚养真实美德"的人，因而也是"受神宠爱的人"，所以，苏格拉底是"不死的"人：正如忒瑞西阿斯先知是受女神佩尔塞福涅宠爱的人，在哈得斯，女神"唯独让他有生气"。

第八章　先知几于神乎

——柏拉图《美诺》中的忒瑞西阿斯先知

在《美诺》(*Meno*)临近结尾处(100a)，柏拉图的苏格拉底具名提到忒瑞西阿斯先知，并重述了《王制》(386d)中苏格拉底所引述的荷马《奥德赛》卷十行495：

> 唯独让他有生气(οἴῳ πεπνῦσϑαι)，其他人则成为飘忽的魂影(σκιαὶ ἀίσσουσιν)。

柏拉图的苏格拉底何以在这篇对话临近结尾处提到忒瑞西阿斯先知，并重述这行荷马叙事诗？要回答这个问题，就必须严格按照《美诺》的内容次第，仔细分疏这篇哲学诗的情节发展。我愿不厌其烦地重述克莱因在其《柏拉图〈美诺〉疏》"开场白"中开宗明义的说法："从前，断续在很长时期里，疏解经典是一种阐明真理的方法。想必至今依然如此。"(克莱因，前揭书，页3)

一

亚里士多德在《前分析篇》和《后分析篇》中都提到《美诺》这篇

对话,足见其真实无疑是柏拉图的作品。① 其次,这篇对话是以其中一个对话者"美诺"的名字命名的,他是帖撒利人,阿勒克西德莫斯(Ἀλεξιδήμος)之子,与柏拉图对话中的其他人物一样,美诺在历史上真有其人,但正如不能将柏拉图对话中的苏格拉底与历史上的苏格拉底看成同一个人,并不能将《美诺》中的"美诺"与历史上的美诺划等号。我们知道,色诺芬的《远征记》对参与小居鲁士(Cyrus II)远征的"美诺"记述甚详,但同样不能肯定色诺芬笔下的"美诺"就完全是历史上的美诺。然而,无论柏拉图还是色诺芬笔下的"美诺",都与历史上的美诺有一个共同点:此人是一个身体俊美但灵魂卑鄙的小人。因此,柏拉图用"美诺"为这篇哲学诗命名,想必要我们从一开始就注意由"美诺"这个名字所代表的那种人的"性情"(克莱因,前揭书,页35—38),《美诺》由美诺连续提出的三个十分突兀的问题开场,应证了我们的判断:

> 苏格拉底,你能告诉我,优异(ἀρετή)可教(διδακτόν)吗?或者,如果不可教,是否可以锻炼而成(ἀσκητόν)?或者,如果不可教,亦不可锻炼而成,它是人天生就有的(φύσει παραγίγνεται),还是用其他什么方法成就的?(70a)②

在此,有必要首先考察这篇对话的核心概念ἀρετή的含义,这个词的词根是αρ,内涵"方向性运动",意指"达到目的、结合、符

---

① 参《前分析篇》(67a21)和《后分析篇》(71a29)。中译参见《前分析篇》、《后分析篇》,余纪元译,见《亚里士多德全集》卷一,前揭,页 230;246。亦参 Jacob Klein,《柏拉图〈美诺〉疏》,前揭,页 1。

② 《美诺》文本中译参照《柏拉图对话集》,王太庆译,北京:商务印书馆,2004),据原文(Plato, *Platonis Opera*, ed. John Burnet, Oxford University Press, 1903)有改动。

合"，由此，ἀρετή本意是"优异、卓越、好"，与ἀρετή同源的拉丁词是
arma[武器、装备]、armus[肩部]等。① ἀρετή德译应为 Tüchtigkeit，
英译应为 exellence，迄今有"美德、德性、品德"等多种汉译。实际
上，现代德语也往往将ἀρετή译为 Tugend，而现代英语也往往将其
译为 virtue，这样的意义转换，是受到拉丁语以 virtus 对译ἀρετή的
影响。拉丁词 virtus 源于 vir[男人]，因此 virtus 的原始含义就是
"男人气质"，这倒完全对应希腊词ἀνδρεία的含义。总之，ἀρετή涵盖
了拉丁词 virtus、德语 Tugend、英语 virtue 之含义，但更强调人的
"出类拔萃"，将ἀρετή汉译为"美德、德性、品德"，难免与通常所谓
"道德"挂钩，故此笔者试译为"优异"。在《王制》(492a)中，柏拉图
的苏格拉底指出，哲人的天性再加上恰当的学习，必然臻于"全面
的优异"(πᾶσαν ἀρετήν)。臻于"全面优异"的哲人无疑就是"完
人"，这说明真正的"优异"即"全面优异"，乃是人所能达到的最高
境界。

　　我们知道，柏拉图对话大都以一段或长或短的介绍性文字开
场，而《美诺》则以美诺向苏格拉底断然提出三个关乎人类"至高追
求"的恒久问题开场，让我们一开始就见识了美诺的咄咄逼人和狂
妄无礼，从而将《美诺》中的美诺与历史上的美诺勾连起来。其次，
我们将在随后的谈话中了解到，就在这场对话发生的前一天，美诺
和苏格拉底已经见过面了：据苏格拉底叙述，当时美诺说他自己
"在抵达问题的要害之处(μυστηρίων)时，必定会退却(ἀπιέναι)"
(76e)。不难想见，就在昨天的谈话中，美诺和苏格拉底已经抵达
了某些问题的"要害之处"，而美诺"退却"了，想必他因为经不住苏
格拉底的辩驳而败下阵来。如此说来，今儿一见面，美诺连招呼都

---

① Georg Curtius，《希腊语辞源举要》(*Grundzüge der griechischen Etymologie*, Drit-
te Auflage, Leipzig: Druck und Verlag von B. G. Teubner 1869)，页 317—18。亦
参 Charles C. Halsey，《拉丁语希腊语辞源》(Etymology of Latin and Greek, Bos-
ton: Ginn & Company, 1889)，页 146—147。

不打,劈头连珠炮似地向苏格拉底提出三个如此重大的问题,显然是有预谋的:他想一举"难倒"苏格拉底,以挽回昨日的败局。再次,我们也将在随后的谈话中了解到,帖撒利人美诺在雅典的宿主是安虞图斯(Ἄνυτος),后者也是这篇对话中的人物之一,而且我们知道,历史上的安虞图斯是控告苏格拉底的三人之一,这难免让我们猜疑:美诺或许受了安虞图斯的教唆,否则一个外邦人怎敢在雅典如此狂妄地向苏格拉底提问呢?

苏格拉底没有正面回答美诺的无礼追问,而说在希腊人中间,帖撒利人因"骑术"(ἱππικός)和"财富"(πλοῦτος)著称,如今"似乎也因智慧"(δοκεῖ…ἐπὶ σοφίᾳ)而受人羡慕,苏格拉底将这种"智慧"归于智术师高尔吉亚的教导。不难看出,苏格拉底关于高尔吉亚的教导让帖撒利人有了"智慧"的说法是讽刺,若联系到在后来的谈话(90b—92d)中,安虞图斯攻击智术师说法——"与这样的人交往,明摆着会遭祸害和败坏"(91c)——就更是如此。而苏格拉底所谓帖撒利人因"骑术"和"财富"著称的说法,同样是讽刺,因为,苏格拉底在随后的谈话中不止一次地指出,任何东西若使用不当都会导致不幸,"骑术"和"财富"自然也是这样。

苏格拉底进一步评述了高尔吉亚对帖撒利人的影响,说高尔吉亚让阿劳阿斯家族的(Ἀλευαδῶν)精英和其他杰出的帖撒利人成了"智慧的爱好者"(ἐραστὰς ἐπὶ σοφίᾳ)(70b),让他们养成了这样一种"性情"(ἔθος):

> 无畏而大方地回答任何问题(ἀφόβως τε καὶ μεγαλοπρεπῶς ἀποκρίνεσθαι),只要有人提问,就好像有知者那样(ὥσπερ εἰκὸς τοὺς εἰδότας),让自己接受希腊人随心所欲的提问(παρέχων αὑτὸν ἐρωτᾶν τῶν Ἑλλήνων τῷ βουλομένῳ ὅτι ἄν τις βούληται),从来不会不回答某人的问题(οὐδενὶ ὅτῳ οὐκ ἀποκρινόμενος)。(70b—c)

这番话显然也是反讽,说这些人的所作所为"就好像有知者",暗指他们并非真是"有知者";"无畏而大方地回答"任何人提出的任何问题,恰恰是出于"无知",因为,对任何人的任何问题不加区分地做出回答,绝非"有知者"之所为。这也表明,苏格拉底绝不会"不加区分"地回答美诺的提问。苏格拉底接着谈到雅典人"缺乏智慧"($αὐχμός...σοφίας$),"很有可能($κινδυνεύει$)智慧从这里跑到你们那儿去了"(71A):这个说法暗示智慧起初就在雅典人这里,而帖撒利一开始是无知的;说智慧"很有可能"跑到帖撒利人那儿去了,表明这只是一种假设,如果这个假设错了,那么,智慧一定还在雅典人这里。事实说明,智慧的确仍然在雅典人这里,因为苏格拉底说,若听到美诺上述三大问题,雅典人会"笑着"说:

> 朋友啊! 在你看来,我一定是个蒙福的人,至少知道优异可教或者它是怎么来的,可我根本不知道优异可教不可教,事实上我的确连优异本身是什么也一无所知($οὐδὲ...παράπαν...εἰδώς$)。(前揭)

苏格拉底告诉美诺,他的情形和他的同胞一样,"对优异一无所知"($οὐκ εἰδὼς περὶ ἀρετῆς τὸ παράπαν$)。这番话充满了调侃,但最后却道出了智慧的真谛:苏格拉底毕生哲学追求的结论就是"一无所知",哲人苏格拉底的智慧就体现在他对自己"一无所知"的了悟上。这说明,关于"一无所知"的智慧仍然在雅典,因此,帖撒利人一开始的无知的,如今依然如故,恰如美诺的无礼提问所表明的那样。如此一来,等于说高尔吉亚的教导不但未能让帖撒利人获得智慧,反倒使其变得更无知了:如果说帖撒利人当初的无知是"自然的无知",那么,经过高尔吉亚的教导而自认为"有知"的帖撒利人的无知,则成了"非自然的无知",这种无知比"自然的无知"更大。富有戏剧性的是,苏格拉底不仅通过反讽成功地驳回了美诺的提问，而且最终由他转而向美诺提出了三个问题，可谓"以其人之道还治其人之身"：

> 既然我不知道一种事物是什么，又如何知道它的性质呢？你想想，如果一个人根本不认识美诺，他能知道美诺是否长得美，是否富有，是否出身好，或情形相反吗？你想这可能吗？（71b）

面对苏格拉底的提问，美诺的回答是："我的确不能。"（οὐκ ἔμοιγε）（前揭）美诺毫不含糊的回答，与苏格拉底反讽形成了鲜明对比：这是哲人苏格拉底在这篇对话中第一次让美诺屈服。初次屈服的美诺当然不死心，他马上反问苏格拉底，是否真的不知道"何为优异"，还说要把这件事告诉别人：显然，美诺是"以小人之心度君子之腹"，他以为苏格拉底像他一样"爱荣誉"。就此，苏格拉底不但再次告诉美诺自己不知道"何为优异"，而且认为他还没见过有谁知道"何为优异"。

听了苏格拉底的回答，美诺"祭出"了高尔吉亚，问苏格拉底是否见过高尔吉亚，是否听他谈论过"优异"：可见，美诺根本没听出苏格拉底此前关于高尔吉亚的教导让帖撒利人有了"智慧"的说法是反讽，这进一步表明了美诺的"无知"——这个"无知"与高尔吉亚的教导有关。接着，苏格拉底告诉美诺，自己"记忆"（μνήμων）非常不好，他愿意听美诺"回忆"（ἀνάμνησον）高尔吉亚关于"优异"的看法，或说说他自己的看法，因为美诺是高尔吉亚调教出来的，需要注意的是，苏格拉底在此第一次、也是同时提到"记忆"和"回忆"，这两个概念在《美诺》这篇对话中意义重大：若按后来的谈话中，苏格拉底所谓"从自己心中浮现出知识来"就是"回忆"（85d）的说法，说自己的"记忆"不好，就等于说自己"无知"，而他要美诺"回忆"高尔吉亚关于"优异"的看法，等于教促美诺寻求"知识"。因此,苏格拉底进而"以诸神的名义"($πρòς\ θεῶν$)要求美诺谈谈他自己关于"优异"的看法,表示他愿意让美诺的回答戳穿自己方才所谓没见过有谁知道"何为优异"的说法。既然苏格拉底凭着神起兴,说明他希望美诺严肃对待这个问题,而他情愿让美诺揭穿自己的"无知",又说明"何为优异"事关"智慧",绝非轻易能够回答的问题。可美诺却说:"其实,这说起来并不难($οὐ\ χαλεπόν$),苏格拉底!"(71e)美诺叫响苏格拉底的名字,告诉他谈论"何为优异"并不难,足见其何等刚愎自用。那么,关于"何为优异",美诺给出的答案又是什么呢?

> 首先,如果你想知道男人的优异,那很容易($ῥάδιον$),就是适合管理城邦事务;……如果你想知道女人的优异,那也不难($οὐ\ χαλεπόν$),就是要操持好家务,照看好家物,并且服从男人;还有小孩子的优异;……还有老人的优异;……此外还有许多别的优异,……因为每一种行业、每一种年龄、每一种活动都有它各自的优异。同样($ὡσαύτως$),苏格拉底,我认为还有卑劣($κακία$)。(71e—72a)

美诺首先谈到"男人的优异"是"适合管理城邦事务",说明美诺首要关注"管理城邦事务",自然也说明,美诺作为男人认为自己的"优异"就在于"有管理城邦事务的能力"。然后,美诺谈到各色人等有不同的"优异"——柏拉图的美诺的这些说法,倒是表达出了我们"现代之后"的人的心声:如果说美诺关于"优异"因人而异、因时而异、因事而异的说法,还承认有"优异"这么一回事,那么,他最后叫响苏格拉底的名字,以与谈论"优异""同样"的方式"认为还有卑劣",等于连"卑劣"也看成了一种"优异",也就等于无所谓"优异"——我们不禁赞叹:美诺简直就是个"后现代",只有将"优异"

和"卑劣"等而同之的人,最终也只有"卑劣"的人才会有这样荒唐的言论。我们知道,若"卑劣"的人想"管理城邦事务",说明他具有"僭主"性情,美诺就是这样的人。

面对美诺出于"僭主"性情的奇谈怪论,苏格拉底用"蜂窝"($\sigma\mu\tilde{\eta}\nu o\varsigma$)作比喻,追问美诺知不知道使得所有"蜜蜂"($\mu\acute{\epsilon}\lambda\iota\sigma\sigma\alpha$)相互一致的东西是什么。美诺说他能说得上来($\check{\epsilon}\gamma\omega\gamma\epsilon$),但我们始终无从知晓他是如何说的。我们问题是,苏格拉底在此为何要提出"蜂窝"和"蜜蜂"的比喻?我们知道,赫西俄德在《劳作与时日》(行300以下)和《神谱》(行594以下)中,都向我们叙述过不劳而获的"雄蜂"($\kappa\eta\varphi\acute{\eta}\nu$),看来以"蜂"喻人古已有之,在希腊古典时代也不少见,阿里斯托芬的谐剧《马蜂》(参行1071以下)的歌队就扮作一窝马蜂($\sigma\varphi\tilde{\eta}\kappa\epsilon\varsigma$)。我们认为,柏拉图的苏格拉底在此提到$\mu\acute{\epsilon}\lambda\iota\sigma\sigma\alpha$[蜜蜂],与品达颂诗中的咏唱关系密切:这不仅因为《美诺》中的苏格拉底两次引述了品达颂诗,足见柏拉图撰写这篇对话时,心里装着品达;而且,品达在其《皮提亚凯歌》(Pythian Odes,卷四,行60)中,将德尔菲神庙中的女祭司比作"德尔菲的蜜蜂"($\mu\epsilon\lambda\acute{\iota}\sigma\sigma\alpha\varsigma$ $\Delta\epsilon\lambda\varphi\acute{\iota}\delta o\varsigma$),[①]足见品达视"蜜蜂"为圣洁的造物。因此,苏格拉底追问"蜜蜂之所是",一方面是以"蜜蜂之所是"比喻"优异之所是",另一方面,则是以"蜜蜂"之圣洁暗示"优异"之圣洁,从而讽刺美诺把"优异"与"卑劣"等而同之的做法。其次,亚里士多德后来在《动物志》中详尽记述了"蜜蜂"精心构筑"蜂窝"采花酿蜜的情形,从中可以看出"蜜蜂"的勤劳天性和"蜂窝"的井然有序,[②]这反过来可以证明,苏格拉底以"蜂窝"和"蜜蜂"作比喻,暗示由各色人

---

① 《品达凯歌及残篇》(*The Odes of Pindar, including the Principal Fragments*, ed. and trans. Sir John Sandys, The Loeb Classical Library, Cambridge Mass.-London 1915),页204—05。

② 亚里士多德,《动物志》,卷9章40,623b5—627b23,颜一译,见苗力田主编,《亚里士多德全集》(第四卷),前揭,页352—361。

等组成的城邦应当井然有序,城邦公民也应当具有"蜜蜂"一样的勤劳天性。

苏格拉底以"蜂"作喻,要美诺说出"优异"的"型"(εἶδος),美诺承认他"对于问题的实质掌握得还不如希望的那样透彻"(72d),这是美诺第二次服输。苏格拉底进而向美诺表明,无论小孩子还是老人,也不管男人抑或女人,只有"明智"(σώφρονες)且"公道"(δίκαιοι)才能成为"好人"(ἀγαθοί)。显然,苏格拉底想让美诺明白,成为"好人"才是做人的关键,也暗讽美诺不是"好人",但"明智"和"公道"并非"好人"的充分条件,因此,苏格拉底第二次敦促美诺"回忆"(ἀναμνησθῆναι)高尔吉亚关于"优异"的看法,美诺回答说:"如果你要寻求普遍的[优异],那就是支配(ἄρχειν)人。"(73c—d)这个定义与美诺方才所谓"男人的优异"是"适合管理城邦事务"一脉相承。就此,苏格拉底追问美诺,所谓"支配"是否也是"小孩子"(παῖς)和"奴隶"(δοῦλος)的"优异",美诺表示否定。苏格拉底指出,不仅不能将"支配"作为"小孩子"和"奴隶"的"优异",甚至"不公道地"(ἀδίκως)"支配"也不能视为"优异"。于是,美诺不仅承认"公道"是"优异",还说"勇敢"(ἀνδρεία)、"明智"(σωφροσύνη)、"智慧"(σοφία)、"大方"(μεγαλοπρέπεια)等等都是"优异"(74a)。苏格拉底告诉美诺,这些说法等于又回到了他关于"优异"最初的"定义"(参71e—72a),美诺表示"的确还没有能力"(οὐ γὰρ δύναμαί πω)把"那一个优异"(μίαν ἀρετὴν)找出来,这是美诺第三次向苏格拉底服输。

二

见美诺陷入困境,苏格拉底以退为进,转而与美诺探讨"形"与"颜色",并要美诺说说"圆、直"之中那个同一的"形"是什么:正如苏格拉底所言,这样的"尝试"(πειρῶ)有助于回答什么是"优异"。面对苏格拉底的提议,美诺要苏格拉底自己讲,表明他对此没有兴

趣，于是苏格拉底问美诺："你希望我做你中意的事情吗
(βούλει σοι χαρίσωμαι)?"(75b)美诺表示希望，苏格拉底进而问美诺：
"那么，随后你愿意跟我说说优异吗?"(前揭)美诺表示愿意，苏格
拉底这才表示：既然如此，由他来回答方才关于"形"的问题"很值
得"(ἄξιον γάρ)。苏格拉底告诉美诺，"形就是一切事物中间那个唯
一伴随着颜色的"(前揭)。听了苏格拉底的回答，美诺叫响苏格拉
底名字，说这个说法"真浅薄"(γε εὔηθες)。苏格拉底见状委婉地表
示，如果美诺愿意和他像朋友一样相互启发，他愿意用较为温和可
行的方式来回答问题，并指出"形就是体的界限"(76a)。可让我们
吃惊的是，美诺对苏格拉底关于"形"的定义未置一词，却追问他
"如何称呼颜色"，苏格拉底不得不说："你真是个放肆的人
(ὑβριστής)，美诺!"(前揭)苏格拉底进而责备美诺只知道追问一个
老人，自己却不愿"回忆"高尔吉亚关于"优异"的看法。

不难理解，苏格拉底由关于"优异"的讨论退回到关于"形"
的讨论，是由"人事"退回到"自然"：苏格拉底以此暗示，只有作
为研究人类事物的准备，对"自然"的探究才获得了其意义。但
受智术师高尔吉亚教导的美诺对此意义上的"自然"探究了无兴
趣，只是在苏格拉底表示愿做美诺"中意的事情"，方才化解了僵
局：苏格拉底不放弃谈话，这本身就是为了美诺的利益。苏格拉
底愿做对美诺有利的事情，当然是为美诺好，而他要美诺此后也
愿意谈谈"优异"，其实是希望美诺不要放弃对"优异"的追求，这
也是为了美诺的利益：苏格拉底的所作所为全都是为了美
诺——为了美诺，他愿意再次探究"自然"，他认为这"很值得"，
这就是哲人的胸怀。然而，美诺终究是个卑劣的人，他不但不明
白苏格拉底的良苦用心，还说苏格拉底关于"形"的定义"真浅
薄"；甚至在苏格拉底表示愿意与他"做朋友"的情况下，美诺竟
胡搅蛮缠地提出"如何称呼颜色"的问题来了。因此，苏格拉底
不得不直言美诺"你真是个放肆的人"，但既便如此，苏格拉底仍

然关注美诺的利益，因为他再次提到"回忆"，希望美诺"回忆"高尔吉亚关于"优异"的看法，无非希望美诺能够检审高尔吉亚的看法，以免继续受智术蒙蔽。

尽管苏格拉底已经说出了"你真是个放肆的人"这样够分量的话，美诺还是坚持要苏格拉底说说"如何称呼颜色"，可见其无耻到了极点。于是，苏格拉底说连"蒙着眼睛的人"都知道美诺的"美貌"，而且有追求他的"有情人"，原因是美诺"说话只管发号司令（ἐπιτάττεις）"，"就像惯坏了的公子哥（τρυφῶντες）"（76b）。苏格拉底这番话显然是讽刺美诺只剩下"身体美"这一项优点了，对这样一个品质败坏的人的命令言听计从的"有情人"，无非只是追逐他的"身体美"而已，而"说话只管发号司令"正是"僭主"的性情。但既便如此，苏格拉底还是表示他"难过美人关"（76c），说明他不会放弃哪怕只剩下"身体美"的美诺。苏格拉底说他愿意照高尔吉亚的样子回答这个问题，并将高尔吉亚的智术追溯到恩倍多克勒的"流溢说"，但奇怪的是，苏格拉底首先引述了品达的诗行"请注意我的意思（σύνες ὅ τοι λέγω）!"，随后才给出了关于颜色的定义："颜色就是一种出自形体的（σχημάτων）流溢物，与视觉相配，可以感觉到。"（76d）美诺对此答案拍手叫好，苏格拉底却说这个答案"有悲剧性"（τραγική）。苏格拉底提出关于颜色的"流溢说"，自然是通过模仿来讽刺高尔吉亚的智术、并最终讽刺自然哲人恩倍多克勒，他在此引述品达的诗句提醒美诺"请注意我的意思"，显然是将抒情诗人品达擢升于智术师高尔吉亚和自然哲人恩倍多克勒之上。苏格拉底关于这个答案"有肃剧性"的说法，则是讽刺恩倍多克勒的"流溢说"听起来"更为冠冕堂皇、更为神奇（σεμνότερα καὶ θαυμαστότερα）"（克莱因，前揭书，页70，注释47）。

也正是在这里，苏格拉底还叫响美诺父亲的名字，称美诺为"阿勒克西德莫斯之子"，说还是认为"那个答案更好"（ἐκείνη βελτίων），他要美诺不要像昨天所说的那样，"在抵达问题

的要害之处（μυστηρίων）时，必定会退却（ἀπιέναι）"（76e）。克莱因
认为，苏格拉底所谓"那个答案更好"的"那个"究竟是哪个，很难
说清楚，苏格拉底似乎有意含糊其辞（克莱因，前揭书）。但我们认
为，苏格拉底所谓"那个答案"就指"形就是一切事物中间那个唯
一伴随着颜色的"（75b）：首先，如前所述，美诺方才对苏格拉底
关于"形"的定义未置一词，却追问他"如何称呼颜色"，我们知
道，"颜色"是事物最为表面的特征，美诺如此关注"颜色"而忽视
"形"，说明美诺是一个真正浅薄无知的人，具有讽刺意味的是，
这个浅薄无知的美诺却说苏格拉底关于颜色的定义"真浅薄"；
其次，"颜色"之表面性与美诺其人的"美貌"具有类比关系，因
此，苏格拉底谈论的"形"无疑就是事物的"要害之处"，美诺恰恰
在"形"这个"要害之处"退却了："颜色"之于"形"，正如"美貌"之
于"优异"；再次，若将苏格拉底所谓"形就是一切事物中间那个
唯一伴随着颜色的"用于"人事"，等于说"优异对于所有人而言
应当是那唯一伴随着美貌的"，所以，苏格拉底告诉美诺，"我相
信你会同意我的看法"（76e），显然是暗中告诫美诺，"美貌"必须
有"优异"伴随才好。

　　听了苏格拉底的话，美诺不愿放弃，他缠着苏格拉底对他多讲
"更为冠冕堂皇、更为神奇"的例子，表明美诺根本没有理解苏格拉
底的良苦用心，苏格拉底表示，为了美诺也为了他自己，他并非不
肯多讲这样的例子，但他不会说更多，因此，他敦促美诺履行诺言，
说说"何为优异"（τί ἐστιν ἀρετή）。美诺不得已，提出了第三个关于
"优异"的定义：

　　　　在我看来，苏格拉底，优异就像诗人所说的那样，是
　　"欣赏美的事物并对其有能力"，我认为优异就是渴望并
　　且有能力取得美的事物。（77b）

　　据说,美诺所引这行诗出自西摩尼德斯(Simonides),①美诺之所以引述诗人的话,显然是受了苏格拉底的影响,然而,苏格拉底引述的贵族派诗人品达与美诺引述的民主派诗人西摩尼德斯,在"优异"程度上相去甚远;②我们知道,在柏拉图另外一篇讨论"优异"主题的对话《普罗塔戈拉》中,智术师普罗塔戈拉也引述西摩尼德斯与苏格拉底论辩,这说明美诺和西摩尼德斯、普罗塔戈拉性情相投。苏格拉底对美诺这个定义未作正面评价,而是将"渴望美的事物"转换为"渴望好的事物"($ἀγαϑῶν\ ἐπιϑυμητήν$),并与美诺"共同"证明了自以为追求"好"其实在追求"坏"的人是"悲惨而不幸的"($ἄϑλιος\ καὶ\ κακοδαίμων$),从而纠正了美诺所谓"优异是渴望好的事物"的说法,因为"愿望人人都一样"($βούλεσϑαι\ πᾶσιν\ ὑπάρχει$),所以,"优异……就是取得好的能力($δύναμις\ τοῦ\ πορίζεσϑαι\ τἀγαϑά$)"(77b—c)。然而,随后在究竟什么是"好"的问题上,美诺和苏格拉底又分道扬镳了:美诺认为,所谓"取得好的能力"中的"好",不仅包括苏格拉底所说的"健康和财富"($ὑγίειάν\ τε\ καὶ\ πλοῦτον$),还包括"拥有金银和在城邦中拥有声望与官位($τιμὰς\ ἐν\ πόλει\ καὶ\ ἀρχάς$)",等于提出"优异"的第四个"定义"。据色诺芬记述:

　　　　帖撒利人美诺明显贪图巨富($πλουτεῖν\ ἰσχυρῶς$),他渴望支配($ἄρχειν$)以便获取更多财富,他渴望荣誉($τιμᾶσϑαι$)以便增加所得。(《远征记》,卷二章6节21)③

---

① Plato,《拉凯斯、普罗塔戈拉、美诺、欧绪德谟》(*Laches, Protagoras, Meno, Euthydemus*, trans. W. R. M. Lamb, The Loeb Classical Library, Cambridge Mass.-London 1967),页286。

② 刘小枫,〈诗风日下〉,〈炳炎与三代同风〉,见氏著《昭告幽微:古希腊诗品读》,前揭,页113—156。

③ 中译参见色诺芬,《长征记》,崔金戎译,北京:商务印书馆,页58。据原文(Xenophon, *Xenophontis opera omnia*, vol. 3, ed. E. C. Marchant, Oxford: Clarendon Press, 1904)有改动。

色诺芬对美诺其人的描述与美诺的自述若合符节,可见柏拉图和色诺芬对美诺的看法是一致的。听了美诺的"定义",苏格拉底在先前所谓"好人"的两个必要条件"明智"和"公道"之外,又增加了"虔敬"($\delta\sigma\iota\acute{o}\tau\eta\varsigma$),认为只有伴随着这些条件而"取得金银",才算"优异",但这样一来,意味着给出一个统一的"优异"定义的尝试又落空了。苏格拉底借机重提"不知道优异本身,是否能知道优异之特性(部分)"的问题,这是他回应美诺在对话开场伊始劈头提出的三个问题时所说的那番话的要害之所在,美诺的反应与当初一样,对此表示否定:谈话又回到了起点,苏格拉底与美诺的对话完成了一个大的循环。然而,对话的高度已今非昔比:苏格拉底请美诺"回忆"他方才关于"形"的答案,但这一次他与美诺一道指责这个答案运用了"未知之物",等于是苏格拉底的"自我否定"。苏格拉底进而指出,用"优异"的部分来规定"优异"本身是行不通的,于是他再次提请美诺说说他和他的朋友高尔吉亚所认为的"优异"是什么。

这一次,美诺似乎彻底垮掉了,他放弃提出新的"优异"定义,转而讽刺苏格拉底"形象"($\epsilon\tilde{\iota}\delta o\varsigma$)和其他方面都像电鳗,让接近和触摸它的人发呆,如今对我做了同样的事情"(80a):过去只是听说苏格拉底总是让别人陷入困惑,"如今我根本不知道该说优异是什么了"(80b)。然而,我们很快发现,美诺并没有真的垮掉,他对苏格拉底说:

> 因此,我以为你最好接受劝告,不要从海路或陆路离
> 开这里去外邦。因为,如果你作为异邦人在别处如此行
> 事,人家一定会把你当成巫师($\gamma\acute{o}\eta\varsigma$)抓走。(前揭)

$\gamma\acute{o}\eta\varsigma$这个词说好点就是"巫师",说白了就是"骗子"——这番话暴露了美诺的狰狞面目:他在威胁苏格拉底——一场由一个

"卑劣"的人挑起的关于"优异"的谈话，终于演变为一个政治问题。我们知道，苏格拉底一生从未因私离开过雅典，之所以如此，当然不是因为害怕美诺这一番威胁；但苏格拉底终究在雅典被安虞图斯——美诺在雅典的宿主——一帮人以"不敬城邦神、引进新神和腐蚀青年"三条罪状诉上法庭而判处死刑，[1]这说明，无论在雅典还是在异邦，哲人苏格拉底的政治处境从未根本改观。面对美诺发出的威胁，苏格拉底说 πανοῦργος εἶ, ὦ Μένων, καὶ ὀλίγου ἐξηπάτησάς με. (80b) 这句话用于打趣意思是："美诺啊，你可真狡猾，几乎把我给弄蒙了！"认真说起来意思就是："美诺啊，你是个恶棍，几乎把我给骗了！"显然，苏格拉底通过打趣暗中痛斥了美诺之卑劣。接着，他避重就轻，开玩笑说美诺拿他的"形象"打比方，是想显摆他自己的"美貌"，但苏格拉底告诉美诺："可我不会再拿你打这样的比方（ἀλλ' οὐκ ἀντεικάσομαί σε）。"(80c) ἀντεικάσομαί 或 ἀντεικάζω，由 ἀντεικ- 与 -άζω 复合而成，而 ζω 意为"畏惧、害怕、生气"，因此，苏格拉底这句话的潜台词是"我倒是不会害怕你美诺"，从而极为隐晦地回应了美诺的政治威胁。苏格拉底进而开自己的玩笑说：

> 如果你说的电鳗使别人发呆的时候自己也发呆，那我就像它；如果不是这样，我就不像它。……现在我对于优异一无所知，而你也许在碰到我之前先知道了，现在却很像一个不知道的人。(80c—d)

如果说哲人的智慧正在于"自知无知"，那么，哲人使"自以为有知"之人陷入困惑，就是在帮助无知之人走向真正的智慧。苏格拉底表示，"尽管如此"，他还是愿意与美诺一道研究何为"优异"。

---

[1]　参见色诺芬，《回忆苏格拉底》，吴永泉译，北京：商务印书馆，1986，页1。

三

谈话重新开始,美诺的做法与"开场"时如出一辙,一连抛出了三个问题:

> 苏格拉底,一样东西你根本不知道($μὴ\ οἶσϑα$)它是什么,你又怎么去探究($ζητήσεις$)它呢?你凭什么特点把你所不知道($οὐκ\ οἶσϑα$)的东西提出加以探究($ζητήσεις$)呢?在你正好碰到他的时候,你又怎么知道($εἴσῃ$)这是你所不知道($οὐκ\ ᾔδησϑα$)的那个东西呢?(80d)

显然,这三个问题模仿了苏格拉底为回应美诺"开场"时提出的三个问题而反问美诺的三个问题(71b),表明美诺也想模仿苏格拉底"以其人之道还治其人之身"。然而,苏格拉底告诉美诺:

> 我明白你想说什么,美诺! 你知道你的言辞($λόγον$)有多好斗($ἐριστικὸν$)吗? [你是说]一个人既不可能探究他所知道的东西,也不可能探究他不知道的东西。他不会探究他知道的东西,因为已经知道了,用不着去探究;他也不会探究他不知道的东西,因为他不知道要探究什么。(80d)

苏格拉底把美诺的三个"好斗的"问题转换成了这样一个"推论",等于将美诺发动的一场"斗争"($ἔρις$)缓和为一场和平对话。美诺叫响苏格拉底名字问,是不是认为这个说法"很美妙"($καλῶς$),苏格拉底断然否定($οὐκ\ ἔμοιγε$)。美诺追问苏格拉底断然否定的缘由,苏格拉底说他曾听到一些"精通神圣事物的

(σοφῶν περὶ τὰ θεῖα πράγματα)男人和女人"(81a)说过其中原委,并
告诉美诺,这些人"属于男、女祭司"(ἱερέων...ἱερειῶν),还有品达和
其他"圣洁的(θεῖοί)诗人",他们说"人的灵魂是不死的(τὴν ψυχὴν
τοῦ ἀνθρώπου εἶναι ἀθάνατον)……因此,人应当一生都过最圣洁的生
活"(81b)。苏格拉底进而再次引述了品达的诗篇:

> 对于那些人,佩尔塞福涅(Φερσεφόνα)将接纳[他们]
> 为古老罪责付出的惩罚,
> 九年后她会放回[他们的]灵魂
> 让其重见天日,
> 从中会有好王者(βασιλῆες ἀγαυοί),
> 还有力量强大和智慧高超的人们(σθένει κραιπνοὶ σοφίᾳ
> τε μέγιστοι)
> 产生,从今往后,他们将作为神圣的英雄
> (ἥρωες ἁγνοί)
> 为人们所崇奉。(81b—c;《品达凯歌及残篇》,前揭,页
> 590—91)

照此说来,只有前世过最圣洁生活的人,佩尔塞福涅才准予其
灵魂"九年后"还阳,也只有这些人的灵魂才是"不死的灵魂",品达
虽没有明说那些永世不能还阳的灵魂终将如何,但既然永世不得
还阳,其实无异于"死了":可见,所谓"人的灵魂不死"并非指"所有
人的灵魂不死"。在引述了品达之后,苏格拉底告诉美诺,"灵魂经
历过一切",只要人"勇敢不懈地探究"(ἀνδρεῖος ἦ καὶ μὴ
ἀποκάμνῃ ζητῶν),就能"回忆"起一切,"因为探究(ζητεῖν)和学习
(μανθάνειν)无非就是回忆(ἀνάμνησις)"(81d):既然像品达这样"圣
洁的诗人",知道关于佩尔塞福涅如何让最圣洁的灵魂还阳这样
"神圣的"事情,想必也是通过"回忆"学来的,说明品达这样"圣洁

的诗人"也是由佩尔塞福涅准予还阳的人，其实他们与那些重见天日的灵魂中产生的"好王者"、与人们奉为"神圣的英雄"的"力量强大和智慧高超的人们"一样，都是"优异"的人，苏格拉底所谓"精通神圣事物"，就是"对神圣事物有智慧（σοφῶν）"，也就是"对神圣事物有知识"——"知识"就是"优异"。在此，苏格拉底唯独提到品达的名字，说明在苏格拉底眼中，品达有"不死的灵魂"，因此是拥有"知识"的"优异"的人。苏格拉底的引述，也让我们想起了荷马《奥德赛》卷十中"神女中的神女"基尔克对奥德修斯所说一番话：

> 但你们有必要首先完成另一次旅行，
>
> 前往哈得斯和可畏的佩尔塞福涅的居所，
>
> 去会见忒拜的盲预言者忒瑞西阿斯的灵魂，
>
> 他的智慧至今依然如故，
>
> 佩尔塞福涅让他死后仍保有心思，
>
> 唯独让他有生气，其他人则成为飘忽的魂影。（卷

十，行 488—495）

我们知道，忒瑞西阿斯先知就是"精通神圣事物的男人"，我们也知道，忒瑞西阿斯先知就是"勇敢不懈地探究"的人，古希腊的μάντις［先知］并非"未卜先知的神人"，而是追求关于"神圣事物"的"智慧"的人；古希腊的μαντική［预言术］也并非"欺世盗名的法术"，而是追求关于"神圣事物"的"知识"的技艺（参见"前言"）。既然佩尔塞福涅在哈得斯唯独让忒瑞西阿斯先知"保有心思"，按苏格拉底引述的品达诗行，想必她"九年后"放回的第一个灵魂就是忒瑞西阿斯先知的灵魂。我们认为，苏格拉底在此引述品达，固然是为了说明"灵魂不死"的道理，但也为后来述及荷马的忒瑞西阿斯埋下了伏笔。

苏格拉底进而指出，绝不能听取美诺方才的"好斗言辞"，它只

会使我们"懈怠",也只有"软弱的人"才爱听,相反,苏格拉底所谓"探究和学习无非就是回忆"的说法,使人"勤勉上进",他再次表示愿与美诺一道探究"优异之所是"(81d–e)。不料美诺又提出两个问题,要苏格拉底"教"他何以"学习就是回忆",苏格拉底说美诺 πανοῦργος,等于再次通过打趣痛斥美诺是个"恶棍"(参80d),美诺承认他这样刁难人是"性情使然"(ὑπὸ τοῦ ἔθους),等于承认他就是"恶棍"。我们知道,接下来,苏格拉底通过与美诺的一个随身"奴隶"探讨如何找出一个两倍平方的正方形,"证明"了"学习就是回忆"的道理(82b–85b);若联系此前苏格拉底暗中将美诺斥为"恶棍",则说明在苏格拉底看来,美诺的"性情"(ἔθος)连这个"奴隶"都不如,他宁可选择与"奴隶"探讨这个问题。

苏格拉底与"奴隶"的谈话,不仅证明了"从心里浮现出知识(ἐπιστήμην)"就是"回忆(ἀναμιμνήσκεσθαί)"(85d),而且使美诺不得不承认"应该探究所不知道的东西,这样才能变得更好、更勇敢"(86b):"我认为你说得太好了,苏格拉底!"(86c)如此,苏格拉底与美诺再次达成"共识"。表面上,这一番关于人是否能够探究其所未知之物的谈话,得出了"学习就是回忆"的结论,但这一结论是在"灵魂不死"保证下得出的。如前所述,所谓"人的灵魂不死"并非指"所有人的灵魂不死",只有前世过最圣洁生活的人的灵魂才是"不死的灵魂",品达就是这样的人。因此,与其说苏格拉底通过这一番谈话证明了人应该探究其所未知之物,不如说他已然向美诺表明了"优异"的人——像品达这样因为前世过最圣洁的生活而"灵魂不死的人",拥有"关于神圣事物的知识"的人,从而初步表明了何为"优异"。

四

在达成短暂的"共识"之后,美诺很快又再次与苏格拉底分道扬镳了：他重提"开场"伊始劈头向苏格拉底提出的三个问题，谈话又回到了起点，说明美诺的卑劣性情并未改变。于是苏格拉底向美诺摊牌：

> 美诺啊，如果我不但可以支配($\eta\epsilon\chi o\nu$)我自己，而且可以支配你，那我们就不能先考虑优异是不是可以传授，而一定要先研究优异是什么。可是，你并不热衷于支配你自己，只想自由自在，却热衷于支配我，而且实际上在支配我，那我就只有跟着你走了，有什么办法呢？（86d）

苏格拉底的话，首先回应了美诺关于"优异"的第三个定义，即所谓"优异就是支配人"的说法。其次，只有"明智"的人才懂得"支配自己"，因此，苏格拉底并非不想"支配"美诺，也并非不应当"支配"美诺，只因为美诺其人是一个不懂得"支配自己"的人，从而是"不明智"的人，所以，苏格拉底只能放弃"支配"美诺而由美诺来"支配"他，因为，他是"明智"的人，但美诺最终必定无法"支配"苏格拉底——一个不懂得"支配自己"的人，其实并不懂得如何"支配"别人。苏格拉底进而举出能不能在一个圆中装入一个三角形的问题，但没有打算与美诺讨论这个几何例子，他转而指出"如果优异是知识($\epsilon\pi\iota\sigma\tau\eta\mu\eta$)，那它显然是可以传授的"（86c），并进而指出：如果"优异"作为"好东西"与"知识"不可分离，则"有理由猜测优异或许就是知识"（86d）。其实，如前所述，苏格拉底早已通过引述品达证实了拥有"关于神圣事物的知识"的人就是"优异"的人，从而表明"优异"就是"知识"，只不过美诺不愿意"回忆"罢了。

苏格拉底进而将"优异"与"好"重新联系起来，由"好人"乃"有益"之人，证明了"优异"乃"有益"之物，进而指出"健康、强壮、美貌、财富等等有益之物"（86e），以及所有与"灵魂"有关的东西——如"明智、公道、勇敢、了悟、强记、高尚"（88a）——只有"使用得当"

(ὀρθὴ χρῆσις)才有益,否则就有害,并证明了"凡属于灵魂的努力和坚持,只有靠实践智慧(φρονήσεως)引导,方能获得幸福(εὐδαιμονίαν)"(88c),两人最终一致认为"实践智慧(φρόνησιν)就是优异:要么是优异之全部,要么是优异之部分"(89a)。苏格拉底这一番论述,全面批驳了此前美诺提出的所有关于"优异"的"定义",将"优异"归结为"实践智慧",得出了"好人并非出于天生"(前揭)的结论,从而自然而然过渡到关于"优异"的"学习"和"传授"问题,并最终过渡到"谁是优异的教师"(διδάσκαλοι)这一问题(89e)。

随后,苏格拉底请默默旁听他和美诺论辩的安虞图斯加入讨论,并对安虞图斯"富有而且有智慧"的父亲安特弥翁(Ἀνθεμίων)大加赞赏。但我们随即发现,苏格拉底"赞赏"大有名堂:他说安特弥翁的财富不像别人那样是继承来的,而是"靠自己的智慧和勤奋挣来的"(αὐτοῦ σοφίᾳ κτησάμενος καὶ ἐπιμελείᾳ),这说明安特弥翁是一个将"智慧"用于追求"财富"的人,可只有卑劣的人才会将"智慧"和"勤奋"用于追求"财富";苏格拉底又说安特弥翁"看上去不是个傲慢的公民,既不言过其实,也不呆板,而是个端庄得体的人(οὐχ ὑπερήφανος δοκῶν εἶναι πολίτης οὐδὲ ὀγκώδης τε καὶ ἐπαχθής, ἀλλὰ κόσμιος καὶ εὐσταλής)"(90a—b),然而,苏格拉底说的是安特弥翁"看上去"如此,这说明安特弥翁本身并不是这样的人;最后,苏格拉底说安特弥翁"很好地教育和培养了自己的儿子"(90b),然而,通过安虞图斯随后的言谈,我们很快会发现,安特弥翁的儿子并不是"好人",而且谁都知道安虞图斯是置苏格拉底于死地的人之一,既然安特弥翁教出了这样的儿子,他自己能是好人吗?可见,苏格拉底对安特弥翁的"赞赏"实乃莫大的讽刺。

接着,苏格拉底问安虞图斯,要使美诺成为"好医生",该为他找怎样的"教师",还问要使美诺成为"好鞋匠",又该为他找怎样的"教师",后来甚至问,要使美诺成为"吹笛子的",又该为他找怎样的"教师":这些问题,无疑是对美诺之卑劣"性情"的讽刺,说明他只配从事这些行当。然后，苏格拉底转入正题，问安虞图斯要使美诺得到他所希望的成为一个"好人"的"智慧和优异"，应该拜谁为师。苏格拉底的提问暗指美诺目前不具备这样的"智慧和优异"，因此美诺还不是"好人"。但与美诺一样，安虞图斯也反问苏格拉底认为谁是"优异"的教师，苏格拉底说是"智术师"(σοφιστάς)，不料安虞图斯凭赫拉克勒斯(Ἡράκλεις)起誓，让苏格拉底"嘴巴放干净点"(91c)，说他自己的亲属和朋友绝不会疯狂到以这样的人为师，还说这些"智术师"会祸害接近他们的人。面对安虞图斯的咄咄逼人，苏格拉底首举已经辞世普罗塔戈拉，针锋相对地反问：这位智术师一生授业敛财"四十年"，怎么全希腊没一个人说受了他的祸害？安虞图斯说那是因为人们愚蠢。苏格拉底于是追问，是不是有智术师冒犯了安虞图斯，才招来他如此反感，安虞图斯表示他"根本不认识这些人"，从而引出了苏格拉底的质疑："真实怪事！你对一件事一无所知，怎么能知道它是好是坏呢?"(92c)这个问题与苏格拉底为回应美诺"开场"时提出的三个问题而反问美诺的三个问题如出一辙。我们终于明白，安虞图斯与美诺是同类"性情"的人。面对苏格拉底的质问，安虞图斯坚持认为，不管他认不认识智术师，他就是知道这些人是怎样的人，苏格拉底开玩笑说："你像个先知(μάντις)，安虞图斯!"(前揭)显然是讽刺安虞图斯的话等于"未卜先知"。

苏格拉底于是言归正传，再问安虞图斯要使美诺成为"好人"，应该拜什么人为师，安虞图斯也再次反问苏格拉底；苏格拉底说他已经说过了，可安虞图斯不同意呀。无奈之下，安虞图斯说美诺可以拜"任何一个雅典君子(Ἀθηναίων τῶν καλῶν κἀγαθῶν)"(92e)为师。我们知道，καλὸς κἀγαθὸς就是"既美又好的人"。柏拉图《王制》中的苏格拉底在谈论城邦卫士的"后天教育"问题之前，首先对城邦卫士的"先天条件"作了规定："爱智慧并且刚烈、敏捷、有力，我们认为，这些都是既美又好的(καλὸς κἀγαθὸς)城邦卫士的天性。"(376c)①随后,苏格拉底和柏拉图的兄弟阿德曼托斯和格劳孔谈论了城邦卫士的"后天教育"问题,就针对"灵魂"的"乐教"主题,苏格拉底的结论是:"乐教必定在某处抵达($που$ $τελευτᾶν$)对美的爱欲。"(403c)我们知道,柏拉图的苏格拉底在《会饮》(201d—212c)中借第俄提玛之口,向我们展示了"对美的爱欲",这种"对美的爱欲"就是"哲学"即"爱智慧",哲人就是"爱欲的化身"。作为城邦卫士"天性"的"爱智慧",与作为"对美的爱欲"的"爱智慧",显然不可同日而语:前者只是"既美又好的"城邦卫士的"天赋之性",用苏格拉底的话说,连狗的"天性"中都有这样"精细的情感"($κομψόν...πάθος$)(《王制》376a—b);后者却是"有乐教的人"为"美"所吸引转而主动追求"美",这种对"美"的主动追求超越了城邦卫士的"天性"。这说明,以涵养人的"爱智慧的部分"为目的的"乐教",有可能使年轻的城邦卫士转变为哲人。苏格拉底进而与格劳孔讨论了"体育",苏格拉底指出,"体育"虽然针对"身体",但目的却是调教"天性中的血气部分"($θυμοειδὲς$ $τῆς$ $φύσεως$)(410b),正如"乐教"虽然针对"灵魂",但目的在于涵养人的"爱智慧的部分"($φιλόσοφον$)。苏格拉底认为,能将"乐教"和"体育"配合得最好,并以最正确的比例施用于"灵魂"的人,就是"有最完美乐教和最和谐的人",这样的人应当成为"王制"($πολιτεία$)的"监护人"($ἐπιστάτης$)。只有让这样的监护人指导城邦卫士,才能使其天性中"爱智慧的部分"和"血气部分"和谐一致张弛有度,从而造就"既美又好的人"($καλὸς$ $κἀγαθὸς$)。

　　这说明,"雅典君子"作为"既美又好的人",充其量只是合格的"城邦卫士",要做"优异"教师教他人成为"好人",还不够格:"优异"教师必须是"全面优异"的人,如前文所述,唯有哲人才是这样的人。因此,苏格拉底遍举特米斯托克勒斯($Θεμιστοκλῆς$)、阿里斯

---

① 《王制》文本中译参照张竹明、郭斌和译本和王太庆译本,据原文有改动。

泰德(Ἀριστείδης)、吕西马霍斯(λυσίμαχος)、伯里克利(Περικλές)、修昔底德(Θουκυδίδης)这些"雅典君子",说他们没能教他们的儿子成为"好人",说明"优异不可教"(93a—94e)。苏格拉底的雄辩让安虞图斯恼羞成怒:

> 苏格拉底啊,我觉得你这个很容易说别人坏。我劝你慎重一点(εὐλαβεῖσθαι),希望你听我一言。因为,在任何地方都是把别人当坏人容易,拿别人当好人不那么容易,在这座城邦里尤其如此。我想你是知道的。(94e)

与美诺先前威胁苏格拉底最好不要去外邦,以免被当作"巫师"抓起来一样,安虞图斯这番话显然也是政治威胁:他抨击苏格拉底关于这些"雅典君子"未能教好自己儿子的说法,是对这些政坛贵要的污蔑,并上升到"城邦"高度,对苏格拉底发出警告——原来,在安虞图斯合谋将苏格拉底诉上法庭之前,已经当着美诺的面警告过苏格拉底了。若将美诺和安虞图斯两人对苏格拉底的"国际国内"威胁联系起来,即表明世界如此之大,确无哲人苏格拉底的立锥之地。

如苏格拉底所言,安虞图斯生气了,说完了这番话,他陷入阴冷的沉默。苏格拉底转而问美诺,他们那里有没有"君子",美诺说有,但这些人并不献身于青年的教育事业:在"优异"是否可教的问题上,他们的态度模棱两可。美诺表示最佩服高尔吉亚,因为这位智术师对"优异可教"的承诺嗤之以鼻,但美诺又表示对智术师是不是"优异"教师模棱两可。于是,苏格拉底引述了忒奥格尼斯三则《诉歌》,问美诺是否觉得忒奥格尼斯在此问题上也是模棱两可,美诺认为是,但需要注意的是,苏格拉底本人并没有说过忒奥格尼斯在此问题上存在矛盾的话。实际上,苏格拉底在此引述这位伟大的贵族派诗人,正如他引述品达,实有深意存焉,因为他所引忒奥格尼斯三则《诉歌》在"优异是否可教"问题上的矛盾只是表面现象：第一则《诉歌》说跟着"好人"可以学"好"，相反，跟着"坏人"会失掉"心智"（νόον）；第二则《诉歌》说应该嘉奖能塑造人的"思想"（νόημα）的人；第三则《诉歌》说"好人"的儿子不会变"坏"，"教育"也不能使"坏人"变"好"。可见，第一则《诉歌》讲应该与怎样的人"交游"，第二则《诉歌》讲人们应当崇敬怎样的教师，第三则《诉歌》讲真正的"好人"自然会教"好"自己的儿子，"坏人"则否。因此，这三则《诉歌》非但毫不矛盾，实则相得益彰，对事关年轻人教育三个重大环节——"家教"、"择师"、"交游"——作了全面规定。

随后，苏格拉底与美诺再次达成"共识"："智术师"和"君子"都不是"优异"的教师。然而，苏格拉底问美诺，是不是根本就没有"优异"的教师，美诺表示没有。苏格拉底将逻辑推到极端：没有"优异"的教师，就没有"优异"的学生，"优异"既无教师又无学生，所以，"优异"不可教。苏格拉底这一番推理，"貌似"回答了美诺开场伊始劈头提出的三个问题，谈话于是又回答了起点。

五

然而，美诺这一次发问不再像先前那样咄咄逼人了：他首先怀疑苏格拉底上述推论有问题，但表示自己也拿不准，可他不相信根本没有"好人"，从而提出了如果有"好人"，"好人"何来的问题。苏格拉底回复美诺说，

> 高尔吉亚没有教透（οὐχ ἱκανῶς πεπαιδευκέναι）你，普罗狄克斯（Πρόδικος）也没有教透我。所以，我们首先必须将心智（νοῦν）运用于我们自己，再看谁（ὅστις）能用某种办法使我们变得更好。（96d）

苏格拉底首先提议美诺放弃智术师的教导，由此转向"自我认识"，方才谈得上如何使我们"变得更好"——他强调必须要找到一个能使我们变得更好的人。苏格拉底指出，"我们竟然荒唐到忽视了单凭知识指引（μόνον ἐπιστήμης ἡγουμένης）并不能使人正确行事"（96e），他进而通过例证表明，在引导人正确行事方面，"拥有正确意见（ὀϱϑὴν δόξαν）人"并不亚于"拥有实践智慧的人（φϱονοῦντος）"，"因此，正确的意见之有用绝不亚于知识（ἐπιστήμης）"（97b—c）。可见，在苏格拉底看来，"实践智慧"（φϱόνησις）中就包含着"知识"（ἐπιστήμη）。然而，美诺坚持认为"知识"（ἐπιστήμη）永远比"正确的意见"更值得赞赏，而苏格拉底也坚持认为"正确的意见"一样可以指导人达到目的。苏格拉底接着对美诺说了这样一番话：

> ……真意见（δόξαι αἱ ἀληϑεῖς），只要它们驻留，就是美事（καλὸν τὸ χϱῆμα），也能带来种种好结果（ἀγαϑὰ）；但是它们不能常住不迁，是要离开人的灵魂的，就没有多大价值了，除非把它们拴住捆牢，用推理的方法追索出它们的原因。我们的朋友美诺啊，这就是我们在前面一致同意的那种"回忆"（ἀνάμνησις）。把它们捆牢之后，它们就开始成为知识（ἐπιστῆμαι），就留下来了。因是之故，知识的价值要高于正确的意见，知识之有别于正确的意见就在于这根绳索。①

美诺凭宙斯神起誓（νὴ τὸν Δία），说苏格拉底这话说到点子上了，不料苏格拉底说，他这番话只是"猜想"（εἰκάζων），但他认为"正确的意见和知识有差别（τι ἀλλοῖον）"（98b）却并非"猜想"，相反，这是他所"知道"（οἶδα）的事情之一，并再次坚持"正确的意见"指导人

---

① 《美诺》98a。中译参《柏拉图对话集》，前揭，页 202。据原文有改动。

行事与"知识"一样好。苏格拉底如此看重"正确的意见",在某种意义上,似乎"贬低"了"知识",然而,这只是苏格拉底有意制造的假象:哲人认为"知识的价值要高于正确的意见"只是"猜想",实乃将对"知识"本身的追求严格限制在"猜想"中;与美诺"对话"的苏格拉底关注的核心问题是如何"引导"(ἡγεῖσθαι)一个人成为"好人",就此而言,"正确的意见"的实践意义远大于"知识";但苏格拉底始终强调"真意见"和"知识"是能够正确引导人行事的两大指引(99a),哲人从未否认"知识"的崇高地位,他对"正确的意见"或"真意见"的强调,无非是为了将"知识"或"智慧"隐藏或限制在"猜想"中而已。如前所述,苏格拉底早已通过引述品达证实了拥有"关于神圣事物的知识"的人就是"优异"的人,从而表明"优异"就是"知识",既然如此,就必须将"优异"隐藏起来。因此,苏格拉底问美诺:"那么,因为优异不可教,它就不再是知识了吗?"(前揭)美诺答道:"显然不是。"(οὐ φαίνεται)美诺的回答表明,苏格拉底隐藏"优异"的目的完全实现了,正如苏格拉底之所言:

> 如此一来,这两件好而有益的事情["真意见"和"知识"]中间有一样被排除了(ἀπολέλυται),知识就不是城邦事务(πολιτικῇ πράξει)的领导了。(99b)

苏格拉底进而指出,安虞图斯方才提到的特米斯托克勒斯那些治邦者并非"有智慧的人"(σοφοί),他们治理城邦并不是"靠智慧"(σοφία),靠的是"中肯的意见"(εὐδοξίᾳ)。如克莱因所言,方才提到特米斯托克勒斯这些人的是苏格拉底自己而非安虞图斯(克莱因,前揭书,页 253),苏格拉底此言显然是想提醒在场的安虞图斯仔细听他下面的话。我们发现,苏格拉底这番话的用词有了细微的变化:εὐδοξία[中肯的意见]与ὀρθαὶ δόξαι[正确的意见]或δόξαι αἱ ἀληθεῖς[真意见]显然不可同日而语,因为εὐδοξία的意思首先指"好名望、赞同",说明在苏格拉底看来,特米斯托克勒斯这些人治理城邦更多依赖于其"好名望"或公民的"赞同",说明这些治邦者的统治更多依赖于他人而非其自身的见识,而更多依赖于他人而非自己的人,根本谈不上是"优异"的人(前揭,页253—4)。如苏格拉底所言:

> 这些人在见解方面并不比"占卜者"(χρησμῳδοί)和"预言家"(θεομάντεις)高明。······或许(δήπου)连女人(γυναῖκες),美诺啊,也称好男人(ἀγαθοὺς ἄνδρας)是神一样的人(θείους),拉克戴蒙人(Λάκωνες)颂扬好男人时,也称其为神一样的人。(99c—d)

苏格拉底将特米斯托克勒斯这班人比作'占卜者'和'预言家',显然是讽刺,就像他此前将安虞图斯比作"先知"一样;其次,苏格拉底说"连女人也称好男人是神一样的人",就不止是讽刺了;而他提出"拉克戴蒙人颂扬好男人是神一样的人",无疑是挖苦,因为,拉克戴蒙人崇尚的是"武力",他们眼中的"好男人"其实的"血腥野蛮"的人。美诺显然没明白苏格拉底的讽刺,他表示同意苏格拉底的说法,还不知趣地伸长嘴说安虞图斯恐怕不会同意这些说法,但这正是苏格拉底想要的结果。于是,苏格拉底对整个谈话做出总结:"如果"(εἰ)上述探究和讨论进行得"美"(καλῶς),那就意味着"优异"既非天生就有,也不可传授,而是"稀里糊涂得自神授"(θείᾳ μοίρᾳ παραγιγνομένη ἄνευ νοῦ)。所谓ἄνευ νοῦ,其实就是"无知"或"没脑子",因此,苏格拉底说"优异"得自"神授",那是骂人的话。苏格拉底进而指出:

> 如果不是这样,治邦者当中就会有那样一个人能够使别人成为治邦者。可是如果真有那样一个人,那就可

以把他描写为活人中间的一个特殊人物,有如荷马所说的忒瑞西阿斯在死人中间一样:"唯独让他有生气(οἴῳ πεπνῦσθαι),其他人则成为飘忽的魂影(σκιαὶ ἀίσσουσιν)。"就优异而言,这人与别人的关系正如实物之于影子(παρὰ σκιὰς ἀληθὲς πρᾶγμα)。(100a)

美诺对苏格拉底这番话大加赞赏,显然,美诺赞赏的是苏格拉底所谓"优异稀里糊涂得自神授"的说法,可苏格拉底告诉美诺:要确定"优异"是否得自"神授",还是得首先弄清楚什么是"优异",苏格拉底的原则与回应美诺在对话开场伊始劈头提出的三个问题时的说法完全一致。但如果说"优异稀里糊涂得自神授"是骂人的话,那么,苏格拉底说"治邦者当中会有那样一个人能够使别人成为治邦者"就是实情:这个人"在活人中间",就有如忒瑞西阿斯先知"在死人中间",之所以说"这人与别人的关系正如实物之于影子",就因为这个人就是"优异"的人——他是"优异"的化身。我们不禁臆想:莫非佩尔塞福涅"九年后"准予还阳的忒瑞西阿斯先知的灵魂变成了苏格拉底?要不然,苏格拉底对这个"优异"的人与忒瑞西阿斯先知的关系何以如此了如指掌?

最后,苏格拉底告诉美诺:

现在的确到了我以某种方式走自己的路的时候了(νῦν δ᾽ ἐμοὶ μὲν ὥρα ποι ἰέναι),请你来说服你的宿主安虞图斯,让他明白你自己所信服的事,使他变得更为温和(πραότερος),如果你说服力他,也就对雅典人民做了有益的事情。(100b—c)

我们发现,"现在的确到了我以某种方式走自己的路的时候了"这句话,与《申辩》末尾苏格拉底所谓"可是现在的确到了我离

开的时候了"(ἀλλὰ γὰρ ἤδη ὥρα ἀπιέναι)十分相似,却又各不相同:在
《申辩》末尾,苏格拉底说的是"离开"(ἀπιέναι),ἀπιέναι意思也是"死
亡",意指他已决定不再苟且活下去了;而在《美诺》末尾,苏格拉底
说的是"以某种方式走路"(ποι ἰέναι),ἰέναι意思也是"过活",则表明
苏格拉底要以与美诺不同的"方式"走自己的路,也就是要与美诺
"分道扬镳"了。但在《美诺》末尾,苏格拉底与美诺的"分道扬镳"
只是"选择不同生活方式"意义上的"离开",苏格拉底心里装着的
仍然是雅典城邦的福祉,所以,他进而嘱托美诺"说服"安虞图斯,
让他变得"更温和",从而造福于"雅典人民"。苏格拉底在《申辩》
末尾的"离开"则是真正意义上的"分道扬镳"——以"死亡"与所有
雅典人"分道扬镳",但在《申辩》末尾,苏格拉底说完了"可是现在
的确到了我离开的时候了"这句话之后,又说了这样一番话:"我去
死,你们去活;可这两条路哪一条更好,谁(παντὶ)也不知道,只有
神知道。"(42a)我们的疑问是:苏格拉底何以知道"这两条路哪一
条更好,谁也不知道,只有神知道"呢? 除非苏格拉底知道"神知道
这两条道路哪一条更好",这意味着苏格拉底拥有"关于神圣事物
的知识",也意味着苏格拉底是"圣洁的人",我们认为苏格拉底正
是这样的人:苏格拉底"在活人中间",就有如忒瑞西阿斯先知"在
死人中间",这个"圣洁的人"离开美诺和安虞图斯"走自己的路",
就是"走自己的优异之路"。因此,正如克莱因在其《柏拉图〈美诺〉
疏》末尾所说的那样:

> 在此,对话结束了。期待中美诺与安虞图斯的对话
> 自有其迷人之处。可是我们,这篇对话的读者和这场对
> 话的见证者,必须靠自己来探究人的优异。(前揭,页256)

第九章　竖子不可教也

——柏拉图《阿尔喀比亚德第二》中的忒瑞西阿斯先知

在《阿尔喀比亚德第二》(*Alcibiades*)临近结尾处(151b)，柏拉图的苏格拉底提到忒瑞西阿斯先知，并引述了欧里庇得斯《腓尼基少女》中出自克瑞昂之口的两行诗：

> 我认为你胜利的花冠是吉兆；
>
> 因为我们正处在风浪之中，这你是知道的……(行858—859)

我们的问题仍然是：柏拉图的苏格拉底何以在这篇对话临近结尾处提到忒瑞西阿斯先知，并引述欧里庇得斯这两行肃剧诗？要回答这个问题，就必须严格按照《阿尔喀比亚德第二》的内容次第，仔细分疏这篇哲学诗的情节发展。

一

十九世纪以来，在柏拉图传世的三十五篇对话中，《阿尔喀比亚德第二》向来被判为"伪作"。如郝澜(Jacob A. Howland)所言：

　　在《政治哲学的根源：十篇被遗忘的苏格拉底对话》"导言"中，潘格尔（Thomas Pangle）为下述主张提出了一个令人信服辩护：传统上由忒拉绪洛斯（Thrasyllus）编订的 35 篇柏拉图对话都是真作。与此同时，这本书中每篇对话译文后所附论释，又根据对话的重要性给出了同样可信的判定。但是传统上列入真作的一篇叫做《阿尔喀比亚德第二》的苏格拉底对话，还是异乎寻常地"被遗忘"了——就连这本拒绝遗忘的书，也没有提到它。①

　　关于传世的三十五篇柏拉图对话之真伪，我们的意见当一而贯之：如果这些被判为"伪作"的对话不是柏拉图的作品，那就是一个叫"柏拉图"的人的作品。这意味着对待古典作品的正确态度是"面对文本本身"，只有面对《阿尔喀比亚德第二》的文本本身，才能最终确定这篇对话在传世的三十五篇柏拉图对话中居于何种地位。

　　我们先看这篇对话的篇名 Άλκιβιάδης δεύτερος。首先，Άλκιβιάδης［阿尔喀比亚德］在历史上真有其人，他是雅典著名的政治家、演说家和将军，曾从学于苏格拉底。阿尔喀比亚德也是雅典执政官伯里克利的外甥，他的父亲战死后，即受伯里克利监护。此人美貌富有，才华出众，但有僭主性情，在伯罗奔半岛战争中，他数易其主，后竟欲效忠波斯宫廷，终因在政治上乖张多变而死于非命。虽然我们不能将柏拉图对话中的"阿尔喀比亚德"与这个同名的历史人物划等号，但柏拉图既然以这个人的名字为这篇对话命名，想必要我们从一开始就注意由"阿尔喀比亚

---

① 参郝澜，〈苏格拉底和阿尔喀比亚德：爱欲、虔敬与政治〉，见柏拉图，《阿尔喀比亚德》梁中和译/疏，华夏出版社，2009，页 305。据原文（Jacob A. Howland, *Socrates and Alcibiades: Eros, Piety, and Politics*, see Interpretation：A Journal of Political Philosophy, Vol. 18, p. 63）有改动。

德"这个名字所代表的那种人的"性情"。其次，Ἀλκιβιάδης这个名字由两个意涵"力量"或"强力"的词αλκη和βία加上词尾-δης构成，αλκη或可指抽象的"能力"，而βία尤指"身体上的强力"、甚至"暴力行为"（参《牛津古希腊语汉语辞典》，前揭，页67、314），我们知道，崇尚"暴力"正是"僭主"的性情，因此，历史上的阿尔喀比亚德以Ἀλκιβιάδης命名，真可谓名副其实。

再次，δεύτερος指时间或次序上的"第二"，或等级上的"次等"，也指两者中的"第二个"（前揭，页382）：我们认为，Ἀλκιβιάδης δεύτερος这个篇名最恰切的译法就是"《阿尔喀比亚德第二》"。然而，柏拉图何以将这篇对话命名为"《阿尔喀比亚德第二》"呢？读过以"阿尔喀比亚德"命名的两篇柏拉图对话的人都知道，在《阿尔喀比亚德（第一）》中，苏格拉底与阿尔喀比亚德之间的对话热烈而欢畅，阿尔喀比亚德最终为苏格拉底所折服，他表示愿意与苏格拉底互换角色，侍从苏格拉底左右。然而，在《阿尔喀比亚德第二》中，"曾经展现出的饱含希望的热切，而今已化为阴郁和冷漠"（郝澜，〈苏格拉底和阿尔喀比亚德〉，见前揭书，页307），最终，当阿尔喀比亚德送给苏格拉底一个"花环"时，苏格拉底竟然提到欧里庇得斯《腓尼基少女》中"敌人"送给忒瑞西阿斯先知"花环"的事情，分明是将阿尔喀比亚德比作"敌人"。这说明，柏拉图通过《阿尔喀比亚德第二》这篇苏格拉底对话，想为我们展现"第二个已然败坏了的阿尔喀比亚德"或"次等的阿尔喀比亚德"，如果说历史上的阿尔喀比亚德有"美貌富有、才华出众"的一面，那么，这个"次等的阿尔喀比亚德"，想必正是历史上那个因为其"僭主"性情而死于非命的阿尔喀比亚德。

《阿尔喀比亚德第二》开场，苏格拉底首先问阿尔喀比亚德是不是要去祈求神，显然，俩人是在神庙大门口碰上了。见阿尔喀比亚德神色凝重，苏格拉底问他有何心事，阿尔喀比亚德一脸不悦，反问他:"会有什么心事啊,苏格拉底?"(138a)①显然,他不想和苏格拉底多说,可苏格拉底以其一而贯之的"执着"回应阿尔喀比亚德的"冷淡":一定是"最重大的事情"让阿尔喀比亚德如此忧心。那么,对于有"僭主"性情的阿尔喀比亚德,"最重大的事情"是什么呢?

这个在神庙门前为祈祷心事重重的阿尔喀比亚德,让我们联想到作为将军出征西西里之前,因所谓"亵渎埃琉西斯密仪、损毁赫尔墨斯神像"的罪名而遭起诉的阿尔喀比亚德。我们知道,这次起诉最终导致阿尔喀比亚德叛逃斯巴达,在他叛逃斯巴达之前,阿尔喀比亚德内心必定有过一番矛盾斗争,很有可能也曾祈求神给予指引,柏拉图这里的诗化描述,或许正是阿尔喀比亚德当时的内心写照。苏格拉底接着凭宙斯神起誓所说的话,某种程度上应证了我们的猜测:因为,他说的正是诸神在应答祈祷时的模棱两可,见阿尔喀比亚德表示赞同,苏格拉底进而告诫他要"未雨绸缪",以免"自以为在祈求善,实则在祝祷大恶"(138b),并举俄狄浦斯祈愿他的儿子们"用兵刃分割其遗产"为例,说俄狄浦斯的祈愿导致了"灾难性的后果"(138c)。按尼采的说法,俄狄浦斯是"古希腊舞台上最悲惨的人物"(尼采,《悲剧的诞生》,前揭,页35),可谓古希腊诗作中最不幸的"僭主",柏拉图的苏格拉底举俄狄浦斯"僭主"导致"大恶"的祈愿为例,自然在暗示阿尔喀比亚德的"僭主"性情,也隐射阿尔喀比亚德当时曾祈求神帮助他叛逃斯巴达。据说,若阿尔喀比亚德返回雅典应诉,原本可以为自己辩得清白,可他选择了叛逃,与此形成鲜明对照的是苏格拉底的抉择:他在雅典法庭上为自己辩护,虽然终究被判处死刑。因此,柏拉图借苏格拉底之口批评俄狄浦斯"僭主"的祈祷,也是为了警示阿尔喀比亚德叛离母邦的

---

① 中译参照梁中和译/疏本(见前揭),据原文(Plato, *Platonis Opera*, Tomus II, ed. John Burnet, Oxford University Press, 1910)有改动,下同,不再一一注明。

严重后果。

对苏格拉底这番话，阿尔喀比亚德反应很强烈，他说俄狄浦斯是个"疯子"，"神志清醒的人"不会像他那样祈祷：显然，苏格拉底的话刺痛了阿尔喀比亚德，因为苏格拉底这番话是拿俄狄浦斯来比方阿尔喀比亚德。见阿尔喀比亚德发火了，苏格拉底追问说："你觉得疯癫（μαίνεσθαι）真与有智慧（φρονεῖν）相对（ὑπεναντίον）吗？"（138c）其实，μαίνεσθαι这个词也有"发怒"的意思，φρονεῖν也意指"清醒"，而ὑπεναντίον也有"匹敌"之意：苏格拉底话里有话，他暗讽阿尔喀比亚德以"发怒"应对苏格拉底的"清醒"，而"发怒"正是"僭主"的性情。

接下来的谈话围绕"愚蠢"（ἀφροσύνη）、"有智慧"和"疯癫"三种品质展开，苏格拉底的分析可谓细致入微到了冗繁的地步：苏格拉底何以如此不厌其烦地探讨这三种品质的相互关系，并对"愚蠢"的种类做出划分呢？首先，柏拉图这一番描述，隐射了阿尔喀比亚德乖张多变的"僭主"性情和政治上的反复无常。因此，苏格拉底的分析首先指向阿尔喀比亚德本人：首先，苏格拉底要让他明白，同一个事物不可能具有两个相反的性质，意指阿尔喀比亚德要么"愚蠢"，要么"有智慧"，苏格拉底委婉地说"愚蠢有可能（ἆρα...κινδυνεύει）和疯狂（μανία）是一回事"（139c），意指"发怒"的阿尔喀比亚德其实是"愚蠢"的人。苏格拉底进而指出，与城邦中占多数的这类"疯子"或"蠢人"做同胞，会有性命之忧。我们知道，苏格拉底被雅典民众判处死刑，罪状之一是"败坏青年"，其中就有"教人成为僭主"的指控，据说，这项指控主要指苏格拉底与阿尔喀比亚德的交游。因此，柏拉图这里的描述也暗示，与阿尔喀比亚德这样人交往是一件有性命之虞的危险事情。

听了苏格拉底这番话，阿尔喀比亚德表示自己"什么地方搞错了"（139d），等于承认了自己的"愚蠢"，所以苏格拉底才提议"换个思路"。接着，苏格拉底谈到"病"以及种种"疾病"，显然是暗示阿尔喀比亚德得先搞清楚自己"病"在何处,他区分"病"与具体的"疾病",也暗示阿尔喀比亚德应追溯自己的"灵魂之病";他关于"匠人"和种种"匠人"的区分,在警醒阿尔喀比亚德的政治抉择;他就"愚蠢"的种类做出划分,是敦促阿尔喀比亚德搞清楚自己究竟是怎样的人。

在阿尔喀比亚德表示赞同的情况下,苏格拉底提议"回溯"最初提出的问题,即考察谁有智慧谁愚蠢,从而指出,"知道自己该如何言行"的人"有智慧",相反就是"愚蠢",而"愚蠢"的人"会无知地乱语妄做",阿尔喀比亚德说"显然如此"(φαίνεται)(140e)。这一回,苏格拉底叫响阿尔喀比亚德的名字,说俄狄浦斯就是这样的人,而且"你会发现(εὑρήσεις)在我们时代也有很多这样的人"(141a),苏格拉底所指显然就是阿尔喀比亚德本人:εὑρήσεις[你会发现]这样的修辞,正是敦促阿尔喀比亚德"认识你自己"。苏格拉底接下来的话果然应证了这一点:他认为俄狄浦斯糟糕的祈祷是"一怒之下"做出的,而像阿尔喀比亚德这样"愚蠢"的人连俄狄浦斯都不如,因为他们"祈求对他们有害的事物,反倒觉得是好事"(前揭):

> 因为我的确是这样认为的:如果在你祈祷之前,你所祈祷的神向你显现,问你是否乐意做雅典城邦的僭主(τύραννον),或许你觉得那头衔太卑微渺小,他就让你统治全希腊,如果他见你还嫌不够,就会让你统治整个欧罗巴,他不止这样允诺,甚至干脆如你所愿,让所有人都承认你,克莱尼亚斯之子阿尔喀比亚德,是僭主(τύραννός),我想你一定会满心欢喜,以为得到了最大的好处。(141a—b)

苏格拉底这番话不再拿俄狄浦斯打比方,算是挑明了阿尔喀比亚德的"僭主"本性,阿尔喀比亚德回答说:"我的确认为,苏格拉底啊,任何人都愿意碰上(συμβαίη)这样的好事。"(141b)显然,听了苏格拉底上述一番话,阿尔喀比亚德的"热情"上来了,他的回答应证了苏格拉底关于其"僭主"本性的判断。然而,苏格拉底告诫阿尔喀比亚德,如果真这样做,会害了他的性命,等于给阿尔喀比亚德当头一盆冷水,叫他不得不承认"那些对我也没啥用"(141c)。苏格拉底进而举马其顿王阿基劳斯的情人杀死阿基劳斯篡夺君位,但统治了没几天就为人所杀的事情;苏格拉底还泛泛举出有人因为贪图权位而流落异乡的事例,甚至举了人们因祈求儿女而导致不幸的事情。这些例证说明,不知道自己该如何言行的人,以及最终不知道自己是谁的人,他们的祈愿只会导致不幸,苏格拉底在此引述荷马《奥德赛》中的诗行,对这些人的不幸做出总结:"其实是他们因自己愚蠢,超越命限而遭不幸"①。(142d—e)苏格拉底进而提到一位有智慧诗人,说他有一帮没脑子的朋友,常为了无益之事而劳作祈祷,便为其写下一段"祷语"(εὐχήν):

> 神主宙斯啊!请赐给我们好运(τὰ μὲν ἐσθλά),无论
> 我们是否祈求;
> 如果我们祈求厄运(τὰ δὲ δειλὰ),请避免它。(143a)②

二

引述完这段"祷辞",苏格拉底请阿尔喀比亚德批评指正,阿尔喀比亚德说:"难,苏格拉底,要反驳这么美的说法。"(前揭)可见,

---

① 参见荷马,《奥德赛》,王焕生译,北京:人民文学出版社,1997,页2。

② 参见《希腊文选》(*The Greek Anthology*,trans. W. R. Paton, The Loeb Classical Library, Cambridge Mass.-London, 1918),卷4,页56—57。

阿尔喀比亚德并非不想反驳,而是因为"难"反驳而放弃了反驳,他接下来的说法,证实了我们的看法:"是无知(ἄγνοια)导致人们有这么多不幸"(143a),阿尔喀比亚德言下之意是:如果"有知",就不必采用这位匿名诗人的"祷辞",如果"有知",就可以抓住那些神赐的做"僭主"的良机(141a—b)。见此,苏格拉底说:

> 可是,最好的人儿啊(βέλτιστε),或许比你我更有智慧的人(σοφώτερος)会说,我们如此随意滥用"无知"是不正确的,除非我们补充说明对什么事物无知,对某些人而言无知倒是好事,正如对另一些人是坏事。(143b—c)

苏格拉底将阿尔喀比亚德呼作"最好的人",却又说"比你我更有智慧的人"会批评他滥用"无知",这显然是讽刺。其次,苏格拉底要求阿尔喀比亚德澄清三点:第一,对什么事物无知;第二,无知对哪些人是好事;第三,无知对哪些人是坏事。阿尔喀比亚德对苏格拉底的指点不以为然:"无知"(ἀγνοεῖν)怎么可能比"有知"(γιγνώσκειν)更有益?他进而凭宙斯神起誓,认为这绝无可能。于是,苏格拉底变得尖锐起来,说他不认为阿尔喀比亚德曾想忤逆自己的母亲,并举希腊传说中杀死母亲的两个年轻人俄瑞斯忒斯(Ὀρέστης)和阿尔克美昂(Ἀλκμέων)为例。阿尔喀比亚德对苏格拉底的比方反应强烈,可苏格拉底此言是为了表明,如果俄瑞斯忒斯知道什么对他"最好"(βέλτιστον),就不可能有忤逆母亲的可怕行为了,他进而指出:"所以,看来坏事情就是对最好无知,也不认识最好。"(143e)在阿尔喀比亚德表示赞同的情况下,为了将认识引向深入,苏格拉底又举出一个尖锐的例子,假设阿尔喀比亚德想杀了他的监护人伯里克利,如果他不认识谁是伯里克利,就不会杀他,如果俄瑞斯忒斯没认出他的母亲,也不会杀了她。

在此,苏格拉底假设阿尔喀比亚德想"忤逆母亲"和"杀死伯里克利",意味深长。首先,苏格拉底同时提到"杀母"的阿尔克美昂,我们知道,阿尔喀比亚德的母亲德诺马赫(Deinomache)就出自阿尔克美昂家族,而"忤逆母亲"或"杀母",意味着断绝一个人的自然来源,从而暗示阿尔喀比亚德对自己有"杀母"的"本性"或"自然"根本"无知"。据说,阿尔喀比亚德成人后即从监护人手中收回了家产,过上了奢华无度的生活,想必这样的生活方式绝非他母亲之所愿,因此,苏格拉底假设他想"忤逆母亲"并非空穴来风。其次,"杀死伯里克利",暗示阿尔喀比亚德有"僭主"性情。据普鲁塔克(Plutarch)记述,阿尔喀比亚德年轻时就有在"权力"和"名望"两方面超越伯里克利的野心;①他还记述,有一次,阿尔喀比亚德求见伯里克利,被告知"伯里克利正在研究如何向雅典人公开账目",阿尔喀比亚德说,"研究如何不向雅典人公开账目不是更好吗?"(前揭,页18—19)可见,其"僭主"性情由来已久。

　　苏格拉底指出,对于"有这类倾向的人","无知"更好(144c),显然在警告有"僭主"性情的阿尔喀比亚德。苏格拉底进而做出总结:"一般而言,谁拥有其它知识(ἐπιστημῶν)却没有关于'最好'的知识,可能少有助益,反倒多受其害。"(144d)这个结论再次回复到"最好"主题,也是对苏格拉底称阿尔喀比亚德是"最好的人"的反讽式回应。接着,苏格拉底再举"演说家"为例,说他们自认为对军事很在行,却"不知道哪个建议最好"(145b),他们知道"如何发动战争",却不知道"何时发动"或"仗打多久";相反,只有"知道何为最好"的人,才算有"知识"(ἐπιστήμη),才可以做城邦和他自己够格的"顾问"(σύμβουλος)(145c)。我们知道,阿尔喀比亚德也以"演说家"著称于雅典,并主导发起"西西里远征"等重大军事行动,他也曾梦想当上雅典城邦的"僭主",可他的雄心终究归于失败,只因为

---

① 参见《希腊罗马名人传》(*Plutarch's Lives*, trans. Bernadotte Perrin, The Loeb Classical Library, Cambridge Mass.-London, 1959),卷4,页16—17。

他根本不具备关于"何为最好"的"知识",不知道什么对"城邦"和自己"最好"。

苏格拉底进而引述了荷马叙事诗《玛吉特斯》(*Margites*)断章中的诗行:"博学多才,所知皆谬"(147b),回应了苏格拉底先前的说法:对于不知何为"最好"的人而言,"无知"比"有知"更好。阿尔喀比亚德表示这两行诗与当前讨论的主题毫不相干,说明他仍然没有把握住苏格拉底的意思,可苏格拉底认为这两行诗"很切题",并对诗的本性作了一番阐述:

> 因为,诗本性上都是谜一样的(αἰνιγματώδης),并非人人能解。尽管诗本性如此,可当遇上一个咅音的诗人,他不愿展露智慧,倒是尽可能隐藏智慧,我们要对诗有一知半解可就费劲了。(147b—c)

既然"诗的本性"就是"谜一样的",那么,"隐藏智慧"的诗人就是"真正的诗人":表面上,苏格拉底这里谈的是"诗的本性",实则隐喻"人的性情"。那些不知何为"最好"的人的"一知半解"想必都是学来的,如果诗人对这样的人"隐藏智慧",便成就了符合"诗的本性"的诗艺,因为对于这样的人而言,"无知"比"有知"更好。苏格拉底颂扬了"最神圣、最有智慧的"(θειότατόν τε καὶ σοφώτατον)荷马,他知道所谓"博学多才,尽知即恶"(147d)的道理:可见,荷马作诗的时候,心里就装着听众,他通过"隐藏智慧"而使其叙事诗符合"诗的本性",就是怕"有知"反而会害了不知何为"最好"的人。对于苏格拉底这一番引证,阿尔喀比亚德表示:"即便我们不能相信我们那些主张,我也会觉得其他的更难相信。"(147e)这说明,阿尔喀比亚德并未正面肯定苏格拉底的说法,尽管如此,苏格拉底还是对他表示赞赏,可阿尔喀比亚德旋即改变了主意:"不过我可能得重新想想。"(前揭)他"乖张多变"的"僭主"性情再次暴露出来。

三

见阿尔喀比亚德又犯了老毛病,苏格拉底直言不讳予以揭露:"因为你老是两边摇摆不定,在你刚刚确定了某事时又会马上放弃,变了主意。"(前揭)苏格拉底进而再次追问阿尔喀比亚德:如果祈祷前神赐做"僭主"的良机(141a-b),你又将如何抉择? 这一回,阿尔喀比亚德没了主意,苏格拉底再次提出那位匿名诗人的"祷辞",可阿尔喀比亚德还是不愿真心诚意地接受。于是,苏格拉底说"斯巴达人"在私人和公共祈祷中采用的"祷辞"与那位匿名诗人的"祷辞"相似,进而谈到"雅典人和斯巴达人发生纷争"(148c),雅典人总是吃败仗,故而派出使团去祈求"阿蒙神",结果祭司告诉他们:"阿蒙神告诉雅典人:'比起所有其他希腊人祭献的牺牲来,我更喜欢斯巴达人的敬语慎言。"(149b)柏拉图的苏格拉底这番话,显然在隐射伯罗奔半岛战役,以及阿尔喀比亚德与斯巴达的复杂政治纠葛:既然阿尔喀比亚德中意斯巴达,就应该学习斯巴达人的"敬语慎言",但苏格拉底提到雅典人祈求外邦的阿蒙神,则暗示雅典人自己的信仰正在走下坡路,若联系到阿尔喀比亚德面对神赐做"僭主"的良机(141a-b)时的犹豫不决,苏格拉底这番话也隐射阿尔喀比亚德因丧失信心而叛离母邦。

苏格拉底进而引述荷马《伊里亚特》,以表明诸神更看重祈祷献祭者的"灵魂",因为"公正"($\delta\iota\kappa\alpha\iota\sigma\sigma\acute{\upsilon}\nu\eta$)和"实践智慧"($\varphi\rho\acute{o}\nu\eta\sigma\iota\varsigma$)属于诸神和"有心智的"($\nu\sigma\tilde{\upsilon}\nu\ \acute{\epsilon}\chi\sigma\upsilon\sigma\iota$)人。阿尔喀比亚德回应说:"可是,在我看来,苏格拉底啊,你的看法和神的看法没有两样,我绝对没有资格与神作对。"(150b)表面上,他在颂扬苏格拉底,实在讽刺苏格拉底,甚至在威胁苏格拉底:阿尔喀比亚德将苏格拉底的"方式"($\pi\eta$)与神的"方式"划等号,某种意义上,与说苏格拉底"渎神"没有两样。尽管如此,苏格拉底还是为阿尔喀比亚德着想,劝他"冷静",并再次提到"斯巴达":"我希望你不要因为大度而采用斯巴达人的祷辞,大度是给愚蠢找到的最好听的名字。"(150c)言下之意是告诫阿尔喀比亚德,不要因为"愚蠢"而叛逃斯巴达。阿尔喀比亚德对苏格拉底的告诫示以讥讽,问他谁可以"做他的导师"(παιδεύσων),苏格拉底说是"关爱"你的人,就像荷马叙事诗中的雅典娜女神之于狄俄墨得斯(Διομήδης),这样的导师能为阿尔喀比亚德去除"灵魂的迷雾"(ψυχῆς...ἀχλύν)(150d—e)。苏格拉底这番话,让我们想起了普鲁塔克所说的那些围绕在年轻的阿尔喀比亚德身边的人,他们成天怂恿他追逐荣誉,专横多谋,尽早涉足政治,从而一步登天,只是在阿尔喀比亚德碰到苏格拉底以后,才在后者教导下一改狂妄自大,稍稍养成了谦虚谨慎的态度(参《希腊罗马名人传》,前揭,页16—17)。阿尔喀比亚德回答说,无论谁,只要能使他变得更好,他便愿意听从其教导,但《阿尔喀比亚德第二》中的阿尔喀比亚德,始终未再像《阿尔喀比亚德(第一)》末尾的阿尔喀比亚德那样,说要拜苏格拉底为师。

非但如此,阿尔喀比亚德还将原打算献给神的"花冠"戴在了苏格拉底头上,说以后再等合适的日子为神献上"花冠"。阿尔喀比亚德这一举动,与他此前某种程度上将苏格拉底比作神如出一辙。我们可以想像,此时此刻,在神庙大门口,献祭人群骆驿不绝,如此大庭广众之下,苏格拉底头上戴着阿尔喀比亚德原本要献给神的"花冠",那是多么刺眼的一幕!(参《阿尔喀比亚德第二》,前揭,页334—335)如前所述,苏格拉底被雅典民众判处死刑,其中"教人成为僭主"的指控,据说主要指苏格拉底与阿尔喀比亚德的交游,若联系到发生在神庙门口这刺眼的一幕,恐怕连苏格拉底"不敬神"的罪名,也与阿尔喀比亚德将打算献给神的"花冠"戴在了苏格拉底头上不无关系:阿尔喀比亚德此举哪里是礼敬苏格拉底,分明是陷害苏格拉底!

苏格拉底自然知道其中的厉害,但他还是欣然接受了阿尔喀比亚德献上的"花冠"：苏格拉底宁可自己冒风险，也从来不驳年轻人的面子。不过，苏格拉底随即提到欧里庇得斯肃剧诗中的国舅克瑞昂，是他看见忒瑞西阿斯先知头戴"花冠"，克瑞昂告诉忒瑞西阿斯先知：

> 我认为你胜利的花冠是吉兆；
> 　因为我们正处在风浪之中，这你是知道的……（行858—859）

苏格拉底的引述分明将自己比作忒瑞西阿斯先知，而将阿尔喀比亚德比作"敌人"。我们知道，忒瑞西阿斯先知头上的"花冠"，是忒拜城邦的"敌人"阿尔戈斯人送的，叛逃斯巴达的阿尔喀比亚德成了雅典城邦的"敌人"，而准备投靠波斯宫廷的阿尔喀比亚德则成了整个希腊的"敌人"，苏格拉底头上的"花冠"，就是这位雅典城邦乃至全希腊的"敌人"送的；苏格拉底说，看见忒瑞西阿斯先知头戴"花冠"的人是克瑞昂，他知道"那是敌人送给他作为战利品以表彰其技艺的"（151b）；我们知道，克瑞昂是忒拜贵族的代表，既然他认为忒瑞西阿斯先知头上的"花冠"是"吉兆"，那么，雅典城邦也应当将苏格拉底头上的"花冠"视为"吉兆"，而非苏格拉底"败坏青年"和"不敬神"的证据，所以，苏格拉底对阿尔喀比亚德说："我把你送我的花冠当作吉兆"（151c）——我们恍然大悟：柏拉图的苏格拉底如此引述欧里庇得斯，既是为头戴"花冠"的苏格拉底辩护，又是颂扬苏格拉底的"技艺"，因为让"敌人"折服的人方才是真"英雄"，这个"敌人"就是雅典城邦乃至全希腊的"敌人"——始而叛逃斯巴达、终欲投靠波斯的"三姓家奴"阿尔喀比亚德。所以，苏格拉底告诉阿尔喀比亚德："我愿因此而胜过你那些情人们"（前揭）。

至于苏格拉底说"我自认为不比克瑞昂少经历半点颠簸折磨"（前揭），自然指苏格拉底与雅典城邦乃至全希腊的"敌人"阿尔喀比亚德的交往和交锋，并不比雅典显贵们在伯罗奔半岛战役中的经历的"颠簸折磨"少；因为，真正有能力与城邦的"敌人"直面交锋的人，恰恰是忒瑞西阿斯先知这样人，也正是苏格拉底这样的人——他们都是真正"爱智慧"的人。

第十章　知其不可为而为之

——柏拉图《书简二》中的忒瑞西阿斯先知

　　柏拉图在《书简二》中论及"智慧与强权"关系主题时,提到诗人们将克瑞昂与忒瑞西阿斯先知对举,至少指涉索福克勒斯的《安提戈涅》和欧里庇得斯的《腓尼基少女》两部肃剧。我们的问题仍然是:柏拉图何以在这封书简中提到忒瑞西阿斯先知? 要回答这个问题,就必须严格按照《书简二》的内容次第,仔细分疏这篇哲学诗的情节发展。[1]

一

　　唯有传世的十三封"书简",[2]是柏拉图以第一人称方式写就的作品,这与哲人以对话体写就的三十五篇对话形成显明对照:在

---

① "书简"可视为发生在两人之间的"对话",只不过其中一个对话者"暂时"沉默,而发言者心里必定一直装着这个"暂时"沉默的对话者。所以,柏拉图的"书简"也是"诗",因为它也在模仿行动中的人。

② 伯内特(John Burnet)在其校勘的《柏拉图全集》"书简十三"(Plato, *Platonis Opera*, Tomus V, Pars II, ed. John Burnet, Oxford University Press, 1913)末尾指出:"赫尔曼(K. F. Hermann)从别处补充了'书简十四至十八',这些书简不见于古代柏拉图抄本(Epistolas XIV-XVIII aliunde addidit Hermann: in codd. Platonicis desunt)。"

这些对话中,柏拉图不仅很少露面,而且从未发表只言片语。按照
忒拉绪洛斯编订的九卷集柏拉图作品体例,十三封柏拉图"书简"
作为一个整体,附属于《米诺斯》(*Minos*)、《法义》(*Leges*)和《厄庇诺
米斯》(*Epinomis*)三篇对话,与之构成"四联剧";相应于古希腊肃剧
的"四联剧"体例,柏拉图"书简"处在"萨提尔剧"的位置上。我们
知道,《米诺斯》是《法义》的导言,提出并讨论了"法"的概念,《法
义》则详尽探讨了城邦中的"实在法",而《厄庇诺米斯》顾名思义,
是《法义》的"附录",[①]讨论了《法义》中提出却未及解决的"智慧"
问题。显然,这三篇对话讨论的主题都十分严肃,按照古希腊肃剧
的"四联剧"体例,在演绎严肃主题的三部肃剧之后附加上一出"萨
提尔剧",目的是为了缓和三部肃剧的严肃与庄重;[②]难道柏拉图
"书简"也是哲人为了缓和《米诺斯》、《法义》和《厄庇诺米斯》三篇
对话的严肃与庄重而写就的吗?

我们知道,近代以来,十三封柏拉图"书简",无一不曾被斥为
"伪作",但也无一未有人为其真实性作辩护。[③] 如前文所述,我们
一而贯之地认为,传世的三十五篇柏拉图对话都出自柏拉图之手,
不仅如此,我们认为全部十三封书简也都是真作,甚至连忒拉绪洛
斯未收入柏拉图作品集的六篇所谓"伪作",[④]我们也宁可信其真,
而不愿信其伪。理由在于:首先,这些作品历经两千数百年流传至
今,已然证明它们经受住了历史的考验;其次,"信其伪"比"信其
真"风险更大,若将某一作品斥为"伪作",便有可能与这一作品中

---

① *Ἐπί-νομις* 意为"附属于法律"。

② Oskar Seyffert 编,《古典古代词典》(*Dictionary of Classical Antiquities*, 3rd. edi-
ton, revised and ed. by Henry Nettleship and J. E. Sandys, London and New
York, 1895),页 559

③ 《柏拉图书简》(*The Platonic Epistles*, trans. and intr. and notes by J. Harward,
New York, 1976),页 59—96。

④ 即《论正义》(*De Iusto*)、《论优异》(*De Virtute*)、《德谟多库斯》(*Demodocus*)、《西绪
福斯》(*Sisyphus*)、《厄吕西亚斯》(*Eryxias*)、《阿克西奥霍斯》(*Axiochus*)。

的教诲永远失之交臂；再次，退一万步讲，即便某一作品就是"伪作"，它也是出自愿意伪托柏拉图的古人之手，这样的古人，必定与柏拉图"心有戚戚焉"，我们不应放弃任何一次向古代高人求教的机会。

将某一封柏拉图书简判为"伪作"，理由无外乎其"内容"或"风格"与公认的柏拉图对话不相统一。尽管施莱尔马赫坚决否定忒拉绪洛斯的"四部曲"体例，认为"这种组合纯粹随机地将对话糟糕地加以排列，并无知地作了处理"，[①]但我们认为，就理解柏拉图书简的地位而言，忒拉绪洛斯的"四部曲"体例，恰恰给予我们重要启示。施莱尔马赫指出：

> 如果每一个四部曲都以一部萨提尔剧（Satyrikon）结尾，那么，就应当将表现出最强烈的反讽和富于辞藻的辩论的对话，放在对话四部曲的结尾，……（前揭，页43—44）

如所周知，施莱尔马赫没有翻译柏拉图书简，他只是在其《斐德若》"引论"中提到《书简七》，从论述的口气看，他肯定《书简七》的真实性（前揭，页86）。施莱尔马赫只注意到忒拉绪洛斯没有"将表现出最强烈的反讽和富于辞藻的辩论的对话，放在对话四部曲的结尾"，却没有追究忒拉绪洛斯将十三封柏拉图书简放在"萨提尔剧"的位置，究竟有没有合理性，换句话说，施莱尔马赫没有说明，十三封柏拉图书简是不是"表现出了最强烈的反讽和富于辞藻的辩论"。

就内容而言，十三封柏拉图书简无一例外与叙拉古的两世狄奥尼索斯僭主宫廷事务有关，因此，柏拉图书简的主题就是"哲人与僭主"的关系问题，而明确讨论此主题正是《书简二》。

---

① 见 F. D. E. Schleiermacher，《论柏拉图哲学》（*Über die Philosophie Platons*，ed. Peter M. Steiner, Hamburg: Felix Meiner, 1996），页43。

二

依据书简常例,《书简二》一开始是"称谓"和"启辞":"柏拉图祝迪奥尼修斯繁荣昌盛"(*Πλάτων Διονυσίω εὖ πράττειν*, 310b)。① 我们发现,在柏拉图致迪奥尼修斯二世的四封书简中,《书简一》和《书简二》采用了同样的"称谓"和"启辞",而《书简三》的"称谓"和"启辞"是:"柏拉图祝迪奥尼修斯快乐"(*Πλάτων Διονυσίω χαίρειν*, 315a),《书简十三》的"称谓"和"启辞"是:"柏拉图祝叙拉古僭主迪奥尼修斯繁荣昌盛"(*Πλάτων Διονυσίω τυράννω Συρακουσῶν εὖ πράττειν*, 360b)。

关于致迪奥尼修斯二世书简的"启辞",柏拉图本人在《书简三》开头作了较为详细的说明。首先,柏拉图认为"祝快乐"是最好的"启辞",他问迪奥尼修斯,是不是认为"祝繁荣昌盛"(*εὖ πράττειν*)这样的"启辞"更好? 并且说,"祝快乐"是他给朋友写信时通常使用的"启辞",还说连德尔菲的神谕也说"祝你快乐,祝你永远过愉快的僭主的生活"(315b)。但柏拉图又说,他不愿"对普通人"(*ἀνθρώπω*)和"对神"使用这样的"祝辞",因为,"快乐"有违神性,对"普通人"则有害。可见,柏拉图在《书简三》开头,确实曾尝试把迪奥尼修斯当"朋友"看,可既然他已经用了"祝快乐"这样的"启辞",还要如此不厌其烦地解释一番,又说明柏拉图还是没拿迪奥尼修斯当朋友看。因此,《书简二》不是柏拉图写给"朋友"的信。但从《书简二》的"称谓"看,柏拉图也没有像《书简十三》那样,直呼迪奥尼修斯为"僭主",这又说明,在《书简二》中,柏拉图虽然没拿迪奥尼修斯当"朋友"看,却也没拿他当"十足的僭主"看:或许

---

① 参《柏拉图全集》,卷四,王晓朝译,北京:人民出版社,2003,页 64。中译依据原文(Plato, *Platonis Opera*, Tomus V, Pars II, ed. John Burnet, Oxford University Press, 1913)有改动,下同。

柏拉图认为,迪奥尼修斯此时尚未变成一个"十足的僭主",而有转变为"朋友"的可能性。按古代抄本沿袭的十三封柏拉图书简次第,①《书简三》之后的九封书简,都是写给其他人的,直到柏拉图最终将《书简十三》写给迪奥尼修斯,并以此结束了哲人关于叙拉古事务的书简叙事。如前所述,《书简十三》的"称谓"和"启辞"是:"柏拉图祝叙拉古僭主迪奥尼修斯繁荣昌盛",这是哲人在其书简中第一次、也是最后一次直呼迪奥尼修斯为"僭主",既然哲人为其叙拉古事务画上句号的《书简十三》,以"叙拉古僭主"来"称谓"迪奥尼修斯,并且以"祝繁荣昌盛"来"启辞",说明哲人最终认定迪奥尼修斯是一个"十足的僭主",自然也绝非哲人的"朋友"。然而,我们注意到,哲人没忘了为"迪奥尼修斯僭主"加上一个"属格"(Συρακουσῶν[叙拉古的])来对其加以限定,我臆想:这表达了哲人将"僭主"或"僭主制"限定在某一地域期望。

　　可见,仅仅由柏拉图致迪奥尼修斯二世的四封书简的"称谓"和"启辞",我们已然可以清楚地看到,哲人对迪奥尼修斯僭主的评价,经历了由"不视其为朋友"(《书简一》和《书简二》),到"尝试做朋友"(《书简三》),最后到认定其为"僭主"(《书简十三》)的过程,这雄辩地证明,古代抄本关于十三封柏拉图书简的次第安排,完全符合哲人的"意图",而近代以来,关于这些抄本中的十三封柏拉图书简次第安排,并未遵循任何可辨别的原则,或不符合撰写的时间次序,或"不合逻辑"的批评,②恰恰是以现代人的逻辑来强暴哲人的

---

① 由伯内特校勘的权威文本,也未就十三封柏拉图书简的次第提出疑问。

② 《柏拉图书简》(*Platon's Briefe*, nebst einer historischen einleitung und anmerkungen von J. G. Schlosser, Königsberg, 1795),页 258;Bury,"柏拉图书简导言",见《蒂迈欧,克里提亚,克莱托芬,美涅克赛努,书简》(*Timaeus, Critias, Cleitophon, Menexenus, Epistles*, ed. and trans. R. G. Bury, The Loeb Classical Library, Cambridge Mass.-London, 1942),页 385。《柏拉图十三封书简》(*Thirteen Epistles of Plato*, ed. L. A. Post, Oxford, 1925);亦参《柏拉图全集》,卷四,前揭,页 62,注释 1。

逻辑。

《书简二》正文一开始，柏拉图表明了撰写这封书简的缘起：迪奥尼修斯二世派遣信使阿尔基德谟斯（Ἀρχέδημος）传话，要柏拉图不再谈论他的事情，还要柏拉图的朋友们不再有冒犯他言行，唯有狄翁（Δίων）一人除外。柏拉图没有直说他是否将不再谈论迪奥尼修斯的事情，也没有直说他的朋友们是否将不再有冒犯迪奥尼修斯的言行，而且柏拉图在《书简二》中至始至终也没有表明，哲人自己或哲人的朋友们是否会满足迪奥尼修斯这两个要求——这说明哲人及其朋友们绝不会对僭主的"命令"言听计从。柏拉图接着指出，迪奥尼修斯之所以提出这样的要求，是认为"我没管好我亲近的人"（οὐκ ἄρχω ἐγὼ τῶν ἐμῶν ἐπιτηδείων）。对此，柏拉图回应说："如果我能管好其他人还有你和狄翁（ἄλλων καὶ σοῦ καὶ Δίωνος），我肯定，这对我们大家和全希腊人都是好事（ἀγαθά）。"（310c）这表明，柏拉图非但对迪奥尼修斯认为"我没管好我亲近的人"不置可否，反倒认为"管好其他人还有你和狄翁"才是大好事，言下之意是：需要管束的恰恰不是"我亲近的人"，而是"其他人还有你和狄翁"——哲人的胆识溢于言表。柏拉图紧接着又说，"可是，我顶多也只能让我自己听从我的教导。"（前揭）这句话与前句话连起来看，实在是莫大的讽刺：尽管柏拉图知道哲人的统治对于所有人都是"好事"，但哲人对自己的政治位置心知肚明，他从未奢望统治所有人，哲人终究只是"听从自己教导"的人。柏拉图接下来的话表明，迪奥尼修斯之所以对柏拉图及其友人提出上述要求，是因为智术师克拉提斯托诺斯（Κρατιστόλος）或一个叫波吕克塞诺斯（Πολύξενος）的人，进谗言说有柏拉图的友人辱骂僭主，对此，柏拉图非但坚决否认，反倒要求迪奥尼修斯以后凡听到此类谗言，都应致信问明究竟，哲人表示"绝不会踌躇或羞于讲出真相"（310d）。《书简二》行文至此，施莱尔马赫所谓"最强烈的反讽和富于辞藻的辩论"溢于言表：哲人正是以其雄辩而完全由被动变为主动，转而向僭主提出了要求。

三

然后，柏拉图进入到"你我关系"话题：

> 可以说，我们两人，希腊人无人不知；我们的关系，也
> 不是秘密（*σιγᾶται*）。你不要失察（*μὴ λανϑανέτω*）：［我们的
> 关系］日后也不会是秘密（*σιγηϑήσεται*），知道这一点的人
> 很多，但［我们的关系］也并非微不足道（*ἅτε οὐκ ὀλίγην
> γεγενημένην οὐδ' ἠρέμα*）。（310e）

显然，柏拉图这番话是请迪奥尼修斯不要"自作多情"，因为，
"我们的关系"现在不是、将来也不会是"秘密"，这种关系十分稀松
平常，只不过"并非微不足道"罢了。柏拉图进而指出："很自然
（*πέφυκε*），实践智慧（*φρόνησίς τε*）和权力（*δύναμις*）会走到一起，它们
始终相互吸引并寻求结合。"（前揭）柏拉图接着列举了现实中"实
践智慧与权力"寻求结合的例证：僭主希耶罗（*Ἱέρων*）和斯巴达将
军鲍萨尼亚斯（*Παυσανίας*）与诗人西摩尼德斯（*Σιμωνίδης*）的关系、
科林多僭主佩里安德罗斯（*Περίανδρος*）与古希腊第一位自然哲人
泰勒斯（*Θαλῆς*）的关系、雅典执政官伯里克利与将哲学带入雅典的
自然哲人阿那克萨哥拉的关系、吕底亚国王克罗索斯（*Κροῖσος*）与
立法家梭伦（*Σόλων*）以及波斯统治者居鲁士（*Κῦρος*）的关系。柏拉
图进而列举了诗人口中的"实践智慧与权力"结合的例证：克瑞昂
与忒瑞西阿斯先知、科林多先知波吕伊多斯（*Πολύειδος*）与克里特
王米诺斯（*Μίνως*）、阿尔戈斯王阿伽门农与睿智的皮罗斯王涅斯托
尔（*Νέστωρ*）、伊塔卡王奥德修斯与揭穿他假装疯癫的优卑亚英雄
帕拉墨得斯（*Παλαμήδης*）、普罗米修斯与宙斯。

柏拉图上述列举,首先雄辩地说明,任何哲人与任何统治者的相互关系都不是秘密,显然是更进一步通过"现实"和"虚构"的双重叙事,让迪奥尼修斯僭主醒悟到他与柏拉图的交往并无奇特之处,从而消除他自以为是的戒备心理。其次,我们注意到,柏拉图所列举的现实中"实践智慧与权力"寻求结合的例证,都是两者"成功"结合的例证,柏拉图此举,无疑在敦促迪奥尼修斯僭主努力实现"实践智慧与权力"的"成功"结合。再次,柏拉图在列举现实中"实践智慧与权力"寻求结合的例证时,首推叙拉古僭主希耶罗与诗人西摩尼德斯的关系。我们知道,叙拉古僭主希耶罗与西摩尼德斯、品达、巴库里德斯(Bacchylides)、埃斯库洛斯、爱庇达摩斯(Epicharmus)等诗人过从甚密,品达将其《第一奥林匹亚凯歌》、《第一皮提亚凯歌》和《第二皮提亚凯歌》题献给希耶罗,巴库里德斯也将其《第四凯歌》和《第五凯歌》题献给他,足见他在诗人心目中的地位。柏拉图此举,显然为迪奥尼修斯僭主提出了效法的楷模,而希耶罗与迪奥尼修斯同为叙拉古僭主,无疑拉近了迪奥尼修斯与希耶罗之间的距离,也是更进一步敦促迪奥尼修斯努力实现"实践智慧与权力"的"成功"结合。

我们进而注意到,柏拉图列举的诗人口中的"实践智慧与权力"结合的例证,都是两者结合"失败"或始而"成功"但终究"失败"的例证:表面上,哲人似乎在期待"实践智慧与权力"结合的"失败"只是"虚构",但若认识到"诗"的"虚构"恰恰超越了"现实",则不难理解,哲人实际上在暗示:"实践智慧与权力"的结合归于"失败"是必然的结局。其次,柏拉图在列举诗人口中"实践智慧与权力"结合的例证时,首推克瑞昂与忒瑞西阿斯先知,他们的关系正是始而"成功"但终究"失败"的例证。哲人以此暗示,到目前为止,他与迪奥尼修斯僭主的关系还没有彻底"失败",但他已经预感到他们关系必然以"失败"告终,想必这就是柏拉图在《书简二》中将忒瑞西阿斯先知与克瑞昂对举的原因。

《书简二》此后的内容，一言以蔽之，都是哲人"知其不可为而为之"的言辞。全面研究《书简二》，特别是将《书简二》放在全部十三封柏拉图书简之整体中，并进而将其放在《米诺斯》、《法义》、《厄庇诺米斯》、柏拉图书简——"四联剧"体例中来研究，无疑是一项更为重大的任务。然而，我们必须重申，上述分析已然表明，施莱尔马赫所谓"最强烈的反讽和富于辞藻的辩论"，正是《书简二》特征。因此，我们认为，忒拉绪洛斯将十三封柏拉图书简放在"萨提尔剧"的位置上，与《米诺斯》、《法义》、《厄庇诺米斯》构成"四联剧"，完全符合哲人的"意图"。

古典学家葛恭（Olof Gigon）在谈及《书简二》时指出：

> ……哲学王之权位，并非柏拉图全新创造的观念。它显然出自极为古老表述：王者与智者休戚与共。王者身边的智者是劝告者、催促者和警告者。在此我们不涉及某个人，而只指向《书简二》（311a—b）所列举的内容，尽管这些内容在书简中显得很幼稚，但本身作为姓名材料并非没有意味。①

显然，葛恭所谓"很幼稚"云云，完全搞错了，这种错误的根源，就在于他接受了施莱尔马赫坚决否定忒拉绪洛斯"四部曲"柏拉图文集体例的做法。不过，葛恭认为"很难对柏拉图的西西里（Sicilien）之旅直截了当做出判断"（前揭），倒不失为谨慎之论。现代以后，持有这种谨慎观点的人不多，"现代人"的雄心壮志是将最好的政治秩序变为现实，"现代人"因此"严肃地"认为，孔子"周游列国"和柏拉图的"西西里之行"，都是试图将最好的政治秩序变为现

---

① 葛恭（Olof Gigon），《柏拉图与政治现实》（*Platon und die politische Wirklichkeit*，Walter de Gruyter, Berlin and NY 1972），页229。

实的努力,"现代人"以为哲人和他们一样把"周游列国"或"西西里之行"看得十分"严肃",施莱尔马赫就认为柏拉图把他的"西西里之行"看得"高于一切",还说哲人曾"多次献身于叙拉古"（施莱尔马赫,《论柏拉图哲学》,前揭,页8）,所以,"现代人"想当然地认为,无一例外与叙拉古的两世狄奥尼索斯僭主有关的柏拉图书简,也是"严肃"的作品。然而,葛恭正确地指出,在柏拉图看来,"人的使命是超历史的,而城邦的使命就停留在历史当中。"（前揭书,页236）可见,在哲人柏拉图眼中,他的"西西里之行"只可能是一出"萨提尔剧"。

跋

　　拙著始作于己丑岁末,历时半载,草成于庚寅入夏。柏拉图的苏格拉底不止一次将作者与文章的关系比作"父子",拙著就是我的"长子"。"人必有名",然而,"名不正,则言不顺",故取名,并不非得"父名之于宗庙",父不才,尊长代为名之,理所当然,拙著的题名就出自一位德高望重的尊长。疏解这些古代经典,首先是潜心读书,最终是自我认识,也始终伴随着师生的交流砥砺。有一个学生,心气高得很,有点"近之则不逊",但人无完人嘛,柏拉图的苏格拉底的对话者中间,就没一个他最喜欢的学生。拙著完成的那天夜里,我有些疲惫,这个学生在校园里散步,看到我书房灯还亮着,就来敲门,于是便有了下面的谈话。谈话涉及的问题,也常有其他学生提及,我把它记录下来,为拙著代"跋"。

　　学生:老师,祝贺您,书终于写完了!

　　老师:哦,谢谢!……

　　学生:您看上去很累!……要不我就不打扰您了?

　　老师:没关系,没关系,习惯了。

　　学生:老师,您这本书等于是以忒瑞西阿斯先知形象为线索,疏解了十几篇古希腊经典文本,对不对?

老师：严格说来，这是一部未竟之作，因为，忒瑞西阿斯先知形象还穿越了古罗马和中世纪，也是近现代诗人的重要主题。

学生：这样啊，那您怎么不接着写下去呢？

老师：篇幅所限，来日方长吧。

学生：我们期待着。说实话，第一次听您讲忒瑞西阿斯先知形象，我们很着迷，没想到这些古希腊文本中竟然有那么多微妙的细节！

老师：我也是通过疏解才发现这些细节的。

学生：您是说，没疏解这些文本之前，您自己也不知道这些细节？

老师：和你们一样，通过疏解发现这些细节后，我也很吃惊。

学生：西方学者关于这些文本的注疏中也没提及这些细节吗？

老师：有些细节他们也没注意到，这很正常。

学生：那就是说，我们中国学者疏解西方古典文本，也不一定比西方学者差了？

老师：可以这样说。但毕竟西方古典学问是西方学者自家的传统学问，中国学者要真正进入西方古典文本，得下更大的功夫。

学生：最大的障碍应该是语言吧？

老师：语言很重要，但不是最大的障碍。现在的西方学者，也不是人人都能直接读荷马，就像现在的中国学者，也不是人人都能直接读《诗经》。

学生：那您说最大的障碍是什么？

老师：最大的障碍还是学问眼光。关键是以什么眼光看待古典文本，如果是以"现代"的眼光看待古典文本，不顾古典著作家本人的"意图"，即使希腊文达到海德格尔的水平，恐怕也没用。

学生：哦，您说的这些很重要，我还得仔细考虑考虑。

老师：在学问上，我们不能用自己的能力限定自己的任务，而要通过完成任务去检验自己的能力。

学生：老师，最近我也试着对照原文读了一点文本，可效果不理想，翻来覆去也看不出个究竟来，实在有些郁闷。老师一定有什么窍门吧？

老师：呵呵，"窍门"肯定没有。但通过这本书的写作，我倒有几点心得，不妨供你参考。我想，首先，得真正抱着虚心的态度向古人求教，目中无人的人，什么也看不见，骄傲自满的人，什么也甭想学进去。想想，这些古典文本，历经数千年沧桑，在古典研究中，可都是以"行"来计数的——就像钻石，既然不论斤卖，说明它金贵呗。其次，就精读古典诗作而言，我们不能做旁观者，要参与到情节中去。既然这些诗作能历经淘洗流传至今，说明它超越了历史。我觉得，诗作中形形色色的形象，有些其实就是我们自己，若能这样"对号入座"，或许能豁然开朗。还有，要真正读进去，就必须参照已有的中译本，好好利用辞典和工具书，力求读通原文，以领会中译未能传达的重要文本信息。所以，掌握古典语言的基本语法是必要前提，至于更大的古典文化背景，那是一个人的学养，深厚的学力需要日积月累，我们都得好好努力。

总之，就古典学问而言，首先是人生态度问题。作为古典学问的学生，我们都应该抱着"零加一"的态度，昨日之我都是"零"，明日之我才是"一"。

学生：说得太好了！可是，有个问题，我好像有时候明白，有时候又犯糊涂，始终没彻底想清楚：您说，我们是中国人，难道非得研究西方的古典学问？

老师：这个问题，你好像已经问过我了。

学生：是的，问过一回，那是在课堂上。不过，您没有直接答复我，而是给大家读了一段柏拉图，记得是《王制》卷八中苏格拉底讲民主制下的政治现实的部分吧？

老师：没错。

学生：记得苏格拉底说，民主制下"老师害怕学生，迎合学生"，对我们触动很大，他说的简直就是我们身边的现实。还有，苏格拉底说，民主制下，"连宠物都变得和女主人一样了"，您读到这里，同学们都笑了……

老师：呵呵，我记得。

学生：苏格拉底说的，可不就是我们大城市里富婆们养狗的情形嘛！还有，苏格拉底说，民主制下，"驴马在大街上到处撞人"，您说如今换成"铁驴铁马"了，宝马竟然在斑马线上撞死人，在德国得判终身监禁，我们听了都唏嘘不已。不过，我印象最深的是，苏格拉底说，民主制的种种弊端结合起来，"使公民的灵魂变得十分敏感，稍加约束，就大发雷霆……"，记得听您读到这里，大家都低下头，不吱声了……

老师：所以，我觉得，两千四百年前，柏拉图的苏格拉底谈论的民主制，与我们没有距离。

学生：要我说，还不止如此，苏格拉底所谓民主制下"公民的灵魂变得十分敏感"那番话，说的就是我们自己……

老师：看来你深有感触。不过，接着我还读了几句，你不记得了吗？

学生：不记得了，当时心里只有自己"十分敏感的灵魂"。……您接着读什么了？

老师：我读了苏格拉底接下来一番话，他说民主制所导致的"十分敏感的公民灵魂"就是"僭主制所由出的可怕而又茁壮的根"。

学生：哦，原来是这样。……对了，老师，这倒让我想起了您刚刚写完的新书，就我听过的章节，好像都在谈"僭主"，对吧？

老师：准确地说，是这些文本在谈"僭主制"和"僭主"问题。

学生：这些文本只谈这个问题吗？

老师：当然不是。古典文本就像复调音乐，有多条旋律相互交织，"僭主制"和"僭主"问题，只是这些文本的"一条旋律"。

学生：这我还真是第一次听说！既然如此，我也可以通过其他"旋律"来理解这些古典文本了？

老师：当然可以。但最好的理解是能够整体把握古典文本的"旋律织体"，我想疏解古典文本，就是澄清其中各条"旋律"间的"对位、和声、模仿、衬托"等等细节，这是我们追求的目标。

学生：古典文本和复调音乐有如此大的可比性，我回去可得仔细琢磨琢磨。

老师：其实古典诗文原本都讲究和乐，九位缪斯掌管的九种文艺都属于"乐"的范畴，我这本书中有关章节也都讲到了。

学生：是这样的。可是，老师为什么偏偏关注"僭主制"和"僭主"这条"旋律"呢？

老师：哦，你知道，我这些疏解围绕的线索是忒瑞西阿斯先知形象，这个形象与"僭主制"和"僭主"这条"旋律"关系最密切。

学生：您是因为首先关注"僭主制"和"僭主"问题，才关注忒瑞西阿斯先知形象的，还是因为首先关注后者才关注前者的？

老师：当然是首先关注前者。

学生：为什么？这个问题有那么重要吗？

老师：我想，就城邦政制而言，以非法手段取得政权的全权统治者就是"僭主"，这些人的出身往往是贵族，贵族若有"诸侯僭于天子"的野心，就是潜在的"僭主"，不"安分守己"的公民，也有"僭主性情"。

学生：说话、行事逾越了身份，也算是"僭主性情"的表现吧？

老师：当然算。其实，人之所以有"僭主性情"，是因为他的灵魂生病了，因此，有"僭主性情"的人，是"灵魂僭主"。

学生："灵魂僭主"？是什么意思？

老师：意思是"病态的灵魂"僭越了"健康的灵魂"而支配着这个人。

学生：什么样的灵魂是"病态的灵魂"，什么样的灵魂又是"健康的灵魂"呢？

老师："健康的灵魂"就是灵魂中"有理智的"部分支配着"无理智的"部分，"病态的灵魂"则完全相反，是由"无理智的"部分僭越了"有理智的"部分，支配着一个人的灵魂。

学生：哦，我想我明白"灵魂僭主"是怎么回事了：言所不该言，行所不当行，为人喜怒无常，贪得无厌，……这些都是"灵魂僭主"的表现吧？

老师：没错。

学生：这么说来，无论个体层面的"灵魂僭主"，还是政制层面的"城邦僭主"，究其根源，都是人的灵魂生病了。

老师：是这样的。

学生：我想我明白老师为什么关注"僭主制"和"僭主"问题了。可是，这个问题与"中国人为何要研究古典西学"有什么关系呢？

老师：其实，要回答"中国人为何要研究古典西学"，首先得回答"中国人为何要研究西学"。

学生：那您说，中国人为何要研究西学呢？

老师：哦，这个问题，二十年前我也想不明白，可我的老师告诉我：在西方的坚船利炮打进长江之前，他宁愿信仰庄子算了。听了他的话，我茅塞顿开：我们处身的"现代性"，是西方人拿坚船利炮送来的，这是天命使然，要紧的是如何认识"现代性"这个"三千年未有之大变局"，研究西学自然就成了当务之急。

学生：这么说来，研究西学，就是为了"自我认识"。

老师：你的理解很好！

学生：老师，我好像一下子明白过来了：既然"古典西学"是西方学问的根底，研究"古典西学"自然就成了西学研究的重中之重。

老师：你说得很对！

学生：可这还是和"僭主制"或者"僭主"扯不上边呀？

老师：哦，你应该听过现代政治理论所谓现代政制的"合法性"问题吧？

学生：我听过。……您的意思是说，现代政治理论所谓"不合法"的政制，就是古典政治哲学所谓"僭主制"，而"不合法"的统治者，就是古典政治哲学所谓"僭主"，对吗？

老师：古典政治哲学所谓"僭主制"，指最佳政制的对立面，最佳政制就是优异的人或贵族的统治，与其对立的统治者就是"僭主"。所以，古典政治哲学所谓"僭"，就是由没有"美德"的人施行统治，而现代政治理论所谓"合法"或"不合法"，指一种政制是否符合"自由、平等、民主"——这些所谓"现代原则"。

学生：我有些明白了，现代政治理论所谓"合法"或"不合法"，并不关注统治者是否有"美德"。那是不是可以说，有些"不合法"的现代统治者不一定没有"美德"，而有些"合法"的现代统治者不一定有"美德"？

老师：是这样的。

学生：哦，看来只有靠古典政治哲学关于"僭主制"的理论，才能看清现代政制的"合法性"问题。这么说来，"僭主制"和"僭主"问题，还真是有现实意义呢！

老师：不过，苏格拉底最关注的还是民主制的种种弊端所导致"公民灵魂类型"，这才是"僭主制所由出的可怕而又茁壮的根"。

学生：您看，您读这段话的时候，我们一心想着自己"灵魂十分敏感"，根本没在意。

老师：也好啊，说明你们都关注自己的灵魂嘛！

学生：没有，那是因为听了苏格拉底的话，我们都为自己"十分敏感的灵魂"感到难堪！

老师：那是好事！说到底，灵魂健康才是关键：有了健康的灵魂，才能养成美好的性情，也才能建设美好的政制。

学生：老师，您说得太好了！

老师：不是我说得好，是苏格拉底说得好。

学生：那苏格拉底觉得谁说得好？

老师：忒瑞西阿斯先知应该算一位。

图书在版编目(CIP)数据

盲目的洞见——忒瑞西阿斯先知考/黄瑞成著. —
上海:华东师范大学出版社,2011.5
(政治哲学文库)
ISBN 987-7-5617-8462-4

I. ①盲… II. ①黄… III. ①古希腊罗马哲学－研究
IV. ①B502

中国版本图书馆 CIP 数据核字(2011)第 038038 号

华东师范大学出版社六点分社

企划人 倪为国

本书著作权、版式和装帧设计受版权公约和中华人民共和国著作权法保护

政治哲学文库
盲目的洞见——忒瑞西阿斯先知考
黄瑞成 著

责任编辑   万 骏
封面设计   吴正亚
责任制作   肖梅兰
出版发行   华东师范大学出版社
社   址   上海市中山北路 3663 号   邮编   200062
网   址   www.ecnupress.com.cn
电   话   021－62450163 转各部门   行政传真   021－62572105
客服电话   021－62865537(兼传真)
门市(邮购)电话   021－62869887
地   址   上海市中山北路 3663 号华东师范大学校内先锋路口
网   店   http://ecnup.taobao.com
印 刷 者   上海景条印刷有限公司
开   本   890×1240   1/32
插   页   2
印   张   10.25
字   数   230 千字
版   次   2011 年 5 月第 1 版
印   次   2011 年 5 月第 1 次
书   号   ISBN 978-7-5617-8462-4/B · 613
定   价   34.80 元

出 版 人   朱杰人

(如发现本版图书有印订质量问题,请寄回本社客服中心调换或电话 021-62865537 联系)